경제학원론

경제학 원론

최상훈 지음

인간사랑

저자 서문

문학작품 토마스 만의 『부덴브로크가의 사람들』을 보면 3대에 걸친 일가의 역사가 나온다.

부덴브로크 1세는 산업사회 이전에는 핵심 분야였던 곡물거래를 하여 사업에 성공한다. 경제적인 부를 형성하는 것이다. 부덴브로크 2세는 이러한 부를 바탕으로 분할주의였던 당시에 통상관계의 직위를 가짐으로써 사회적 계층상승을 이룩한다. 손자대인 부덴브로크 3세에 와서는 역시 피아노 수업을 열심히 수학 육성하는(소설에서 당대의 활동에 대한 성공이 대를 거듭할수록 얕아지지만) 장면들이 이 소설에서 전개된다.

이와 같이 우리 삶에 있어서 경제적인 생활은 시대와 나라를 초월하여 개인이나 국가에 있어서 가장 근본이 되는 것이고, 이러한 바탕 위에서 사회적인 계층상승이나 정치적인 위상강화가 일반적으로 가능하며, 나아가서는 문화적인 꽃을 피울 수 있다.

경제적인 삶은 한 국민국가의 "경이로운 체제"(자본주의적 시장경제체제)에서 경제적 행위의 역할을 담당하는 이들의 선택행위에 달려 있다. 이제 이와 같은 국민경제에 있어서 경제적인 거래의 기본적인 기능방식들과 근본적인 문제들을 파악하고, 국민경제적인 자료들을 신뢰하게 하며, 국가정책의 기능들을 이해하는 데에 도움을 주고자 하는 데 본 저서의 목적이 있다.

본 저서는 저자가 귀국한 1994년 이래 경제과학에 대한 대학 강의의 경험들에서 생겨났으며, 이론과 실제 사이의 넘쳐나는 셀 수 없는 경제학 저서들 사이에서 빈 자리를 찾으려 하고 있다. 그러므로 이와 같은 형태의 책자는 처음부터 대학에서의 경제학 교양과목을 위한 이론 개론서로서, 그리고 일반 직장인들을 위한 교양서적으로서 기초되어졌으며, 이러한 간략한 책에서는 경제학 각론의 광범한 이론의 어느 부분들이 전혀 제시되지 않거나 혹은 오로지 아주 빠듯하게만 제시되어질 수 있다는 것은 피할 수 없다.

우리는 우리가 이룩한 것만큼 다른 사람들에게 빚으로 남아 있다. 원고와 손으로 그린 도표를 작업하신 도서출판 인간사랑 여러분들께, 그리고 출판을 가능하게 해주신 여국동 사장님께 감사를 드린다. 특히 원고를 처음부터 끝까지 몇 차례에 걸쳐 심혈을 기울여 교정봐 주고 이해되지 않는 곳을 짚어준 도서출판 인간사랑의 편집진에게 감사를 드린다. 함부르크 랑겐호른의 군순, 프랑크푸르트의 치영, 함부르크 에펜도르프의 치운에게 고마워한다.

최상훈

차례

서론 : 경제학의 과제

■□■□ 경제

우리는 매일 전체 사회생활의 주체로서 생활하고 있으며, 경제적 · 사회적 · 정치적 및 문화적 생활을 영위한다. 경제적 생활양상에 관한 것이 경제이다. 이와 같은 경제적 생활에 있어서의 인간 행위의 의미가 실재적인 효율의 욕구달성 지향일 때가 경제지향적이다. 경제 혹은 경제 하는 것은 이러한 경제지향적 처분능력의 평화적 수행이다. 나아가 경제운영이란 경영적으로 조직된 지속적 경제(하는 것)이다.

개별 경제들 가운데에서 형상으로 나타나는 모든 경제는 한 체제에서의 목적에 대한 수단의 사용으로 이루어지며, 계획적인 형상으로 나타난다. 경제는 그의 본질에 따라 물질적 및 비물질적 재화와의 질서가 이루어지는 절차이며, 또한 끊임없는 반복에서 질서가 구축되는 절차이다.

모든 발달된 경제는 동시에 사회적 경제로서 질서가 전제된다. 개별 경제로 구성된 체제는 그들의 특수능력의 보완을 위하여 질서가 요구된다. 경제질서는 중상주의적 자연법 사상이며, 아담 스미스(Adam Smith)의 자연적 질서이다. 이러한 자연적 질서는 기본권과 인권 강조의 개인주의적 사회의 표상이며(system of natural liberty ; natural order of liberty), 현실화하는 인간본성을 형성하고 있다. 이러한 인간본성의 추진력이 경제적으로 원할 가치가 있고 유용하고, 개별이 그의 이윤동기에서 행동하는 것을 추구하는 데에, 그리고 이로써 또한 모두의 가장 가능한 복지에 공헌하는 데에 있다. 인간의 능력이 시민적 사회에서의 그들의 질서를 이루는 공동생활을 가능하게 하고 있다. 이러한 인간의 능력은 그의 상대에 대해서 느끼는 데에 있으며(sympathy), 나아가 공정한 관찰자(impartial spectator)에로의 그의 양심의 연결에 있다. 그러므로 경제는 개인윤리적인 자유를 바탕으로 사회윤리적인 정의를 추구하는 사회적 질서이다.

■□■□ 경제학

경제학은 경영학과 더불어 경제과학을 형성한다. 경제학은 개별 가계 및 개별 기업의 희소성이라는 기본적 문제의 관점에서 경제적 결정과 시장의 탈중앙적(개별적) 조정역학의 기능들을 취급하는 미시경제론, 국민경제의 전체적 · 총계적인 관점에서 가계, 기업, 국가의 결정들에 대한 거시경제론, 외국에 대한 국민경제의 개방 영향과 무역 흐름 및 자본 흐름의 결정 및 환율에 관한 대외경제론, 생산의 무엇/어떻게/누구를 위하여에 대한 기본 문제의 개선을 위한 이론의 인식 관점에서의 당위에 관한 경제정책 이론, 수입/지출에 대한 국민경제학에 있어서 국가적 활동의 영향 및 국가적 행위의 수준과 구조에 대한 재정학으로 구분된다.

▣□▣□ 경제학의 목표

일상생활의 부문으로서 현대적 국민경제의 경제적 과정과 상호작용의 이해가 경제학의 목표이다. 기본적 경제적 상황과 과정이 일상생활의 부문이며, 이로써 일반적인 지식으로서의 국민경제적 개념의 인식, 경제적 상호작용의 조망, 국민경제적 문제에 대한 기본적 평가/판단력의 형성이 경제학의 목표이다. 사회적 행위주체로서의 인간의 생활 가운데에서 경제생활 면의 사실지향적 체계화를 취급함으로써 자본주의적 시장경제체제에서의 국민경제의 대표적 소비주체로서의 가계, 대표적 생산주체로서의 기업 및 국가의 행위에 대한 경제적 자료와 경제적 기능에 대한 신뢰를 구축함이 경제학의 목표이다.

▣□▣□ 경제학의 과제

우리는 매일 경제적 상황과 과정의 다양성에 직면하면서 생활하고 있다 :

- 한국 제조업 부문의 노동생산성이 중국보다는 높으나 EU보다는 낮다.
- 한국이 미국과 FTA를 체결한다.
- 학교 앞 월세가 상승한다.
- 청년실업이 증가한다.
- 노조가 임금률 쟁의를 하고 있다.
- 실질 성장률이 4%이다.

- 한국은행이 통화량을 증가시킨다.
- 원화의 대달러환율이 하락한다.
- 실업률이 8%이다.

이들 가운데 얼마는 바로 이해되지만 다른 것들은 특정한 전문 표현들의 의미 인식 없이는 이해하기 어렵다. 경제학도 모든 다른 학문과 마찬가지로 자체의 전문 언어를 가지고 있으며, 이로써 경제적 사실의 간략하고 정확한 서술이 가능하다. 이처럼 경제적 사실의 서술과 설명이 경제학의 양대 과제이다. 경제적인 현상이나 과정의 설명을 위해서는 추측되는 설명의 요인들이 형성되고 이러한 가설들이 수량화되어야 한다. 영향요인들은 그들 자체로서 또한 설명을 필요로 하며, 원인과 작용 사이의 상호 연관관계가 존재하기도 한다. 완전한 설명을 위해서는 다른 학문들의 관여가 필수적이다.

설명들은 모형의 틀 안에서 이루어진다. 모형형성에서는 단순화함으로써 현실적인 영향요인에만 한정되고 여타의 설명의 고리들이 단절된다. 이러한 모형에 의한 설명은 현실적인 영향요인의 선택이 지극히 어렵고 인간의 행위방식이 유동적이기 때문에 한정적이다. 모형은 현실 경제에 대한 설득력을 가짐으로써 다시 현실에 검증되어야 한다. 현실 경제를 위한 이러한 모형을 구축하는 학문적인 방법의 차이, 이념적인 차이 및 상반되는 그들의 지향하는 이익의 차이로 인하여 동일한 현실 경제에 대한 상이한 견해들이 서술된다. 이를 테면 동일한 경제현실을 두고도 노동조합의 설명과 경영인 총연합회의 서술이 다르며, 경제학자들 사이에서도 견해들이 다르다.

국민경제학의 현실적인 과제들은 지금까지 취급한 것처럼 상응하는 개념들과 방법을 통한 경제적 사실의 서술과 경제적 사실의 서술에서의 왜(?)라는 물음에 대한 이유를 규명하는 데 있다. 나아가 경제 사실의 미래의 진행을 진단하고 경제 흐름의 영향에 대한 가능성들을 제시하는 것 또한 국민경제학의 과제이다.

이러한 국민경제학의 과제들에 경제정책적 목표들의 설정이 속하느냐에 대해서는 논란의 여지가 있다. 경제정책적 목표는 경제적 사실의 평가가 전제이다. 국가의 전체 경제적 목표들은 나라에 따라 혹은 시대에 따라 다르지만 마의 사각형으로 표시되는 완전고용, 물가안정, 경제성장 및 국제수지 균형이다. 이들 목표들 사이의 관계는 복잡하며, 목표들이 동시에 달성되기는 극히 어렵다. 목표들의 관계는 국민경제의 위상과 현실 설명을 위한 선택된 수단들 및 선택된 모형에 의존적이다.

1

경제사회의 기본문제들

1. 경제의 체제독립적인 기본문제들

모든 경제사회에 있어서 사람들은 일련의 소원들과 욕구들을 가지고 있다. 이러한 욕구의 충족에 봉사하는 수단을 재화라 한다. 재화들은 일반적으로 생산되어야 하며(경제학의 대상은 경제재이고 자유재는 여기서 제외되므로), 재화의 산출을 위해서는 수단(생산수단)이 필요하다. 국민경제가 제공하고 있는 생산수단들이 한정적이기 때문에 최대로 생산되어야 하는 재화 역시 한정적이다. 원칙적으로 무한한 욕구에 비하여 모든 경제사회에 있어서는 한정된 정도의 재화만이 주어지므로 생산요소의 희소성이 존재한다. 이러한 희소성은 욕구들을 제한하든지 생산가능성들을 증가시킴으로써 감소할 수 있다. 생산가능성들의 증가에 대한 가장 중요하고 실재로 모든 국민경제들이 실현한 길이 노동분업과 기술적 발전이다. 즉 노동분업과 기술적 발전이 생산가능성을 증가시킨다.

그러므로 경제적인 체제의 구분을 떠나 어느 사회이거나를 막론하고 일반적으로 해결하여야 하는 한 경제사회의 기반들인 경제의 체제독립적 기반들은

- 욕구
- 생산
- 희소성
- 노동분업과 기술적 혁신이다.

1 | 욕구

욕구란 일반적으로 결핍을 제거하려고 하는 소원이 병행된 결핍의 감정이다. 욕구의 구분은 우선 일차적 욕구(타고난 충동적인 욕구)와 이차적 욕구(사회적 접촉에서 취득된 욕구)로 구분되나 여러 욕구단계로 나눌 수 있다 :

- 기본욕구 : 배고픔, 갈증, 수면, 주거
- 안전욕구 : 기본욕구의 충족을 미래에도 확보하려 하는 욕구
- 사회적 욕구 : 개인의 사회적 접촉에서 야기되는 욕구로서 공동생활에서의 삶에 대한 소원에서 기인하는 욕구
- 가치평가 욕구 : 타인의 인정이나 확정에 대한 욕구
- 발전욕구 : 자아실현을 목표로 하는 욕구, 사회의 확정에 대한 소원에 따른 욕구

이러한 서로 상이한 욕구들은 서로 상관없이 존재하는 것이 아니라 욕구 피라미드를 형성하고 있다. 기본욕구가 확보되고서야 사회적 접촉을 추구하고 밖으로부터의 인정이나 확정을 구한다. 또한 개별 욕구평면에서도 단계가 있다. 기본욕구의 동일한 욕구충족에서도 질적 수준이 다를 수 있다.

욕구충족과 욕구 사이에는 상관관계가 존재하며, 욕구에 대한 정당성이 객관적으로 가능한가 하는 문제가 제기된다. 욕구에 대한 정당성은 사회적 가치표상에 의존하며, 이로써 나라에 따라 상이한 정당한 욕구와 부당한 욕구가 존재한다.

욕구는 또한 공적 욕구와 사적 욕구로 구분된다. 집합욕구에 의한 공적 욕구는 교육, 치안, 국방과 같이 국가에 의해서 충족될 수 있다. 개별 욕구에 의한 사적 욕구는 식음료품, 의류와 같이 사적으로 충족된다.

이와 같이 욕구는 기아, 갈증과 같은 단순한 욕구에서 여가, 모험, 오락과 같은 복잡한 종류의 욕구로 구분된다. 예를 들면 피자생산이나 영화생산과 같이 생산으로 욕구가 구체화되기도 하고, 반대로 모험이나 등산욕구의 존재를 추측하여 생산되는 마운틴 바이크와 같이 생산은 특정한 욕구의 존재의 추측에서 이루어지기도 한다. 또한 광고로 소비자들이 생산품의 존재를 인식하게 되며, 이로써 특정한 욕구의 충족이 가능하게 된다.

2 | 생산과 생산가능성들

재화들은 욕구충족에 대한 수단이다. 이들 중 일부는 자연에 충분한 양으로 존재하며(자유재), 일부는 인간에 의해서 생산되어야 한다(경제재). 다음 경제학에서는 단지 생산되는 재화(경제재)만을 다룬다. 재화의 생산은 가장 일반적인 경우로는 새로운 재화를 창출하기 위하여 생산장소에 노동력, 기계, 건물 및 토지가 투입됨으로써 이루어진다. 이러한 생산의 개념은 실물재화의 생산을 위해서 바로 이해가 되지만 서비스 생산을 위해서도 이해가 될 수 있다.

생산과정에 투입되는 모든 재화를 생산수단이라 한다. 이러한 생산수단들은 그 자체가 생산에 직접 투입 · 소비되는 것은 아니고, 그들의 투입에 의해서 이룩된 능률이다. 능률의 주체인 노동력, 기계, 건물 및 토지는 그대로 유지된다. 이러한 생산수단을 지속적인 생산수단 혹은 생산요소라 한다. 일반적으로 경제학에 있어서의 생산요소는 토지, 노동 및 자본으로 구분하고, 경우에 따라서는 토지를 자본에 포함시키기도 한다.

전체적인 국민경제의 관점에서 보면 토지에는 지하자원과 더불어 농업적 · 산업적 및 하부 구조적 사용에 이용되는 전체의 토지면적이 속한다. 생산요소 노동은 국민경제의 전체 노동력 잠재력의 크기로서 형성된다. 생산요소 자본(실질자본 혹은 자본스톡)에는 기계와 설비, 건물과 교통망, 또한 국민경제의 기술적 및 기타 지식수준이 속한다. 자본재 재고의 변화가 (신)투자이다. 이는 국민경제의 미래의 생산가능성과 소득가능성을 증가시킨다. 역사적인 관점에서 보면 모든 자본재는 요소 노동과 토지의 상호작용에 의해서 형성되기 때문에 노동과 토지를 근원적(원형적) 생산요소라 하고, 자본을 생산된 생산요소로서 전이된(파생적) 생산요소라 한다.

토지, 노동 및 자본에 대한 국민경제의 재고는 단기적으로는 현실적으로 주어진 크기이다. 생산요소들이 장기적으로는 한정된 범위에서 증가할 수 있으나(개간과 토질향상, 인구정책, 외국 노동력 응용, 자본형성), 주어진 기간에서는 실재적으로 주어진 재고만이 사용될 수 있다.

이러한 지속적인 생산수단 이외에 생산행위에서 소모되는 비지속적인 생산수단이 있다. 이로써 생산된 재화는 생산재와 소비재로 구분되고, 다시 지속적인 생산재와 비지속적인 생산재로 나뉜다.

생산재에 대치되는 재화의 두 번째 무리가 소비재이다. 소비재는 직접적으로 욕구충족에 봉사한다. 소비재는 생산재와는 달리 국민경제의 미래의 생산가능성을 증가시키거나 유지하지 않는다. 소비재는 욕구충족에 직접적으로 봉사함으로써 국민의 복지를 직접적으로 증가시킨다. 이들의 소비를 위한 사용 기간의 관점에서 지속적 소비재(사용재)와 비지속적 소비재(소모재 혹은 협의의 소비재)로 구분한다.

소비재와 생산재에 대한 분명한 기능적인 구분은 유감스럽게도 국민경제적 전문용어에서 사용되지 않는다. 이러한 구분은 한 재화를 기업이 구매하느냐 혹은 가계가 구매하느냐에 따라 제도적으로 나타나고 있다.

재화의 다른 구분은 그들의 완성도에 따라 이루어진다. 이에 의하면 노동분업적 생산과정에서 원료, 중간 생산재 및 완재품으로 나뉜다.

마지막으로 재화는 민간재와 공공재로 구분된다. 민간재는 개별가계나 기업들에 의하여 생산되며, 공공재는 국가(혹은 지방자치단체)에 의해서 이루어진다. 국가는 이들 재화를 마치 대표적인 생산주체인 기업처럼 생산한다. 주요 공공재들로는 치안, 국방, 법 육성, 행정, 교육공급 등이 있다.

생산요소의 재고가 한정적이기 때문에 재화의 한정된 양만이 생산될 수 있다. 즉 국민경제의 생산용량이 한정적이다. 이러한 사실을 잘 보여주는 것이 국민경제의 생산가능성들의 곡선으로 나타나는 단순한 모형이다(생산가능곡선). 두 재화만을 생산하고 생산요소들의 완전하고 효율적인 투입에 있어서 한 재화의 생산은 다른 상대방 재화의 생산의 비용 위에서 확장될 수 있다. 즉 한 재화의 추가 생산은 다른 상대방 재화의 생산비용으로 가능하다. 이와 같이 한 재화 생산을 위한 다른 상대방 재화 생산의 포기가 기회비용이다. 기회비용은 한 재화를 생산하기 위하여 포기되어야 하는 상대방 재화의 양이다.

국민경제의 생산가능을 나타내는 생산가능곡선은 한 국민경제에서 생산요소에 대해 주어진 재고에서 최대로 생산할 수 있는 모든 재화의 조합의 궤적을 표시한다. 이 곡선이 우하향이고 원점에 대하여 오목한 것은 한 재화의 추가 단위생산에 다른 재화의 점점 더 많은 양이 포기되어야 한다는 것이다. 이 곡선의 확장방향으로의 이동은 생산요소 재고의 증가로 가능하며, 다른 가능성은 생산요소 노동과 자본의 질적 개선, 즉 기술진보에 의한 것이다. 여기서 생산요소들은 물론 완전히 투입되지 않을 수 있다. 생산가능곡선 아래에 있는 점들이 이를 테면 완전고용이 아닌 상태(실업이 있는 경우)의 생산점이다.

3 | 희소성

지금까지 욕구들과 생산가능성들이 관찰되었다. 한 국민경제의 생산가능성들은 주어진 시점에서는 한정적이다. 그러나 욕구의 수준을 수량적으로 파악하는 것은 어렵다. 하지만 전체의 욕구수준의 충족을 위한 재화 묶음은 국민경제의 생산가능곡선을 넘어서고 있다.

경우에 따라서는 욕구와 생산가능성과의 이러한 괴리에서 유발되는 희소성이 인위적이라고도 하다. 한편에서는 욕구의 다양성이 광고 때문이기도 하고, 다른 한편에서는 생산가능성이 경제체제의 결여로 완전 이용되지 않고 있기 때문이기도 한다. 이러한 견해에 따르면, 욕구와 생산가능성 사이의 괴리는 욕구의 소위 말하는 자연적(natural, 주어진, 본래 창조된, 인간적인 과다한 욕심이 아닌) 수준으로의 감소와 국민경제의 생산가능성의 확장을 통해서 가능하다.

이러한 관점에서 보면 개별적으로 정당성이 문제시될 수 있는 욕구들이 있다. 또한 현존하는 생산요소의 저고용에서 생산이 확장될 수도 있다. 희소성이 개인윤리적 자유의 표상과 결부된 욕구의 제한과 생산요소의 개선된 사용으로서 제거될 수도 있다.

그러나 희소성은 본질에 있어서는 체제종속적인 문제가 아니다. 진정한 희소성의 관점은 경제체제를 떠나 개도국은 물론이고 산업국에서도 일련의 미해결의 과제들을 남겨놓고 있다. 일정한 욕구에 대한 제한이나 제거에 대한 계몽과 더불어 경제성장을 통한 생산가능성의 확장을 시도함으로써 희소성이 가능한 한 적게 유지될 수 있다. 그러나 증가하는 생산가능성은 생산될 수 있다는 인식을, 그리고 또한 일반적으로 욕구를 증가시킨다.

4 | 노동분업

몇 세기 전의 경제생활은 본질적으로 오늘날보다는 더 단순한 형태를 보인다. 대부분의 개별 가계들은 생산의 장소와 직접 연관되어 있었다(자급자족경제, 특히 농업에서). 서서히 교환경제가 전개되면서 자기의 욕구가 아니라 다른 경제주체를 위하여 생산하였다. 주문생산이나 무명의 시장을 위한 생산이었다.

교환경제의 전개와 시장의 확장은 사람들, 경영단위들 및 국민경제들의 증가하는 노동분업과 연관되었다.

노동분업의 이점은 특히 아담 스미스(Adam Smith)에 의해서 제시되었다. 생산의 분할 장소에 따라 기업 내적, 기업 간 및 국제적 분업으로 구분된다.

노동분업의 이점들은,

- 얼마의 한정된 활동에의 전문화에 의한 속도 증가
- 특수기계의 투입을 가능하게 함으로써 저렴한 대량생산
- 상이한 능력을 가진 사람들이 생산과정에 투입됨으로써 특수능력의 완전 가동 등이다.

노동분업의 단점들은,

- 노동이 외부 결정적이다. 즉 소비하는 것을 생산하지 않을 뿐만이 아니라 생산하는 것을 소비하지도 않는다.
- 엄격한 노동훈련의 강요
- 사람들 사이 및 경영단위들 사이의 의존성으로 위기시의 공급문제
- 수요의 종류나 양이 사전에 확보되지 아니함으로써 초과생산 및 미달생산
- 부분이 완성됨으로써 생산품에 대한 관계 상실

• 획일적인 노동과 주어진 노동속도로 말미암아 노동의 즐거움 저하 등이다.

노동분업이 발전함에 따라 서로 다른 생산과정을 조정하고 소비자의 욕구에 따르는 것이 필수적이다. 발전한 국민경제들은 고도의 노동분업으로 생산하며, 이에서 생산자들의 계획을 조정하고 소비자들의 소원을 수행하는 것은 각 경제질서의 문제이다.

2. 경제의 체제종속적인 기본문제들

고도의 노동분업적 생산은 경제질서의 필연성으로 귀착된다. 이로써 경제계획의 의미 있는 조정의 문제가 해결되며, 개별경제적 활동의 무질서한 병렬이 회피되고 규칙, 규범 및 제도가 요구된다. 경제의 체제종속적 기반들이 경제질서와 경제 기본법이며, 또한 국민경제의 운영과 생산수단에 대한 소유질서에서 구분되는 경제체제이다.

1 | 경제질서, 경제기본법, 경제체제

경제질서는 한 국민경제의 전체적인 구축이나 흐름을 말한다. 고도의 노동분업적 국민경제에 있어서의 이러한 조직구조는 매우 복잡하고 많은 요소들을 포함하고 있기 때문에 경제질서라는 개념의 정확한 내용 규정은 어렵다.

경제질서를 좀 더 구체적으로 정의한다면 국민경제의 구축이나 흐름을 규정하는

- 법적 규정들
- 조정역학들
- 목표들과 행위방식들
- 제도들의 전체이다.

제도들에 속하는 것들로는 국가(지방자치단체 포함)의 경제정책을 위해 책임 있는 의회, 중앙 행정부처들, 위원회 및 중앙은행, 공정거래위원회, 노동조합과 경영인 총연합회이다. 목표들은 기업(가능한 높은 이윤)들과 소비자(가능한 더 큰 욕구충족)들의 개별 경제의 목표들 이외에 또한 전체 경제적 목표들(완전고용, 물가안정, 경제성장, 수지균형)이 이에 속한다. 경제단위들의 행태는 이를 테면 임금률 협정, 노동과정, 노동력 투입과 작업장 형성에 있어서의 행태는 그들의 이익관점 위상과 힘의 위치에 따라 결정적으로 영향을 받는다. 이에 또한 종교적 및 세계관적 규정요인들이 상이한 정도로 영향을 미친다.

조정역학에 있어서는 수많은 경제계획들이 어떻게 서로 조정되느냐 하는 문제이다. 조정역학이 지향하는 바는 중앙계획과 탈중앙계획이 대칭적인 양극이다.

국민경제의 법적 규범은 경제적 부문에 관여하는 것으로서 경제질서의 요소들을 규정하고 영향을 미친다. 한 국민경제에 있어서의 중요한 경제법적 규정들의 총체를 경제기본법이라 한다. 이에는 헌법상의 경제에 관한 규정들 뿐만이 아니라 경제적 주요 법률들, 이를 테면 주식회사법, 경쟁제한 금지에 관한 법률, 조세법, 중앙은행법,

노동법 등이다. 이러한 경제기본법을 기반으로 경제질서 형성에 종사하는 경제정책의 부문이 경제질서정책이다.

국민경제의 경제적 사실의 구체적인 형성에 관여하는 경제질서와는 대칭되는 개념이 경제체제이다. 경제체제는 경제의 사고적인 질서(질서모형)를 표현한다.

2 | 경제체제들의 골격들

경제체제를 서술하기 위한 두 개의 골격이

- 국민경제의 운영을 위한 조정역학과
- 생산수단에 대한 소유질서이다.

① 국민경제의 운영

모든 경제체제에 있어서는 재화의 희소성의 결과로 세 개의 핵심적인 문제들이 제기된다.

- 무엇이 생산되어야 하는가?
  어떠한 재화의 종류들이 얼마의 양으로 생산되어야 하는가?
  누가 결정하는가? (소비자들, 생산자들, 국가?)
- 어떻게 생산되어야 하는가?
  어떠한 생산요소들이 어떠한 양으로 생산에 투입되어야 하는가?
  어디서 생산되어야 하는가?
  누가 결정하는가? (생산자들, 국가?)
- 누구를 위해 생산되어야 하는가?

생산의 결과를 누가 어느 정도 취득하는가?

얼마가 소비되고 또한 얼마가 투자되어야 하는가?

누가 결정하는가? (소비자들, 생산자들, 국가?)

자원의 배분과 재화의 분배에 관한 이러한 문제들에 대한 해답을 위한 결정적인 실마리가 국민경제 전체의 활동에 관한 조정역학으로서 국민경제의 운영에 관한 것이다.

이러한 조정역학에서는

- 탈중앙적 계획의 조정형태와
- 중앙적 계획의 조정형태로 구분한다.

탈중앙적 계획에서는 수많은 가계들과 기업들이 가격역학과 이윤역학(시장역학)에 조정되어 위의 생산에 관한 세 가지 문제를 결정한다. 그러므로 이를 시장경제라 한다. 중앙적 계획에서는 이러한 결정들을 국가의 중앙 행정관청이 맡는다. 그러므로 중앙행정경제(계획경제)라 한다. 즉 국민경제의 핵심인 이러한 생산, 분배, 소비에 관한 경제행위에서는 계획이 필요하며, 이에서는 개별 계획과 집단 계획(전체 계획)으로 구분할 수 있다.

개별 계획에서는 무수히 많은 소비자들과 생산자들이 자본주의적 시장경제의 자생적인 유기체적 질서 하에서 시장의 자료들의 바탕 위에서 그들의 개별 계획을 하며, 시장자료의 가장 중요한 측도가 시장에서의 공급 및 수요의 역학에 의한 (가격기구에 의한) 가격이 바탕인 국민경제의 운영에 관한 경제체제의 한 형태인 시장경제이다. 전체 계획에서는 국민경제의 운영을 국가의 중앙행정부처가 사회주의적 계획경제의 설정된 질서 하에서 국민경제의 전체적인 자료를 바탕으로 계획하므로 중앙행정경제라 한다. 그러므로 결국 시장경제와 계획경제(중앙행정경제)는 국민경제의 운영에 관한 구분이다.

② 생산수단의 소유질서

경제체제의 결정적인 기반을 형성하고 있는 다른 요인이 생산수단(자본재, 자본)에 대한 소유질서이다.

생산수단에 대한 소유는 기본적으로

- 개별 소유와
- 집단 소유(국가, 인민, 사회소유)의 두 개로 구분한다.

생산수단(자본재, 자본)이 개별 개인에게 속하는 사회를 자본주의적 경제체제라 한다. 이에 대하여 생산수단을 공동으로 소유(사회소유)하는 사회를 사회주의적 경제체제라 한다. 그러므로 자본주의와 사회주의는 생산수단에 대한 소유질서에 관한 구분이다.

3 | 경제체제들

국민경제의 운영에 관한 조정원칙과 소유질서에 따라 경제체제들은 이론적으로

- 자본주의적 시장경제
- 자본주의적 계획경제
- 사회주의적 계획경제
- 사회주의적 시장경제로 구분된다.

이는 경제체제에 대한 모형의 성격을 가지고 있다. 실재에 있어서 각국의 경제체제에서는 이러한 모형들의 상이한 혼합형태들을 보이며, 조정문제에 있어서 시장경제적인 경제체제가 지배적인 경제체제와 명령적이고 지휘적인 경제체제가 지배적인 경제체제의 혼합형태들이 있다. 소유질서에 있어서도 대체로 자본주의적인, 혹은 대체로 사회주의적인 혼합형이 있다.

그러나 현실적으로는 국민경제의 운영이 무수히 많은 소비자들과 생산자들의 개별 계획에 의하여 이루어지는 시장경제체제에서는 이를 가능하게 하는 생산수단의 사적 소유질서인 자본주의가 전제조건이며, 중앙행정부처가 국민경제를 전체 계획에 의하여 운영하는 체제에서는 생산수단을 공동으로 소유하는 (국가 전체 혹은 인민 전체 소유의) 생산수단의 집단 소유질서인 사회주의가 전제조건이다.

사회주의적 시장경제체제의 한 예가 체제전환 이전의 구형가리와 같은 동구권에서의 시도들이다. 자본주의적 시장경제체제에서도 개별 계획과 전체 계획의 중간형태인 국가에 의한 부분 계획을 볼 수 있으며, 개도국들의 경제개발계획(이를 테면 1960년대 초 이래의 한국의 경제개발계획)이 이러한 시도들이다.

2 시장경제의 기반과 기능들

1. 고전적 자유주의의 이상

고전적 자유주의(고전학파 경제학, 이를 테면 신자유주의와 구분되는 고전적 자유주의)의 지배적인 이상은 개인적인 자유와 독자성에 대한 요구이다. 개별 개인은 자기의 관심을 가장 잘 알고 있으며 나아가 이러한 개별 관심을 따를 수 있다는 가정 하에서 고전적 자유주의의 대표자들은 자유로운 소비 선택과 생산요소의 투입에 있어서의 자유로운 결정을 강조한다.

이들은 시장경제적 경쟁역학(시장역학)을 생산자들의 이익과 소비자들의 이익을 일치시키기 위해서 가장 적합한 것으로 보았다. 개인주의의 강조는 자연법 사상(영원히 유효한 창조된 질서, 법칙성)의 그 당시(18세기 후반부)의 확장(개인주의적인 자연주의 사상은 1780년대를 전후하여 확장되어 1850년대에 전성기를 이룸)에 기인하고 있다. 그에 의하면 개인은 이성적인 존재로 이해되었으며, 합리적으로 행동하고, 그러므로 자유에 대한 자연적 권리를 가지고 있다. 자유는 이러한 견해에 따르면 시장경제에서 그의 가장 경제적인 합일점을 찾고 있다.

고전적 자유주의의 대표자들이 국가의 과제로 생각한 것이 행정, 법질서, 내외적 안전, 교통, 교육, 보건의 공급이다. 그러므로 고전적 자유주의에서는 국민경제에서의 경제적 활동의 기반이 개인윤리적인 자유(개인윤리적인 자유를 사회윤리적인 정의보다 강조하는)이며, 국가의 활동은 (사회주의적 계획경제에서와는 달리) 최소한으로 축소된다.

2. 시장의 조정역학

시장의 조정역학을 관찰하기 전에 경제순환의 모형이 제시되어야 한다. 모든 개별 가계들은 하나의 큰 가계의 무리인 가계부문으로 이해된다. 마찬가지로 모든 개별 기업들을 합하여 기업부문을 형성하고 있는 기업을 도출한다. 국가부문과 해외부문을 제외하면 이들 가계부문과 기업부문은 두 가지 관점에서 서로 경제적으로 연관되어 있다. 개별 가계가 소비재를 구매하려고 하면 이들은 소비재 시장에서 수요자로 나타나며, 기업은 그들 편에서부터 소비재를 공급한다. 즉 소비재가 기업에서 가계로 흐른다. 이러한 소비재의 구매가 화폐로 지불되어야 하므로 이제 다시 기업으로부터 가계에로의 소비재의 흐름에 반대로 동등한 가치의 소비지출의 흐름(화폐의 흐름)이 일어난다.

다른 한편으로는 가계와 기업은 생산요소 시장에서 만난다. 기업은 생산을 위하여 생산요소를 투입하여야 하며, 그의 사용을 위하여 기업은 가계에 화폐수입을 지불하여야 한다. 즉 여기서도 가계에서 기업으로 흐르는 생산적 능률(노동력)의 흐름에 반대로 (기업에서 가계로) 화폐 흐름이 일어난다.

경제순환과 그의 시장의 도움으로 조정문제의 시장경제적 해결이 논의되어야 한다.

첫째, 어떠한 재화가 얼마의 양으로 생산되어야 하는가 하는 문제가 시장경제에서 어떻게 결정되느냐이다. 소비재 시장에 있어서 재화에 대한 공급과 수요가 서로 만나서 재화의 가격을 결정한다. 이러한 균형가격에서 공급과 수요가 일치하며, 기업은 일정한 이윤을 이룬다. 무엇을 생산하느냐 하는 문제는 최근의 소비자 욕구를 반영하고 있는 증가된 수요에서 나타나며, 증가된 수요는 상승한 가격과 증가된 이윤을 통해서 생산을 야기시킨다.

즉 수요자들이 결국 그들의 구매를 통하여 국민경제에서 무엇이 얼마나 생산되어야 하는지를 결정짓는다. 그러므로 소비자 주권이라 한다. 생산되는 재화의 양에 대한 결정을 통하여 국민경제의 희소한 생산요소들이 어느 사용에 투입되어야 하느냐가 동시에 결정된다. 가격과 이윤은 이 과정에 있어서 어떠한 생산을 소비자들이 원하는지를 기업가들에게 알려주는 신호기능(가격의 정보신호 기능)을 한다. 이러한 신호를 고려하는(시장에서 이윤을 창출하는) 기업만이 장기적으로 (단기적으로는 손해를 보면서 생산가능하니까) 시장에 머물 수 있다.

둘째, 누구를 위해 생산하느냐이다. 재화를 구매할 수 있는 것은 소득을 취득한 사람이다(단순화를 위하여 재산에서 구매하는 경우를 제외). 소득은 노동력이나 여타의 생산능률을 생산과정에서 성공적으로 제공한 사람만이 취득한다. 소득의 크기는 판매된 능률과 그의 가격의 수학적 생산물로 이루어진다(나머지 크기인 판매액에서 비용을 제한 이윤을 제외하면). 생산능률의 가격과 구매 혹은 판매된 양은 소위 말하는 요소시장에서 결정된다.

요소시장에서의 공급과 수요의 상황이 소득의 크기에 대하여 결정을 하며, 이로써 누구를 위해 생산하느냐의 문제가 결정된다.

셋째, 어떻게, 즉 어느 생산요소의 투입을 통하여 생산하느냐이다. 요소 노동은 노동에 대한 높은 수요로 말미암아 (여타 생산요소에 대한 관계에서) 상대적으로 비싸다고 가정할 수 있다. 그러면 기업으로서는 이윤상승을 위하여 낮은 비용을 추구할 것이고, 이러한 경우 노동을 자본으로 대체함으로써 가능한 한 적은 노동력을 투입할 것이다. 요소시장에서 요소노동의 가격(임금)과 요소자본의 가격(이자)이 형성되기 때문에 요소시장에서의 가격형성(주어진 기술의 지식수준 하에서)은 생산요소의 투입관계에 따라 결정된다. 즉 비싼 요소는 싼 요소로 대체됨으로써 어떻게 생산하느냐의 문제가 결정된다. 여기서 물론 소비재 시장의 과정이 요소시장에 영향을 미치고, 요소시장의 과정이 소비재 시장에 영향을 미친다. 즉 재화시장에서 결정된 재화가격이 한계수입에 영향을 미치고 한계수입은 다시 요소시장의 요소수요에 영향을 미친다. 또한 재화시장의 재화공급에 영향을 미치는 생산함수도 한계생산성에 영향을 미치고 한계생산성은 다시 한계수입에 영향을 미친다. 이제 요소시장에서 결정된 요소가격은 비용함수에 영향을 미치고 비용함수는 다시 재화시장의 재화공급에 영향을 미친다.

3. 생산수단들에 대한 사적 소유의 기능

생산수단의 사적 소유에 대한 옹호의 핵심은 전체 경제의 복지를 위한 자기 이익의 이용이다. 재산권(property right)은 수익에 대한 권리, 취득, 이용 및 이전에 대한 권리를 포함한다. 이러한 권리를 가지는 재산권은 행위 연계의 계산 정도를 정의하며, 그럼으로써 이윤지향적인 성공 통제와 사적 소유 체제로서 능률 자극의 이상적인 조정기구이다. 행위 연계의 계산이 가능하면 자발성, 혁신에 대한 각오 및 긍정적인 전체 경제적 결과들이 계산될 수 있다.

기업이 생산수단에 대한 사적 소유를 할 경우, 즉 생산수단의 투입을 자유로이 결정하고 이룩한 이윤을 자유로이 사용할 수 있는 경우 기업이 소비자들의 욕구인 시장의 신호를 자기의 이익을 위하여 따르는 것이 된다. 소비자들의 욕구를 따를 경우 이윤을 증가시킬 수 있으며, 또한 그의 사적 소유를 증가시킬 수 있다.

생산수단의 사적 소유에 대한 옹호의 지배적인 사상은 (자발성이 가능한 큰 자유공간을 이룩하기 위하여) 또한 여타의 자유주의적 법규범에도 정착되어 있다. 일반적인 계약의 자유, 영업 및 이주의 자유, 기타의 자유권들은 이러한 기본 율에 바탕을 두고 있다.

자본주의적 시장경제의 기본사상에서 보면 그의 틀이 경쟁경제로 둘러싸여 있다. 이에서 기업들은 서로 소비자들의 표를 위하여 경쟁하며 비용절감 생산을 통하여 경쟁력 있게 유지되기 위해 노력한다. 자기 이익의 전개가 시장경제의 추진력이며, 이는 또한 시장의 역학(힘의 놀이공간, 기능)을 통하여 자기 이익과 사회의 전체 이익이 일치한다. 시장경제의 핵심적인 특징은 효율(소비자들이 원하는 것을 가능한 한 비용이 유리하게 생산하는 것)과 자유(소비자 주권, 생산자 주권, 노동자 자유의 형태로의 자유)이다.

4. 시장에 대한 비판

경제주체들의 복지를 최대화하기 위해서는 국민경제의 생산요소들이 소비자들의 선호에 따라 재화와 서비스의 최대 생산을 위해 투입되어야 한다. 이러한 자원의 이상적 배분은 일정한 전제조건 하에서 원칙적으로 (특히 완전경쟁의 모형 하에서) 사적 소유와 경쟁의 체제 하에서 보장된다. 그러나 여기에는 시장이 이상적으로 기능하지 않는 예외상황들이 있다. 공공재의 존재, 외부효과의 존재 및 소비자들을 위한 결여된 투명성이다. 이러한 경우를 좁은 의미에 있어서의 시장실패라 한다. 그 밖에 시장이 이상적으로 기능하지 않는 경우들이 경쟁이 제한된 경우와 경기진동이 실업과 인플레이션을 야기하는 경우이다. 또한 가장 핵심적인 문제가 시장경제적 질서의 결과와 기능적 필연성으로서의 소득과 재산분배의 불균형이다.

1 | 좁은 의미에 있어서의 시장실패

좁은 의미에 있어서의 시장실패에서는 첫째, 공공재를 볼 수 있다. 한 재화가 순수한 공공재의 특성을 가지는 경우는 그것이 경쟁 없이 모든 소비자들에 의해서 소비되고 소비로부터 제외가 불가능한 때이다. 이러한 사실들은 두 가지 결과를 가져온다. 소비에 있어서 경쟁이 없으면 가격을 요구하는 것도, 소비로부터 소비자들을 제외하는 것도 의미가 없다. 왜냐하면 이러한 제외되지 않는 소비자들이 추가적인 사회적 자원을 소모하지 않기 때문이다. 재산권적 이론의 언어로 표현하면 재산권의 개념과 실행이 효율적이지 않으며, 이는 불필요한 국민경제적 비용을 야기시킨다. 공공재의 생산은 물론 상쇄되어야 하는 비용을 야기시킨다.

이로써 야기되는 문제를 해결하기 위해서는 개별 소비자들이 (가능한 범위 내에서) 그들의 소비를 다른 사람들의 소비를 차단하는 가격으로 해결하든지 그렇지 않으면 모두가 생산을 지불하는 집단적인 유형을 생각할 수 있다. 후자의 경우에서는 개별적 소비지출이 개별적 효용에 상응하지 않는다. 이로써 국민경제적인 관점에서 이상적이 아닌 이러한 재화유형의 생산량, 생산구조 및 분배가 귀결된다. 가격요구가 실행될 수 없다면 어떠한 기업도 이러한 재화를 생산하지 않을 것이다.

둘째, 좁은 의미에 있어서의 시장실패의 문제점이 외부효과이다. 외부효과는 원인제공자에 의해서 고려되지 않거나 시장참가자들 사이에서 반대급부를 위한 권리나 보상이 정당화하지 않는 경제주체의 경제행위의 직접적인 영향이다. 즉 참가하지 않은 제3자에 대한 작용(긍정적 및 부정적 작용)이다. 외부효과가 주어지면 시장생산이 이상적인 배분을 보장하지 않는다. 그러므로 개별적인 비용과 수입은 전체사회의 비용과 수입에 상응하지 않는다.

셋째, 좁은 의미에 있어서의 시장실패의 문제점이 소비자들을 위한 결여된 투명성이다. 경쟁이 소비자들에 의해서 요구되는 품질을 가져온다 하여도 소비자들이 생산품의 품질을 인식하고 평가하는 데에는 상당한 결여가 있다. 일반적으로 생산자들과 소비자들 사이에는 구조적 정보격차가 있다. 생산자는 그의 생산품의 품질을 원칙적으로 소비자보다 훨씬 더 잘 알고 있으며, 광고가 투명성에 또한 영향을 미친다. 재화에 따라서는 품질의 인식이 어려운 것이 있다. 이에 속하는 것들이 의약품, 일반적인 생활필수품 그리고 은행신용이나 보험과 같은 복잡한 상품들의 품질이다.

좁은 의미의 시장실패가 일어나는 경우를 보자. 한 재화시장에서 작동하는 상품을 만드는 기업이 하나뿐이면 독점, 소수이면 과점이다. 이러한 소위 말하는 독과점에서는 경쟁이 제대로 이루어지지 않으며, 당해 시장에서 작동하는 소수의 생산자들이 재화의 가격과 산출량을 결정하기가 상대적으로 쉬워지고 가격이 상승하면 공급량이 감소할 수 있다. 이와 같이 시장에서 공정한 경쟁이 이루어질 수 없는 국민경제에서는 자원이 효율적으로 배분되지 못한다.

또한 국가의 내외적 안전이나 가로등 및 공원과 같은 불특정 다수의 공동의 소비를 위하여 생산된 재화가 공공재이다. 공공재는 누구라도 무료로 사용할 수 있고, 어떤 사람에게도 사용할 수 없다는 제한을 하기가 어렵다. 사람들은 공공재를 이용하면서 많은 혜택을 얻지만 그에 대한 대가는 지불하지 않으려는 무임승차의 문제가 일어난다. 이로써 공공재의 공급을 시장경제적 기능에 내버려두면 무임승차 문제로 인하여 어떠한 생산자도 수입은 없이 비용을 감수하고 당해 재화를 공급하려 하지 않을 것이므로 또한 사회적으로 필요불가결한 공급이 이루어지기를 기대하기 어렵다.

시장실패를 가져오는 요인이 경제주체의 경제활동이 여타의 경제주체들에게 영향을 미치지만 이에 대한 대가를 요구하거나 비용을 지불하지 않는 외부효과이다. 이러한 외부효과는 경제주체의 행위가 외부에 대하여 이익을 주는 좋은 외부효과도 있고, 손해를 끼치는 나쁜 외부효과도 있다. 나아가 이제 사회적 비용을 증가시키는 외부효과가 있으면 사회 전체의 비용은 당해 개별 생산주체의 사회적 비용보다 크며, 이로써 당해 생산기업은 사회적 비용보다 적은 사적 비용을 고려하여 생산규모를 결정하기 때문에 당해 생산기업의 산출량은 국민경제 전체적으로 효율적인 수준을 초과하게 된다.

마지막으로 시장에 작동하는 시장참가자들에 있어서의 거래에 관한 정보가 불투명하여도 시장실패가 일어난다. 정보의 불투명 문제의 대표적인 예들이 도덕적 해이와 역선택이다. 일반적으로 수요자는 공급자만큼 당해 재화에 대한 정보를 알지 못하며, 이로써 소비선택에 있어서 합리적인 선택을 하지 못하는 경우가 있다.

이러한 시장실패의 경우에는 개인의 이익과 사회 전체의 이익이 조화를 이루지 못하며, 희소한 자원이 효율적으로 배분되지도 못하므로 정부가 시장에 개입하여 시장경제적 기능들을 보완할 필요가 있다. 이러한 정부의 최소한의 기능들은 공공재 공급으로서 국방, 치안, 법질서, 공공보건, 사유재산권, 거시경제적 안정 등의 유지들이 이에 속한다. 정부의 중간기능들로서는 환경보호 및 의무교육의 확장과 같은 외부효과 개선, 반독과점 정책 및 공공사업과 같은 독과점 규제, 그리고 나아가 보험정보와 금융규제 및 소비자 보호와 같은 불투명한 정보의 투명성 등이다.

2 | 집중과 경쟁 제한

시장경제에서는 소득과 재산이 축적되고 집중되는 경향이 있다. 재산의 소유자는 그의 재산을 생산적 재산으로 사용함으로써 시장에 있어서의 생산자로서 모형에 따라 의도된 공급자와 수요자 사이의 균형을 방해하는 크기를 형성한다. 공급자들은 그들의 힘의 위상을 확장함으로써 경쟁자들을 제외시키고 높은 가격을 요구하는 위치에 있게 된다. 더 이상 경쟁적이지 않은 가격과 이윤이 형성되면 가격이 점점 희소성을 나타내는 기능을 상실한다. 이로써 이윤이 성공의 척도로서의 기능을 상실하고 불평등한 힘의 분배가 불평등한 경제과정의 영향을 야기시킴으로써 개별 이익과 전체 이익의 조화가 방해된다. 공급자는 시장경제적 체제에 정착한 계약의 자유를 오용함으로써 경쟁제한의 경향이 강화된다.

3 | 경제적 활동들의 진동들

역사적 발전에서 보면 자본주의적 시장경제는 다소간의 경제적 위기를 보게 된다. 기업 파산, 실업, 일반적인 경제적 침체 및 심지어 경제적 후퇴들이 나타난다. 이러한 경제적 현상들은 고전적 모형에서 주장되는 완전고용에로의 자동적 경향이 실제로는 주어지지 않는다는 결론을 내린다. 경제자유주의로 각인된 경제 흐름에 있어서는 국가적인 영향(재정- 및 금융정책)을 통하여 경제적인 활동들(특히 고용과 물가에 대한 활동들)의 진동들을 가능한 한 적게 할 수 있으나 이에 대한 논란의 여지가 없는 것은 아니다. 경제적인 활동에 대한 기본적인 이상의 극단적인 양대 대칭이 경제자유주의와 국가개입주의(혹은 경제민주주의)이다.

4 | 불평등한 소득 및 재산분배

시장경제적 체제의 핵심적인 결점이 불평등한 소득 및 재산의 분배이다. 불평등에 대한 이러한 경향은 시장경제적 체제 속에 있다. 능률원칙의 기반에 따라 소득 및 재산 취득을 가져오는 잔고가 국민들에게 불평등하게 분배되어 있다. 숙달, 지성, 재산, 지구력, 실행력 등이 이에 속한다. 이러한 경향은 시간의 흐름에 따라 강화된다. 최근에 생긴 불평등이 스스로 강화되기 때문이다. 낮은 소득을 벌어들인 사람은 그의 교육을 위하여 더 적게 투자할 수밖에 없으며, 그의 재산을 형성할 수도 없다. 그럼에도 소득격차는 시장경제에서 능률의 자극과 조정기구로서 기능적으로 필요불가결하다. 불평등한 소득 및 재산의 분배는 결국 시장경제의 기본적 조정원칙인(소위 말하는 합리적인) 가격(시장에서 창조된 질서인 수요와 공급의 자연적인 힘에 의하여 이룩된 가격)이 비사회적인(이를 테면 극빈층은 고기를 못 먹는데 비싼 애완용 동물의 먹이들이 합리적으로 가격을 통하여 생산되는) 분배원칙이란 것을 보여주고 있다.

5. 한국의 시장경제

고전적인 자유주의적 시장경제 모형의 경제적 현실에 대한 인식된 차이와 순수한 시장경제적 체제의 결함으로부터 일련의 질서정책적 보충 및 개선대책들이 세워지고 실현된다. 기본적인 것이 공공재(안전, 법질서, 교육 등)의 생산에 대한 국가적인 보장과 외부효과(환경정책), 나아가 결여된 투명성(생활필수품, 보건)에 있어서의 국가적인 조정이다. 이에 또한 기본적으로 자본주의적 시장경제를 바탕으로 체제의 조화로운 기능방식을 이룩하기 위하여 요구되는 것들이 경쟁정책, 분배정책 및 안정화 정책에 대한 개념들의 실현화이다.

1 | 기본 이상

한국의 시장경제는 경제와 사회에 대한 자유주의적 · 경제적으로 능률적이고 지속적인 체제이며, 사회적으로 정의로운 질서이다. 한국의 시장경제는 경제적 개념으로서 기본적으로 법치국가적으로 안전한 자유와 경제적 자유, 그리고 사회적 안전과 사회적 정의의 민주사회 국가적 이상의 종합을 목표로 하고 있다.

2 | 과제로서의 경쟁

시장형태에 있어서는 경쟁의 원칙이 결정적인 의미를 갖는다.

경쟁이 지배하면 가격들과 이윤들에 대하여 경제계획들이 서로 조정된다. 이로써 경제는 자동적으로 가장 가능한 상태를 추구하게 된다. 경쟁은 또한 스스로 형성될 뿐만 아니라 제한으로부터도 보호되어야 한다. 기업은 시장에서 경쟁을 통하여 이윤을 추구하여야 한다. 경쟁은 혁신기능과 자원배분 기능을 한다. 이러한 작동하는 기능적인 경쟁이 경제질서정책의 목표인 것이다.

3 | 소득과 재산의 재분배

소득과 재산의 재분배의 필요성은 노동조합 측으로부터 제기되지만 원칙적으로는 사용자 측으로부터도 인정되어야 한다. 사회적 안전 체제의 구축과 확장이 일반적으로 사회구성원들에게 도움이 될 수 있다.

불균등한 소득과 재산분배의 관점과 연관하여 생산요소의 배분과 재화의 분배가 가격역학(요소시장 및 재화시장의 가격기구)을 통하여 불공정하게(독과점적 현상으로) 나타나는 것을 보여준다. 이로써 교육, 보건, 안전과 같은 특정한 재화에 대한 국가의 화폐 지불 없는 제공이 국민경제적인 능률을 위하여 궁극적으로는 국가적 재분배 대책들에 속하여야 할 것이다. 즉 교육(가계 및 기업의 사경제적 경제주체들은 관심이 없지만 생산성 증가의 바탕이 되는 지식인 기초 자연과학과 같은 교육부분들), 보건 및 내외적 안전(치안 및 국방)을 위한 공급은 국가(정부)의 역할이다.

4 | 경기의 안정

경기의 주기들은 시장경제의 발전을 나타낸다. 이러한 시장경제의 발전에서는 질서정책적인 대책들과 경제 흐름에 영향을 미치는 조정들을 볼 수 있다. 또한 시장경제의 조정에 대한 회의도 새로이 야기될 수 있다.

역사적 경험은 시장경제적 체제에서의 경제적 활동의 강도가 진동한다는 것을 보여준다. 서로 상대적으로 분명한 경기주기들이 존재한다. 경제성장의 과정에서 경기정책과 재정정책을 포함한 거시조정들이 친시장적 대책들의 범위 안에서 이루어져야 한다. 경제의 글로벌 정책으로는 또한 나아가 국민경제의 개별 산업부문들과 지역들에 상대적인 의미를 주는 구조정책과 성장정책이 실행되며, 이에서는 경우에 따른 시장의 역학이 제외됨으로써 시장경제에 의한 조정이 부분적으로 회의될 수도 있다.

5 | 경제기본법과 한국에서의 시장경제

이에서는 한국의 시장경제에서 경제기본법을 바탕으로 국민경제 운영과 생산요소에 대한 소유질서를 볼 수 있다.

① 경제기본법과 국민경제의 운영

국민경제의 운영에 있어서는 국민경제의 중앙조정이 법적으로 제외되어 있으며, 극도의 자유주의적 경제체제도 제외되는 것으로 이해될 수 있다.

기본적으로 개별 국민들에게 일련의 자유권들이 보장된다. 개성의 자유로운 전개는 소비자유, 기업자유 및 경쟁자유를 포함하고 있다. 또한 이에 개인적인 자유 이주권, 직업/노동 장소 선택의 자유와 노동조합과 경영인 단체의 형성과 같은 결사의 자유가 이에 속한다. 이로써 국민경제에서의 경제과정의 중앙적인 조정이 제외되는 것으로 이해된다. 그러나 시장결과의 사회적 수정을 위한 충분한 놀이공간을 제공하기 위한 경제과정에서의 국가의 직접적인 개입의 타당성은 일률적으로는 응답되지 아니함으로써 극단적인 자유주의적 경제체제도 제외된다. 이와 같이 경제생활에 있어서 원칙적인 개인윤리적인 자유(자유주의적인 자본주의적 시장경제체제)를 바탕으로 하지만 사회윤리적인 정의(국민경제 전체의 공동체 형성을 위한 공헌)를 위하여 정부의 늘어진 팔(국가적인 정책)을 이해할 수 있다.

② 경제기본법과 소유질서

생산수단을 포함한 사적 소유에 대한 기본조항이 명시되어 있으며, 또한 사적 소유의 사회적 연계가 이루어져 있다.

소유와 상속은 보장되며, 그의 내용과 제한은 법률로 정한다. 소유는 그의 사용이 동시에 일반의 복지에 봉사하여야 한다. 소유권 박탈은 국민경제의 일반적인 복지를 위해서만 허락될 수 있으며, 법률과 법률의 기반 위에서 이루어질 수 있다.

또한 자본주의적인 소유질서가 확립될 수 없는 부분들이 있다. 재산권이 정착될 수 없기 때문에 시장기구에 의한 효율적인 자원배분이 불가능하다. 이러한 경우 정부는 여러 가지 방법으로 이 문제들을 해결할 수 있다. 이에 속하는 부분들이 공공재와 공유자원이다.

사회주의적 계획경제의 기반과 기능들

3

1. 마르크스주의적 자본주의 비판

마르크스는 그의 자본주의적 시장경제의 분석에 있어서 특히 자본주의적 사적 소유와 시장경제적 조정역학에 대한 비판을 형성하였다.

사회주의적 중앙행정경제는 잠정적으로 세계의 소수의 나라에서만이 과도기로 주어진다. 다른 모든 나라들에서는 이러한 경제체제는 실패로 결론지어진다. 그럼에도 불구하고 이들의 핵심적인 기반들이 여기서 서술되어져야 한다.

사회주의적 중앙행정경제의 이론적 기반으로서 마르크스의 자본주의적 시장경제에 대한 서술과 비판은 나아가 자본주의적 시장경제체제의 이해를 위하여 불가피하게 존재하는 가치를 제공하며, 자본주의적 시장경제의 상이한 기능방식들에 대한 조망을 이룩해 준다.

마르크스의 견해와 이론들 및 마르크스의 방법과 개념장치의 사용을 실행한 연구분야인 마르크스주의적 사회주의는 자본주의적 경제질서 자체에서 반복되는 경제위기, 증가하는 빈곤, 국민소득에서 임금비중의 악화, 노동생산성의 증가가 노동자에게가 아닌 자본가에게 유리한 모순을 인식하였다.

이들 사회주의적 사고의 바탕을 형성하고 있는 것이 헤겔의 세계사적 합리성의 관점과 엥겔스의 사회형성의 변증법적 도해이다. 모든 사물들과 관계들은 자체에 모순이 내포되어 있으며, 모순/갈등을 통하여 움직여지고 모순을 통하여 전진되는 세계사에는 하나의 아주 특별한 계획(역사의 추진력으로서 가설-반가설-종합가설의 연쇄)이 그 기반에 있다. 이를 밝히면 미래를 예측할 뿐만이 아니라 조정한다는 것이다. 이러한 사회적 발전의 사고에서 보면 인간사회는 완전한, 그러나 저개발의 원시사회에서 사회적으로 완전한 고도의 경제적-기술적 수준의 미래사회에로의 이동에서 억압과 착취의 국면이 나타난다는 것이다.

공산주의적 원시사회(가설)에서는 노동분업과 사적 소유가 존재하지 않으며, 노동생산물은 생산자에게 속하고, 사회적인 지배관계는 존재하지 않으며, 경제적으로는 극도의 낮은 생산성으로 극도의 저개발 단계이다. 다음으로 상승하는 노동생산성과 증가하는 분업은 생산수단의 소유자들에게 노동으로부터 자유로운 (노동하지 않는) 생활을 허용하며, 이러한 계급사회(반가설)에서는 마지막 계급사회인 자본주의에서 극치에 도달할 때까지 착취와 억압의 짓누르는 형태가 지속된다는 것이다. 나아가 생산수단에 대한 사적 소유를 몰아냄으로써 사회주의에서 근본적인 인간적 자유가 다시 나타나며, 착취와 지배관계는 해체되고 높은 경제적 수준(종합가설)에 도달한다는 것이다.

노동을 통한 인간적 자유의 변증법적 실행은 인간역사에 기반을 형성하는 계획이라는 것이며, 마르크스는 이러한 발전을 생산력과 생산관계에 대한 변증법의 도움으로 표시하고 있다. 한 사회형태 내에서 기술적-경제적 생산조건(생산력)과 생산과정에서의 사회적 관계, 특히 소유권 관계(생산관계)는 상이하게 발전한다. 생산력은 한 사회형태의 움직이는 역동적 요소이며, 잠재적으로 상대적인 지속발전이 가능하다. 경제성장/기술진보로 생산력과 생산관계 사이의 긴장이 증가한다. 생산관계는 새로운 체제나 새로운 생산방식으로 변화가 가능하며, 새로운 생산관계가 형성되면 생산력 발전 가능성이 새로운 긴장까지 지속한다.

발전과정의 주체는 사회적 계급들이며, 지배하는/억압하는 계급은 생산수단의 사적 소유와 기존 생산관계의 유지를 위하여 보수적이다. 지배되는/억압당하는 계급은 생산수단을 소유하지 않으며, 생산관계의 전환에 관심이 있고 혁명적이다. 계급투쟁은 지배하는 계급과 지배되는 계급의 정치적 조직들 사이의 의식적인 대립이며, 생산력과 생산관계의 증가하는 긴장으로 경제적 위기상황이 첨예화된다. 지배되는 계급은 계급의식 발전, 정치적 계급조직 형성, 그리고 나아가 계급갈등으로 성장한다. 이로써 생산력과 생산관계의 긴장이 극대화 되며, 경제적 위기상황과 사회적 갈등상황이 나타나고 전체 사회적 혁명의 전제가 형성됨으로써 억압되는 계급이 새로운 지배계급으로 등장한다는 것이다.

1 | 생산수단의 사적 소유에 대한 비판

마르크스는 자본주의의 사적 소유, 즉 다른 사람의 노동을 현실화하는 생산수단의 사적 소유를 거절하였다. 그의 논점은 본질적으로 생산수단에 대한 사적 소유는 노동자의 착취를 야기한다는 것이다. 생산수단에 대한 사적 소유는 긍정적인 경제적 기능을 충족시키는 것이 아니라, 이윤율의 하락과 이와 연계된 위기를 통하여 생산력의 무제한적 발전을 방해한다는 것이다.

① 자본주의적 착취

마르크스에 의하면 재화의 가치는 그 당해 재화의 생산을 위하여 요구되는 평균적 · 사회적으로 필요한 노동시간으로 측정된다. 마르크스주의적 분석의 기본원칙은 동등한 가치의 교환, 즉 상품은 그의 가치에 따라 교환된다는 것이다. 평균적인 노동일을 필요한 노동과 잉여노동으로 양분하였다. 그러므로 생산된 재화의 가치는 기계, 도구, 반제품 등과 같은 고정자본과 생산적인 활동을 위하여 필요한 가변자본인 임금 이외에 잉여생산으로 분석했다. 마르크스에 의하면 잉여가치를 생산하는 유일한 능력은 노동력의 가치 자체로서 측정되는 노동이다. 그러므로 임금은 노동생산물의 가치보다 적다. 생산수단의 소유자들이 생산과 고용에 대한 결정권을 갖는다. 착취와 이윤은 자본주의적 시장경제에서 기능적으로 필연적이라는 것이다.

② 이윤율의 체감적인 하락

생산수단에 대한 사적 소유는 그에 의하면 착취 이외에 생산력의 발전에 대한 장애라는 것이다. 생산력 발전의 장애가 투입된 자본에 대한 이익의 관계인 이윤율의 체감적 하락이며, 또한 이러한 이윤율 하락과 연계된 위기이다. 자본집약도가 증가하기 때문에 이윤율이 하락한다는 것이다. 이윤율의 하락은 경기위기를 동반하며, 위기는 점점 더 커진다는 것이다.

마르크스주의는 자본주의적 생산과정에서의 자본을 고정자본(c)과 가변자본(v)으로 구분하고, 가변자본을 노동력 교환가치 지불의, 즉 임금지불의 자본으로 파악하였으며, 이 이외의 모든 자본을 고정자본으로 파악했다. 마르크스적 잉여가치, 즉 부가가치(m)는 살아있는 노동의 사용가치 이용 과정에서 형성된다. 부가가치율(m')은 가변자본(v)에 대한 부가가치(m)의 비중이다.

$$m/v = m'$$

이윤율(p)은 전체 자본(c+v)에 대한 부가가치(m)의 비중이다.

$$m/(c+v) = p$$

이제 가변자본(v)에 대한 고정자본(c)의 비중에서 보면 자본축적과정에서 고정자본이 증가하며, 즉 부가가치를 기술 개선과 노동생산성 향상을 통한 상대적 부가가치의 증가를 위하여 사용하며, 부가가치율(m', 혹은 m/v)은 일정수준에서 고정자본의 투자가 가속되면 이윤율{p, 혹은 m/(c+v)}이 하락한다.

2 | 국민경제적 운영에 대한 비판

마르크스주의적 관점에서 보면 원칙적으로 생산자(노동자)에게 속하여야 할 잉여생산물의 자본가에 의한 사적 귀속이 생산의 무정부적 성격으로부터 온다. 즉 시장경제적 생산은 무정부적 특성이 있다는 것이며, 소비자들과 생산자들의 관심이 서로 상이하다는 것이다. 자본가들은 그들의 이익을 최대화할 수 있는 재화를 생산하는 반면, 소비자들은 그들이 필요로 하는 재화에 관심이 있다는 것이다. 이윤추구와 수요 사이의 연관이 간과되며, 시장은 기업가의 결정을 사후적으로 처음 평가한다는 것이다.

마르크스주의는 역사유물론적 사회이론에서 자본주의의 경제적 운동법칙을 생산력과 생산관계 사이의 증가하는 갈등, 즉 시장가격을 중심으로 한 임금률, 이자율, 이윤율과 같은 자본주의적 소득분배 등의 분배갈등에서 인식했다.

재화의 가치는 노동이 물질화/형상화한 것으로 파악하였으며, 재화가치의 크기는 그 재화 자체에 포함된 노동의 가치형성의 본질의 양에 따라 결정된다는 것이다.

노동력의 가치는 노동 소유자의 생존유지(노동 재생산)에로의 필요불가결한 생필품들[의, 식, 주, 교육비, 가족의 생계비(노동자 계급이 소멸되지 않기 위하여 노동자 가족이 부양되어야 함)]의 가치로 형성된다.

생산관계에서의 계급분리로 말미암아 자본가는 노동력이라는 상품을 교환가치로 취득하여 사용가치로 생산과정에 투입함으로써 부가가치를 창출한다. 노동의 사용가치와 교환가치의 차이가 클수록 부가가치가 크다. 즉 노동의 사용가치는 노동의 교환가치와 부가가치의 합이다.

부가가치는 절대적 부가가치와 상대적 부가가치로 구분되며, 절대적 부가가치는 노동력의 재생산에 필요불가결한 노동시간 이상이 생산과정에 투입됨으로써, 즉 노동의 일정한 교환가치에서 노동의 사용가치가 증가함으로써 생겨난다. 상대적 부가가치는 노동의 재생산에 필요불가결한 생필품 산출에 요구되는 노동시간 단축으로, 즉 기술개선/노동 강도와 같은 노동생산성이 증가함으로써 생겨나며, 노동의 일정한 사용가치에서 노동의 교환가치를 줄임으로써 증가된 부가가치이다.

2. 중앙계획

1 | 중앙계획의 기본개념

중앙행정경제(계획경제)에서는 수많은 생산단위들과 소비단위들의 경제적 활동이 하나의 중앙적 계획으로 사전에 조정되고 확정된다. 이러한 계획의 기반이 사회적 목표와 생산가능성이다. 사회적 목표들은 경영단위들과 가계들의 경제적 행위들을 강제적으로 규정한다. 중앙계획위원회가 계획들을 작업하며 정치중앙회가 한 계획을 선정한다. 그럼 중앙계획위원회는 전체 계획의 관점에서 개별 경영단위에 계획지시를 한다.

자본주의적 시장경제체제에서는 개인윤리적인 자유가 강조되는 것이라면, 사회주의적 계획경제체제에서는 개인윤리적인 자유보다는 사회윤리적인 정의가 강조됨으로써 이러한 체제에서는 개인의 자유가 구속된다.

2 | 양적 계획의 기본원칙

중앙계획에 있어서의 계획절차는 아주 복잡하다. 계획관청은 국민경제의 개별 경영단위에 있어서의 생산조건들에 대한 정확한 인식을 하여야 한다. 즉 고도의 정보를 필요로 하는 것이다. 이와 같은 한 체제에 있어서의 수량계획은 모든 경영단위들의 생산에 관한 대차대조표가 서로 연관되어 있다.

3 | 중앙계획의 문제들

중앙적 계획의 기본적인 문제들은 정보문제와 통제문제를 해결하는 것이 불가능하다는 것이다. 국민경제의 중앙정부에 의한 집단계획에서는 국민경제의 운영을 위한 경제의 계획 정보문제가 제기되며, 국민경제 운영의 성공을 위한 통제에 있어서도 시장기구/시장역학에 의하여 자동으로 통제되는 자본주의적 시장경제체제에서와는 달리 계획목표 달성이 통제의 기준이다. 나아가 생산을 위한 혁신의 경우에도 생산과정의 혁신이나 생산품의 혁신에 대한 동인이 결여된다.

① 정보문제

중앙적 계획을 제시하기 위해서 요구되는 핵심적인 인식들이 부존자원, 이상적인 생산절차 및 소비자들의 선호이다. 중요한 정보들이 경영단위들에 의해서 조달됨으로써 경영단위들은 통상으로 하향 조정된 정보를 제공한다. 비록 정당한 정보들이 제공되었다 하더라도 중앙관청이 이들 자료들을 만족할 정도로 처리할 수 있느냐 하는 것은 의심의 여지가 있다. 그러므로 국민경제적 성장잠재력이 완전히 능력발휘되지 않는 것이 일반적이다.

기본문제는 생산을 이상적으로 조정하여야 하는 계획관청이 원칙적으로 독립적이라는 것이다. 자본주의적 시장경제에서는 희소성 가격이 존재하며, 이러한 희소성 가격이 부존자원의 희소성, 현대적 생산수단의 수준 및 소비자들의 선호를 정확히 반영한다. 자본주의적 시장경제에서 수요와 공급의 힘들에 의해 자동으로 형성되는 이러한 희소성 가격이 사회주의적 계획경제에서는 존재하지 않으며, 따라서 계획관청이 이상적인 계획(시장에서의 힘들을 파악함이 없이)을 제시한다는 것은 거의 불가능하다고 볼 수 있다.

② 통제문제

사회주의적 경제체제에서 행위의 동인과 사회적 기능 사이의 일치를 기대한다는 것은 어렵다. 개인은 사회의 이익을 인식하고 이와 일치하며 이들에 따라 행동한다는 것은 수용하기 어렵다. 즉 사회주의에서도 사람들은 그들 자신들의 이익을 추구하며, 그럼으로써 능률 자극과 성공 통제가 이루어져야 한다.

자본주의적 시장경제에서는 가격역학과 이윤역학이 능률 자극과 성공 통제를 자동으로 생산하는 반면, 사회주의적인 계획경제에서는 이들이 설치되어야 한다. 성공의 척도는 여기서 계획달성이다. 생산적 활동의 관심은 실현생산의 최대화가 아니라 계획생산의 최소화일 수도 있다.

③ 결여된 혁신역학

사회주의적 계획경제는 혁신역학에 대한 핵심적인 결여로 특징된다. 새로운 생산품의 발전(상품혁신)이나 새로운 생산절차의 개발(생산과정 혁신)은 여기서는 자본주의적 시장경제에서보다도 상대적으로 더 적다. 왜냐하면 여기에는 정보문제나 통제문제들이 축적되어 있기 때문이다.

기술진보/기술개발로 대표되는 생산과정에서의 이와 같은 과정혁신은 계획경제에서 계획될 수 없다. 계획관청이 직접적인 생산주체가 아니기 때문에 효율적인 생산을 계획할 수 없기 때문이다. 상품혁신도 마찬가지로 거의 계획될 수 없다는 것이 일반적이다. 계획경제에서의 수량계획은 수량화할 수 있는 생산량으로 작업되어야 하며, 질적 개선, 즉 신제품(상품혁신)은 수량화할 수 없다. 질적인 개념(상품혁신)이 수량계획에서는 계획되어질 수 없다.

특히 경영단위들이나 노동자들과 같은 생산자들이 혁신에 관심이 없다. 시장경제체제에서는 이윤체제가 생산에서의 능률 자극이지만, 계획경제에서는 이러한 성공 통제의 자극체제가 주어지지 않는다.

3. 체제전환의 과정들

체제전환의 과정에서는 경제체제들에 있어서의 체제전환의 개념과 서로 상이한 체제에로의 체제전환의 전략을 취급한다.

1 | 체제전환의 개념

우선 생산수단에 대한 소유질서(자본주의와 사회주의)와 국민경제의 조정역학(시장경제와 계획경제)을 경제체제의 핵심적인 독립적 요소로 간주하고 이러한 요소들의 극단적인 각인형태(즉 사적 소유와 국가/공동소유 마찬가지로 시장조정과 중앙적 계획을 통한 조정)들을 관찰한다면 체제요소들의 이러한 각인형태의 변화가 경제체제의 체제전환이다. 이러한 극단적인 경제체제들 이외에 현실에 있어서는 여러 혼합형태가 있다. 이러한 의미에서 체제전환과 체제개혁을 구분할 수 있다.

체제전환은 사회주의적 계획경제에서 자본주의적 시장경제체제에로의 전환과 그의 반대 방향에로의 체제전환, 나아가 사회주의적 계획경제에서 사회주의적 시장경제체제에로의 전환 등을 볼 수 있다. 1990년 이후의 정치경제적 발전의 귀결에서 본다면 체제전환의 의미의 좁은 응용이 도출될 수 있다. 여기서 체제전환은 실제적으로 사회주의적 계획경제체제나 사회주의적 시장경제체제토부터 자본주의적 시장경제체제에로의 이전을 의미한다고 보는 것이 합리적이다.

2 | 체제전환의 전략

체제전환의 속도에서 보면 종종 충격요법과 점진주의가 구분된다. 이러한 개념들은 경제체제의 가능한 빠른 변형과 보호된, 시간적으로 확장된 변형으로 특징된다. 조정역학의 관점에서 충격요법의 대표자들은 아주 이른 시점에서 국민경제의 모든 시장들에서 가능한 완전한 탈중앙화, 즉 시장경제적 가격역학을 시행하는 것이다. 나아가 국민경제의 경영단위들을 가능한 빨리 민영화하고 시장경제적 조건 하에서 존재 불가능한 그러한 기업들은 퇴출을 촉진하는 것이다.

점진주의자들은 우선 개별시장을, 그것도 경우에 따라서는 부분적으로 탈중앙화하는 것이다. 국민경제의 경영단위들을 중장기적으로 이익/손실의 원칙 하에 두고 잠정적으로는 보조를 긍정적으로 본다. 소유질서에 관하여서는 우선 지속하여 국가의 소유 하에 두고 시간을 두고 민영화를 시행한다.

이러한 체제전환의 전략들은 정치적 수용의 논점에 달려 있다. 빠른 체제전환의 대표자들은 시간을 두고 진행하는 과정에 있어서는 이러한 기본적인 변화의 본질이 흐려질 수 있다는 것이다. 반면 점진주의자들은 단계적으로 하는 전환이 오히려 정치적으로 실행 가능하다고 믿는다. 또한 충격요법의 대표자들은 낡은 체제의 분배적인 비효율을 가능한 빨리 극복하기 위해서는 국민경제의 가격들이 가능한 완전히 국민경제적 조정기능(배분기능)을 이양받아야 한다고 본다.

이에 대하여 점진주의자들은 상대적인 가격의 극단적인 변화가 폭발적인 구조변화에서 수행된다고 한다면 일시적으로 많은 기업들을 파산시킬 것이며, 이로써 실업이 극도로 증가할 것이라고 본다. 단기간의 강화된 체제 전환의 목표로 설정한 시장경제체제에로의 순수화의 위기가 실업과 기업의 적응억압에 있어서 높은 비용을 야기시킨다는 것이다. 이러한 양대 전략들이 수용될 수 있는 것이 실제로는 3단계 체제전환인

- 준비국면
- 출발국면(출발시점)
- 적응국면의 과정이다.

준비국면에서는 새로운 경제체제를 위한 법률적 부대조건들과 제도적 기반들이 개발되어야 한다. 이로써 시장들이 출발시점에서 기능을 발휘하고 경제정책적 주체들이 필요한 수단들로 정비됨으로써 전제조건들이 갖추어진다.

출발시점은 가격이 주어짐으로써 국민경제가 원칙적으로 가격/이윤역학에 의해서 조정되는 시점을 말한다. 이러한 출발국면의 형성은 각 체제전환 전략들의 사회적 수입과 비용의 관점에서 평가되어야 한다.

적응국면에서는 대형 국영기업의 민영화가 이루어져야 한다. 이로써 국가 소유의 혹은 인민 공동 소유의 기업들이 민간인들의 손으로 이양되어야 한다.

4 가계의 수요

1. 전제조건

노동분업의 생산과정에서 재화가 생산되는 모든 발달된 경제는 화폐경제의 형태를 취한 교환경제이다.

가격역학이 시장경제에서의 경제과정을 조정한다. 시장에서의 가격은 수요와 공급의 크기와 힘에 의하여 결정되며, 수요는 다시 소비자들의 소득, 취향, 당해 재화 및 당해 재화와 연관된 재화들의 가격 등에 의하여 영향을 받는다. 공급 또한 당해 재화 및 요소들의 가격, 이윤, 경쟁관계 등에 의하여 결정된다.

[그림 1] 가격형성의 결정요인들

2. 시장

모든 재화나 서비스에는 가격이 있다. 가격/절대가격/화폐가격은 재화의 한 단위와 교환되는 화폐의 단위 수이다. 가격은 본질적으로 어떤 한 재화가 다른 재화와 교환되는 비율이다. 가격은 한 재화의 한 단위를 얻기 위해 그 대가로 희생되어야 하는 다른 재화의 단위 수, 즉 기회비용으로 표시할 수 있다. 가격은 한 재화의 교환가치를 말하며, 교환가치란 한 재화의 교환으로 다른 재화를 획득할 수 있는 능력이고, 이는 두 재화 사이의 교환비율에 의해서 표시된다.

자본주의적 시장경제체제에서는 시장에서 재화의 수요와 공급의 상관관계에서 재화가 자율적으로 공급/수요되고, 이러한 공급/수요의 힘에 의하여 균형가격이 결정된다.

가격의 기능은 생산활동과 소비활동의 지표가 되는 동시에 자원의 배분을 촉진한다. 공급자가 시장가격을 중심으로 생산물의 종류와 생산량을 결정하고, 수요자는 가격을 지표로 구입 재화의 종류와 구입량을 자율적으로 결정한다.

일반적으로 경쟁시장에 있어서는 재화의 공급자나 수요자는 시장가격에 대응하여 각각 그의 공급량과 수요량을 결정한다. 개별 수요자나 공급자는 시장가격을 임의로 조작할 수 없다. 시장가격은 또한 부동이 아니고 집합적인 시장수요량과 시장공급량의 관계에 따라 변동한다. 또한 가격의 상승/하락은 공급량 및 수요량의 조절을 유인하여 수급의 균형화를 촉진한다. 즉 가격이 상승하면 공급량이 증가하고 수요량이 감소한다. 반대로 가격이 하락하면 공급량이 감소하고 수요량이 증가한다.

가격의 이러한 기능은 완전경쟁시장이 아닌 불완전경쟁시장에서는 약화된다. 이를 테면 독과점에서는 시장가격을 어느 정도 결정할 수 있으며, 여기서는 가격의 등락이 공급량과 수요량에 변화를 준다는 보장이 없다.

재화에 가격이 있는 것은 당해 재화에 가치가 있기 때문이라고 주장되어 왔다. 가격의 기본이 되는 가치에 대해서는 리카도나 마르크스는 노동이라 하고, 밀이나 스미스는 생산비라 하며, 멩거나 뵘바베르크는 한계효용이라 한다.

노동가치설에 있어서는 재화의 생산에 투하된 노동량이 가격을 결정한다. 리카도에 있어서는 투입노동량에 의하여 교환가치가 결정되며, 대부분의 재화는 노동에 의해서 그 가치를 임의로 증가시킬 수 있다. 마르크스도 노동투입량이 재화가치를 결정한다고 본다. 재화가치결정 요인을 생산비라고 본 스미스는 두 가지 가치 개념을 사용한다. 한 재화가 인간에게 만족감을 주는 능력의 정도를 표시하기 위하여 사용되는 사용가치와 재화를 구매할 수 있는 능력의 정도를 표시하는 교환가치이다.

스미스는 자본이 축적되고 토지의 사유가 인정된 사회상태에서는 생산비로 간주되는 임금, 이윤, 지대가 교환가치를 결정한다. 이들이 교환가치의 원천이며 교환가치의 구성부분이다. 이들 구성부분에는 당해 사회에 있어서의 고유의 자연율이 있으며, 이러한 자연율에 의해서 구성된 가격이 자연가격이다. 반면 재화가 시장에서 팔리는 가격이 시장가격이며, 이는 시장에서의 공급과 수요의 관계에서 결정된다. 시장가격은 항상 자연가격과 일치하려 한다.

여기서 시장가격이 자연가격 이상으로 높아지면 당해 산업부문에서는 정상 이상의 이윤이 발생하여, 그 부문으로 자본이 유입되어 재화생산이 증가하여 당해 상품의 가격이 떨어진다. 즉 시장가격은 자연가격에 일치하려는 경향이 있고 자연가격은 임금, 지대, 이윤과 같은 생산비로 간주되는 것들의 자연율로 구성되어 있다.

멩거나 뵘바베르크에 있어서의 한계효용가치설은 가치결정원리가 한계원리라는 것이다. 재화의 가치는 당해 재화의 총효용/전체 사용가치에 의해서 결정되는 것이 아니라 한계효용(새로 추가되는 재화 한 단위에 의한 총효용의 변화)에 의해서 결정된다는 이론이다.

수요와 공급의 힘에 의하여 가격이 자동으로 결정되는 시장은 계획된 교환을 위해 필요한 정보들(가격, 다른 사람들의 구매/판매 소망)과 기회들(교환 상대방 사이의 접촉)을 제공하는 장비이다. 그러므로 시장은 교환과정을 경제화한다.

국민경제의 기반이 생산과 소비에 관한 국면이라면 대표적인 소비주체가 가계이고 대표적인 생산주체가 또한 기업이다. 가계는 소비를 위한 경제활동의 역할 담당자로서 재화/서비스를 수요/구매/소비하여 욕구를 충족시킨다. 기업은 생산을 위한 경제활동의 역할 담당자로서 역시 생산요소들을 생산과정에 투입하여 재화/서비스를 공급/판매한다.

한 가계의 재화에 대한 일정기간 동안의 구매력을 가진 수요의 크기는 여러 가지 요인들에 의하여 결정된다. 즉 당해 재화의 가격, 소비자의 소득수준, 당해 재화에 대한 소비자의 취향과 기호, 욕구의 강도, 당해 재화와 연관된 (대체관계 혹은 보완관계의) 상품의 가격 등이다. 소비자의 한 재화의 수요에 대한 이러한 요인들이 변화하면 나아가 결과의 값인 수요의 크기가 이에 상응하여 변화한다. 수요함수는 이러한 수요의 크기를 결정짓는 요인들의 값과 결과의 값인 수요의 크기와의 함수관계를 나타낸 것이다. 여기서 극도로 단순화하여 당해 재화의 가격을 제외한 모든 여타의 요인들을 일정불변이라 가정하고 (ceteris paribus) 오로지 당해 재화의 가격(P) 변화에 대한 수요량(D) 대응 사이의 관계를 나타낸 것이 여타 사정 불변일 때의 수요함수이다.

$$D = f(P)$$

이러한 수요함수는 수요의 크기(D)를 결정하기 위하여 유일하게 선택된 변수인 요인의 값인 가격(P)이 변화하면 결과의 값인 수요량(D)이 변화한다. 이러한 요인(P)과 결과(D)의 함수관계(D = f(P))에서 가격(P)이 하락하면 수요량(D)이 증가하고, 가격이 상승하면 수요량이 감소하는 것이 수요법칙이다. 이를 테면 가격이 하락하면 이전의 가격관계에서보다도 당해 재화의 수요가 가격이 하락한 만큼 증가하는 대체효과가 나타난다. 나아가 다음으로 하락한 가격에서 이전과 동일한 수량을 구입할 경우 흡사 소비자의 소득이 증가한 것과 같은 효과를 나타내어 이로써 소득증가에 의한 수요의 증가(소득이 증가하면 수요가 감소하는 열등재를 제외하면)가 나타난다(소득효과). 이와 같이 가격과 수요량 사이에 역의 관계가 존재하며, 이러한 함수관계를 곡선으로 나타낸 것이 개별수요곡선이다. 시장수요곡선 (혹은 사회수요곡선)은 이러한 개별수요곡선의 (동일한 가격수준에서의) 수평적인 합이다. 시장수요곡선은 당해 재화의 가격을 제외한 수요의 크기에 영향을 미치는 모든 여타의 요인들이 일정불변인 여타 사정 일정불변일 때의(ceteris paribus) 가격변화에만 의한 당해 재화의 시장 전체의 수요의 크기이다.

생산주체로서 기업의 한 재화에 대한 일정기간 동안의 생산능력을 가진 공급의 크기도 여러 가지 요인들에 의하여 결정된다. 이를 테면 이윤추구, 경쟁관계, 시장에서의 당해 재화의 가격, 생산비용으로서의 생산요소들의 가격, 수입 원자재들의 가격 및 지불해야 하는 특허료, 조세 등이다. 기업의 한 재화의 공급에 대한 이러한 요인들이 변화하면 결과의 값인 공급의 크기 역시 이에 상응하여 변화한다. 공급함수는 이러한 공급의 크기를 결정짓는 요인들의 값과 또한 이에서 결과의 값인 공급의 크기와의 함수관계를 나타낸 것이다. 극도로 단순화하여 시장에서 당해 재화의 가격을 제외한 모든 여타의 공급변화의 요인들을 일정불변이라 하고 당해 재화의 가격(P)과 공급량(S)과의 관계를 나타낸 것이 여타사정 일정불변일 때의 공급함수이다.

$$S = f(P)$$

이러한 여타 사정 일정불변일 때의 공급함수는 유일하게 선택된 변수인 당해 재화의 가격이 변화하면 공급량이 변화한다. 가격(P)이

상승하면 공급량(S)이 증가하고 가격이 하락하면 공급량이 감소한다. 이를 공급법칙이라 한다. 이를 테면 가격이 하락하면 여타 요인들이 변하지 않는 여타사정 일정불변에서 기업으로서는 이윤추구의 기회가 높아짐으로써 공급이 증가하고 가격이 하락하면 공급이 감소한다. 즉 가격과 공급량 사이의 정의관계가 나타나며, 이러한 함수관계를 곡선으로 나타낸 것이 개별공급곡선이다. 시장공급곡선 (혹은 사회공급곡선)은 이러한 개별공급곡선의 (동일한 가격수준에서의) 수평적인 합이다. 시장공급곡선은 당해 재화의 가격을 제외한 공급의 크기에 영향을 미치는 모든 여타의 요인들이 일정불변인 여타사정 일정불변일 때의 가격변화에만 의한 당해 재화의 시장 전체의 공급의 크기를 나타낸다.

이로써 한 재화의 가격은 시장수요곡선과 시장공급곡선에 의하여 결정되며, 동시에 동일한 크기의 균형량인 균형수요량과 균형공급량이 결정된다. 이러한 상태가 시장균형(수요와 공급의 상관관계에 있어서의 균형)이며, 시장균형은 유일하게 선택된 변수인 당해 재화의 가격(내생적 변수)에 의해서는 더 이상 변화하지 않는 정지된 상태이다.

나아가 이러한 시장균형의 이동은 수요와 공급의 크기를 결정짓는 일정불변이라고 가정한 요인들이 변화하면 결과의 값인 수요나 공급의 크기가 변화함으로써 나타난다. 즉 이로써 수요나 공급의 증가 혹은 감소에 의하여 시장균형이 이동하며, 이로써 역시 시장의 자동조절 기능을 통하여 결과적으로는 균형가격과 균형량이 변화(수요공급의 4법칙) 한다.

시장 전체의 수요와 공급의 역학에 의하여 결정된 가격은 재화들 사이의 실질 교환관계를 결정하며, 나아가 이로써 가격에 의하여 시장경제가 정부의 늘어진 팔이 아닌 "보이지 않는 손"에 의하여 자동으로 조정된다. 시장은 이로써 결국 교환과정을 경제화하며, 나아가 또한 시장의 발전과정에서 보면 시장은 사고적인 구축이다. 즉 시장은 수요와 공급이 만나서 가격이 결정되는 곳이며, 이를 테면 농수산물 경매시장이 있는가 하면 주식시장과 선물시장이 있다.

3. 개별 가계들의 수요

개별 가계들의 수요에서는 개별 가계의 수요에 대한 여러 가지 결정요인들에 대하여 취급하며, 나아가 여타사정 일정불변일 때의 수요곡선에 대하여 다룬다.

1 | 개별 가계의 수요에 대한 결정요인들

경제생활에 있어서의 기본적인 문제는 희소성에 입각한 자원배분의 문제, 즉 재화나 서비스가 어떻게 생산되며 또한 누가 처분하는가 하는 것이다. 이러한 경제생활의 문제는 여러 재화나 서비스의 가격에 의해서 결정되고, 가격은 재화나 서비스에 대한 공급과 수요의 크기에 의해서 결정된다.

수요란 주어진 가격으로 일정한 기간 동안 소비자가 살 수 있는 능력을 갖고 사고자 의도하는 재화의 총량을 의미한다. 욕망을 충족시키기 위하여 소득의 일부를 지출할 수 있을 때 수요가 된다. 이러한 구매욕구가 재화의 수량으로 표시될 때 수요량이라 한다. 즉 재화에 대한 수요란 단순한 욕구가 아니고 화폐지출을 의미하는 구매력이 수반된 욕구를 말하며, 통상 일정기간 동안 구매자가 주어진 가격에 있어서 사전적으로 구매하고자 하는 수량, 즉 수요량을 의미한다.

대표적인 수요자가 개별 가계이다. 이에 기업 또한 생산과정에 투입하기 위하여 재화와 서비스를 수요할 것이며, 국가도 집단적인 욕구충족을 위하여 재화를 구매한다. 개별 가계의 수요를 결정짓는 요인들로는 당해 재화의 가격, 당해 재화와 비교되는(대체관계) 재화의 가격, 당해 재화의 소비와 연관된(보완관계) 재화의 가격, 가계가 소비재화 지출을 위해 계획한 가처분 소득의 부분, 당해 재화의 가능한 수요자가 다른 재화와의 비교에서 연관되는 주관적인 가치평가 등이다. 이러한 주관적인 효용표상은 또한 욕구구조 혹은 선호서열로도 불린다. 이러한 욕구구조에 영향을 미치는 것이 새로운 생산품과 광고이다.

한 재화에 대한 한 가계의 개별수요의 크기를 결정하는 것은 경제적 현실에 있어서 무척 복잡하다. 모든 요인들을 동시에 서술 · 설명한다는 것은 불가능하며, 가능하다 하더라도 일반적으로 전혀 합목적적이지 않다. 그러므로 중요하게 보이지 않는 요인들은 우리들의 비현실적인 현상에서 제외한다. 다른 면에서는 가격, 소득 및 욕구구조의 영향 크기에 의한 작용을 동시에 고려할 수는 없다.

가능한 법칙성을 인식하기 위해서는 가장 중요한 요인과 결과만을 연관시키는 여타사정 일정불변 조항(ceteris paribus)과 요인인 독립변수와 결과인 종속변수에 의한 모형화 · 모델화(독립변수와 종속변수의 조합의 궤적을 이차원적 평면에 그래프로 표시하는 것과 같은)의 사고가 필수적이다.

어느 한 재화에 있어서의 당해 재화의 가격을 제외한 수요의 크기에 영향을 미치는 여타의 요인들을 일정불변이라(ceteris paribus) 가정하고, 가격변화에 따른 수요의 크기의 변화를 수요량 변화라 한다. 가격이 변화하면 수요량이 변화하며, 이는 가격과 수요량 사이의 주어진 평면좌표의 수요곡선상의 이동을 말한다.

이제 일정불변이라 가정한 모든 여타의 요인들 가운데에서 어느 한 요인만 변화하고 가격을 포함한 여타의 요인들이 불변이라면, 이러한 선택된 변수인 한 요인에만 의한 수요의 크기의 변화가 수요변화로서, 가격과 수요량 사이의 주어진 평면에서 역시 또한 주어진 수요곡선의 좌측 혹은 우측으로의 평행이동으로 나타난다. 이를 테면 가격을 포함한 모든 여타의 요인들은 일정불변이고 오로지 소비자의 소득만이 향상(증가)되었을 경우 재화에 대한 수요가 (일반적으로, 즉 정상재의 경우, 열등재의 경우는 반대) 증가한다.

소비자의 소득이 증가함에 따라 모든 재화의 수요가 증가하는 것은 아니며, 열등재/하급재의 경우는 소비자의 소득이 증가함에 따라 수요가 오히려 감소한다. 소비자의 재화에 대한 취향/기호도 수요에 영향을 미치며, 여타사정 일정불변이고 소비자의 취향만이 유리하게 변화(증가)하면 수요가 증가하고 불리하게 변화(감소)하면 수요가 감소한다. 소비자 수의 변화도 수요에 영향을 미치며, 소비자 수가 증가하면 수요가 증가하고 소비자 수가 감소하면 수요가 감소한다.

한 재화의 수요는 나아가 당해 재화와 연관관계(대체관계/보완관계)에 있는 재화의 가격변화에서도 영향을 받는다. 서로 대체관계에 있는 재화라면 여타사정 일정불변일 때 대체재화의 가격과 이와 대체관계에 있는 재화의 수요의 크기와의 사이에는 정의 관계가 있다. 대체재화의 가격이 상승하면 대체관계에 있는 재화의 수요는 증가한다. 서로 보완관계에 있는 재화라면 여타사정 일정불변일 때 보완재화의 가격과 이와 보완관계에 있는 재화의 수요의 크기와의 사이에는 역의 관계가 있으며, 보완재화의 가격이 상승하면 보완관계에 있는 재화의 수요는 감소한다.

소비자의 소득과 재화의 가격에 대한 장래의 기대도 당해 재화의 수요의 크기에 영향을 미친다. 장래의 재화가격 수준이 상승할 것으로 기대되면 소비자는 현재의 수요량을 증가시키고자 할 것이며, 하락할 것으로 예상되면 현재의 수요량을 감소시킨다. 소비자의 장래 소득수준의 변화에 대한 소비자의 기대도 또한 재화의 수요를 변화시키며, 장래에 소득이 증가할 것으로 기대되면 재화의 모든 가격수준에서 당해 재화의 수요량을 증가시키며, 소득이 감소할 것으로 예상되면 재화의 수요량을 감소시킨다.

소비자의 소득이 증가하면 동일한 가격수준에서 수요량이 일반적으로 증가하기 때문에 주어진 수요곡선은 우측으로 평행이동하고 소득이 감소하면 수요곡선이 좌측으로 평행이동한다. 그러나 재화에 따라서는 소비자의 소득이 증가하면 동일한 가격수준에서 수요가 오히려 감소하는 재화가 있다. 이와 같이 소득이 증가함에 따라 수요량이 오히려 감소하는 재화를 열등재/하급재라 하며, 소득이 증가함에 따라 수요량이 증가하는 재화를 정상재/상급재라 한다. 현실경제에서 대부분의 재화들은 정상재이다.

또한 재화에 있어서는 소비의 용도(효용)가 비슷하여 어느 한 재화 대신에 다른 재화를 소비해도 욕구충족에는 별 차이가 없는 재화가 대체재이다. 두 재화 사이의 이러한 대체관계와는 달리 각 재화를 서로 따로 독립적으로 소비할 때보다도 두 재화를 동시에 소비할 때 소비자의 만족(효용)이 더욱 커지는 두 재화는 서로 보완관계에 있다. 그러나 대부분의 수많은 재화들은 이러한 대체/보완관계에 있지 않으며, 어느 한 재화의 가격의 상승/하락이 다른 재화의 수요량에 아무런 영향을 미치지 않는 독립재이다.

2 | 재화의 가격 종속에 대한 수요

가격을 제외한 여타사정 일정불변에서의 수요의 크기는 당해 재화의 가격의 함수이다. 수요의 법칙에 따라 수요의 크기는 가격에 반비례한다. 즉 우하향의 수요곡선을 나타낸다.

[그림 2] 수요곡선

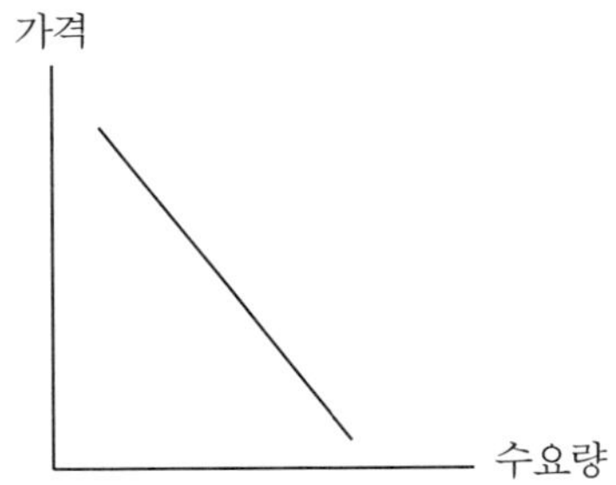

■□■□ **대체효과와 소득효과**

당해의 수요함수에서 재화의 가격이 하락하면 상대적으로 가격이 싸졌기 때문에 이 재화에로의 대체수요가 일어난다. 실질소득효과 또한 재화의 가격이 하락하면 하락한 가격으로 동일한 양을 구매하였기 때문에 실질소득이 증가한 것과 같은 효과가 나타난다. 소득이 증가하면 일반적으로 수요가 늘어난다.

수요곡선 위에서의 이동은 여타사정 일정불변일 때의 가격요인에 의해서만 변화하는 수요의 대응을 나타낸다. 그러나 일정불변이라 한 요인들 가운데 한 요인이 변화하면 동일 가격에서 수요량이 대응변화함으로써 수요곡선이 좌측 혹은 우측 평행이동한다.

4. 수요의 가격- 및 소득민감성

수요의 탄력도에서는 수요함수에서 의미하는 요인들의 값이 변화할 때 결과의 값인 수요의 크기가 어떻게 변화하는가에 대한 대응을 보여준다. 즉 요인의 변화율에 대한 수요량의 변화율의 비중을 나타낸다. 이러한 요인들에서는 우선 당해 재화의 가격, 그리고 소비자의 소득과 나아가 당해 재화와 연관된 연관 상품의 가격을 볼 수 있다.

1 | 가격탄력도

탄력도란 함수에 있어서 독립변수, 즉 영향을 주는 요인의 변화율에 대한 종속변수, 다시 말해 영향을 받는 결과의 변화율의 비율이다. 어떤 재화의 수요는 가격변화에 대해서 민감하게 반응하는가 하면 다른 재화는 거의 반응이 없는 경우도 있다. 즉 가격이 조금 변화하였음에도 재화의 수요량이 큰 변화를 보이면 재화의 수요는 가격에 대해 탄력적이다. 반면 가격이 크게 변화하였음에도 수요량이 별 반응을 보이지 아니하면 당해 재화의 수요는 가격에 대해 비탄력적이다. 수요의 가격탄력도의 값은 가격이 하락(−)하면 수요량이 증가(+)하므로 음수이지만 절대 값을 사용하며, 탄력적인 경우는 탄력도의 값이 1보다 크고 비탄력적인 경우는 1보다 작고 단위탄력적인 경우는 탄력도의 값이 1이다.

수요곡선은 가격과 수요량과의 관계인 방향만을 제시하지만 수요의 가격탄력도는 가격변화에 대한 수요량 변화의 정도를 나타낸다.

한 재화에 대한 수요는 가격변화에 상이한 강도로 대응한다. 수요의 직접적인 가격탄력성은 수요의 대응의 강도를 측정하는 것이다. 수요의 직접적인 가격탄력성은 요인의 상대적 변화에 대한 결과의 상대적 변화의 대응이다.

요인과 결과의 변화 정도가 같은 경우가 단위 탄력적이다. 즉 수요의 가격탄력도가 단위탄력적(탄력도의 값이 1)인 경우는 가격이 10% 하락하면 수요량이 10% 증가하는 경우이다. 결과의 변화 정도가 요인의 변화 정도보다 크면 탄력적이고 작으면 비탄력적이다.

탄력도란 마샬(Alfred Marshall)에 의해서 물리학에서 도입된 개념으로서 함수관계에서 독립변수의 변화율에 대한 종속변수의 변화율의 비중이다. 수요의 가격탄력도는 여타사정 일정불변일 때의 수요함수에서 가격변화율에 대한 수요량 변화율의 비중이다. 우하향의 수요곡선에서 수요곡선이 가파를수록 절대 값인 탄력도가 작아져 비탄력적이 되며, 극단적인 수직의 수요곡선에서는 수요의 가격탄력도가 0이다. 반대로 수요곡선이 완만할수록 탄력도의 값이 커져 탄력적이 되고, 극단적인 경우인 수평의 수요곡선에서는 수요의 가격탄력도가 무한대이다.

또한 동일한 수요곡선이라도 당해 수요곡선 위에서의 각 점에 있어서의 탄력도(점탄력도)가 서로 다르며, 우하향의 수요곡선을 아래로 따라 내려올수록 수요의 점탄력도의 값이 작아진다. 즉 동일한 수요곡선의 한가운데서의 점 탄력도의 값은 1(단위탄력적)이며, 그 윗부분은 1보다 크고(탄력적이고) 그 아랫부분은 1보다 작다(비탄력적이다).

2 | 교차탄력도

한 재화에 대한 수요는 연관 상품의 가격변화에도 대응한다. 대체재의 경우는 대체재의 가격이 상승하면 당해 재화의 수요가 증가한다. 보완재의 경우는 보완재의 가격이 상승하면 당해 재화의 수요가 감소한다. 독립재의 경우는 가격변화에 당해 재화의 수요가 영향을 받지 않는다.

[그림 3] 대체재, 보완재, 독립재의 경우

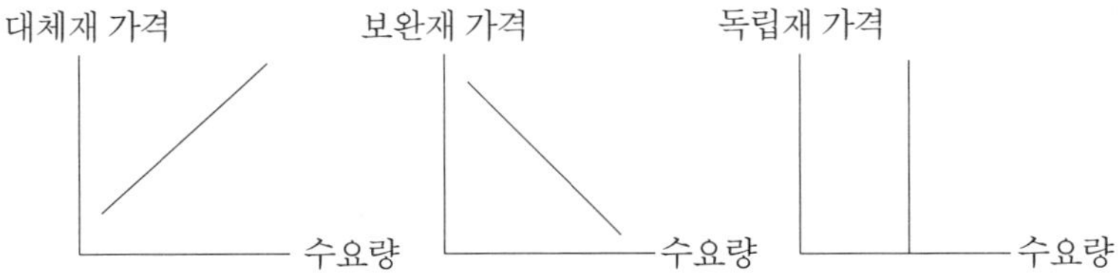

독립재의 경우 교차탄력도는 잠재적인 경쟁관계의 강도를 나타내는 것이다. 이를 테면 대체재화의 가격이 변화하면 대체관계에 있는 재화의 수요량이 변화하며, 대체재화의 가격변화율에 대한 대체관계에 있는 재화의 수요량의 변화율의 비중이 교차탄력도이다. 이는 독립재에 있어서는 독립재의 가격이 아무리 변화하여도 독립관계에 있는 재화의 수요량에는 변화가 없다.

3 | 소득탄력도

소득요인의 변화에 의한 수요량 변화의 대응 정도를 말한다. 소득탄력도는 소득 변화율에 대한 수요량 변화율의 비중이다. 일반적으로 소득이 증가하면 수요가 증가한다. 그러나 소득이 증가하면 수요가 감소하는 재화가 열등재이다.

소득탄력도는 국민경제 전체적으로 볼 때 경제성장에 따른 소득증가에 의한 산업부문별 수요를 보여준다. 즉 경제성장에 따라 국민소득이 증가함으로써 수요가 증가하는 것은 산업의 부문별 소득탄력도에 따라 서로 상이하게 나타난다.

5. 수요곡선 이면의 의미들

이에서는 무차별곡선이론에 의한 예산(제한)선, 무차별곡선, 나아가 소비자균형점(최적 소비점)을 취급하며, 또한 재화의 가격이 변화함으로써 당해 재화의 소비점이 변화하고, 이로써 소비자균형점이 이동함을 볼 수 있다.

1 | 가능한 소비더미들

한 가계가 일정한 소득(예산)에서 재화의 가격이 주어졌을 때 구매 가능한 소비더미들은 얼마인가? (극도로 단순화하여) 두 재화만을 구매할 경우 양 재화의 가격관계는 가계가 시장을 통하여 한 재화를 다른 재화로 대체할 수 있는 정도를 나타낸다.

예산선은 대체되는 두 재화의 시장교환 비율인 가격관계를 기울기로 하는 우하향의 곡선으로 나타난다. 예산선은 주어진 소득에서 시장의 크기인 두 재화의 가격에서 두 재화의 서로 다른 소비조합의 궤적이다. 예산선은 가계의 소비결정에 있어서의 그의 소득의존적 제한을 반영하고 있다.

예산선(소득선/등지출선)은 소비자의 일정한 소득에서 두 재화만을 구매할 때 구매 가능한 소비재 다발을 나타내는 것이며, 소비자의 수요행태와는 독립적이고, 선택될 수 있는 무수한 재화다발을 흔들어 시장교환 비율인 주어진 가격관계에서 한 재화의 구개 감소로 상대방

[그림 4] 예산선

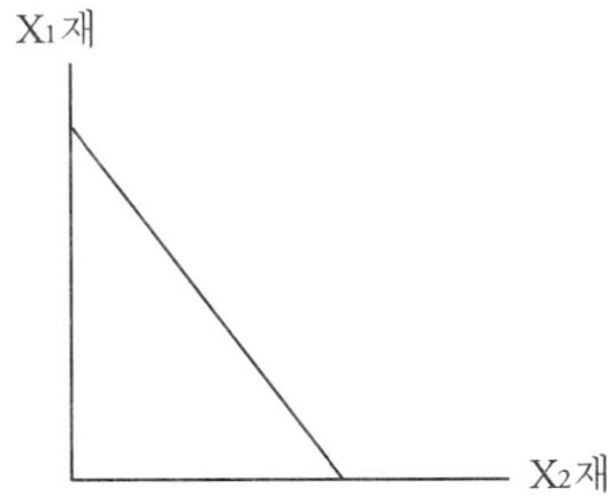

재화의 구매 증가가 가능하다.

그러므로 예산선은 소비자의 일정한 소득과 시장의 주어진 크기인 재화들의 가격수준에서 소비자의 구매 가능한 소비재 다발을 의미한다. 소비자가 예산선 상의 어느 점에서 선택하느냐 하는 것은 서로 다른 재화다발이 소비자 가계의 복지에 관하여 어떻게 평가되느냐 하는 것이며, 가계의 욕구구조에서의 선호질서/선호순서와 같은 선호도에 의해서 결정된다. 선호순서는 가계에 의한 서로 다른 소비재 다발의 가치평가이며, 이로써 이룩된 서로 다른 소비재의 순위질서를 의미한다.

2 | 가계의 욕구구조

가계에 의한 상이한 소비더미들의 평가와 이로써 이룩된 상이한 소비재의 순위질서가 소비자의 선호질서이다.

두 소비재의 소비조합은 서로 다르지만 동일한 효용을 가져다

줄 수 있다. 이와 같이 동일한 효용을 가져다 주는 두 재화의 서로 다른 소비조합점의 궤적이 무차별곡선이다.

[그림 5] 무차별곡선

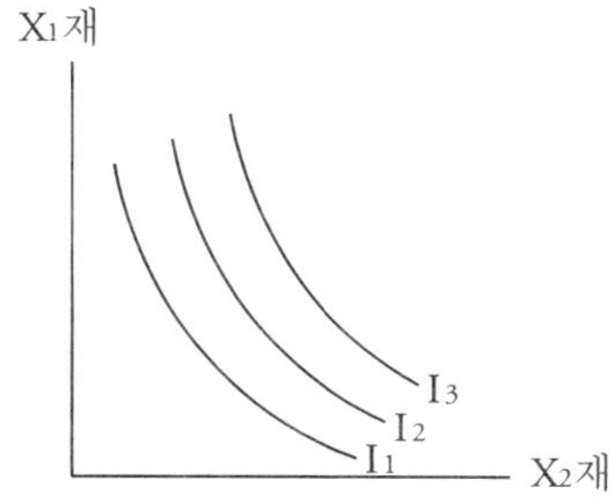

서로 교차하지 않는 무수히 많은 무차별곡선을 그릴 수 있으며, 원점에서 멀리 있는 것일수록 소비점이 크고 효용이 높다. 무차별곡선이 원점에 볼록한 것은 한 재화에서 다른 재화로 대체해 갈수록 무차별곡선의 접선의 기울기인 한계 대체율이 체감하기 때문이다.

이러한 무차별곡선의 이론은 파레토, 슬루츠키, 에지워드, 힉스 등에 의한 소비자행태이론으로서, 멩거, 제본스, 발라의 한계효용이론에서의 효용의 기수적 측정을 거부하고 우열/서열만을 가정한 서수적인 효용을 전제로 한다. 무차별곡선이론은 주어진 무차별곡선에서 소비자 가계의 효용극대화를 위한 이성적이고 합리적인 소비생활에 관한 이론으로서, 주어진 무차별곡선에서의 소비조합에서 우열/서열을 가정하고, 동일한 효용의 소비조합점이 무수히 많으며, 포화상태가 없음을 전제로 한다.

소비자가 주어진 가격수준에서 그가 구매할 수 있느냐 하는 것은 차치하고 이를 테면 두 개의 재화다발(소비조합 점)에서 한 쪽을 더 낫게 선호하든지 혹은 둘 다 동등하게 평가함으로써 무차별곡선 체계에서의 선호/우열질서가 이룩된다. 이로써 서로 다른 재화다발이라도 선호관계가 없는 동등한 평가의 무차별의 가치평가가 주어지며, 이러한 무차별한 가치평가의 재화다발(소비조합점)의 궤적이 무차별곡선이다. 그러므로 무차별곡선상의 두 점의 재화조합은 소비자에게 동등한 가치평가를 나타내며, 어느 한 점의 재화조합에서 한 재화의 소비량을 한계단위로 감소시키고 다른 재화의 소비량을 한계단위에서 증가시켜도 소비자에게는 동일한 효용을 나타낸다.

소비자의 효용에 있어서는 한 재화의 한계단위의 감소는 다른 재화의 한계단위의 증가와 같은 효용을 나타내고, 이러한 동등한 효용을 가져다 주는 한계단위의 대체비율이 한계대체율이다. 한계대체율은 소비자 가계의 주관적인 관점에서 만족되어지는 충족수준이 불변인 두 재화의 교환관계이며, 대체를 계속할수록 한계대체율의 값(한 재화의 소비가 감소해야 상대방 재화의 소비가 증가하므로 본래의 값은 음수이지만 절대 값)이 감소한다. 즉 한계효용체감의 법칙 하에서 동일한 효용을 이룩하기 위하여 한 재화의 지속되는 감소에 대하여 상대방 재화의 지속되는 증가가 더욱 커져야 한다. 무차별곡선상의 한 점에 있어서의 한계대체율은 그 점에 있어서의 접선의 기울기 값이다.

3 | 최선의 소비더미 선택

가계는 예산선 위에서 도달할 수 있는 최대 효용의 무차별곡선

[그림 6] 가계균형

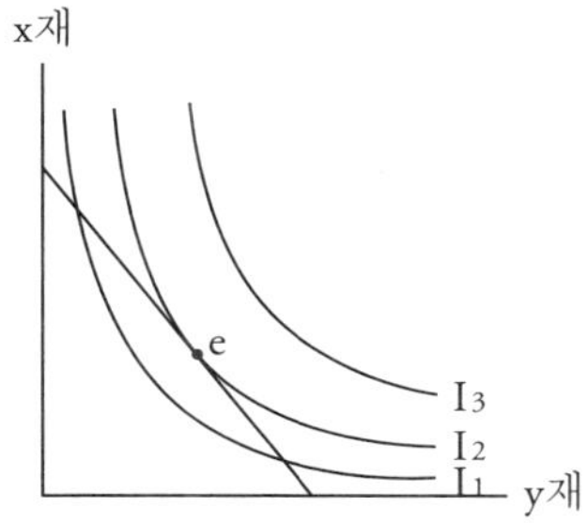

을 구한다. 예산선과 무차별곡선이 접하는 점에서 가계균형(소비자균형)이 이루어진다. 가계균형에서는 시장을 통해서 도달할 수 있는 재화 사이의 교환관계가 가계의 주관적인 교환각오에 상응하는 점이다. 즉 가계균형은 예산선의 기울기와 무차별곡선의 접선의 기울기가 같은 점이다.

여기에 한계효용의 개념을 개입하면 소비자균형은 각 재화의 가격으로 나눈 한계효용이 같게 되게 소비할 때이며, 즉 가계균형은 각 재화의 가격 1원당 한계효용이 같게 소비하는 점이다. 즉 소비자균형점인 e점에서 소비자 가계의 주관적인 교환비율(한계대체율인 무차별곡선의 접선의 기울기 값)이 두 재화의 시장에서의 가격비율(예산선선의 기울기 값)과 일치하며, 이에서 최소의 지출로써 최고의 효용을 가져다주는 재화다발(소비조합 점)의 선택이 형성된다.

이러한 최선의 소비더미 선택인 소비자균형점은 두 재화의 가격비율인 예산선의 기울기 값과 주어진 무차별곡선상의 접선의 기울기 값이 같은 점이며, 여기에 무차별곡선상의 두 점에 있어서의 효용이 불변이 되게 하는 한계효용의 개념을 도입하면, 소비자균형점(e)은 이 균형점에서의 각 재화의 한계효용(MU)을 당해 재화의 가격(P)으로 나눈 값이 같아지는 점이다.

$$MUx/Px = MUy/Py = \cdots$$

이로써 한계효용이론에 의한 소비자균형점인 가중된 한계효용 균등의 법칙과 같이 한계효용을 당해 재화의 가격으로 나눈 값이 같은 점에서 최선의 소비더미 선택이라는 것이, 비록 기수적 효용을 전제로 한 한계효용이론과 서수적인 효용을 전제로 한 무차별곡선이론이 서로 상이하다 하여도 동일한 소비자균형 값을 가진다는 것을 알 수 있다.

4 | 한 재화의 가격하락의 영향

가격변화는 재화들 사이의 시장교환관계를 변화시키며 또한 가계의 실질소득을 변화시킨다. 또한 한 재화의 가격하락은 예산선의 회전이동을 가져오며, 이로써 새로운 예산선과 새로운 가계균형을 이룬다.

소득이 증가하면 주어진 예산선이 우측 평행이동하고 소득이 감소하면 좌측 평행이동함으로써 소비자 균형점도 이동한다. 여기서 평행이동하는 것은 소득이 변화하면 양축의 절편의 값은 변화하지만 예산선의 기울기 값은 두 재화의 가격대비이므로 변화하지 않기 때문이다. 또한 어느 한 재화의 가격이 변화하여도 예산선이 이동함으

[그림 7] X_2재의 가격하락

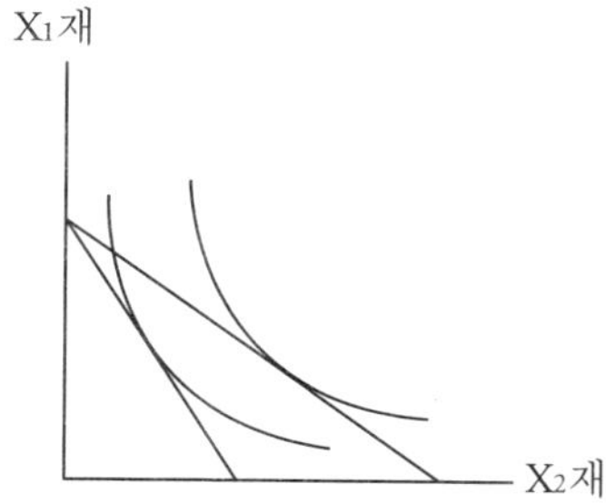

로써 소비자 균형점이 이동한다. 즉 가격이 하락하면 반대편의 재화의 축을 중심으로 하락한 만큼 우측 회전이동하고, 반대로 가격이 상승하면 역시 좌측으로 하락한 만큼 회전이동한다. 가격변화를 일으킨 재화의 축의 절편은 변화하고, 상대방 다른 재화의 축의 절편은 불변이며, 또한 두 재화의 가격비율인 예산선의 기울기가 변화한다. 가격변화로 말미암아 소비자 균형점이 이동하며, 나아가 가격변화한 재화의 구매가 변화한다. 이와 같이 재화의 가격변화에 의한 당해 재화의 소비의 크기 변화를 가격효과라 한다.

어느 한 재화의 가격변화에 의한, 이를 테면 지속적인 가격하락에 의한 당해 재화의 소비증가를, 마찬가지로 이러한 가격과 이에 상응하는 당해 재화의 소비의 크기와를 조합으로 나타낸 것이 가격요인에만 의한 수요의 크기인 우하향하는 수요곡선이다. 수요곡선은 또한 수요함수를 수요법칙에 따라 나타낸 곡선이며, 수요법칙이 유효한 직관적인 이유들이 대체효과와 소득효과이다.

5 | 소득 - 및 대체효과

한 재화의 가격하락에 의한 당해 재화의 구매 증가로 나타나는 것이 가격효과이다. 가격하락에 의한 두 재화의 교환관계 변화의 영향과 실질소득 변화의 영향은 사고적으로 분리되어 관찰된다. 즉 가격효과는 소득효과와 대체효과로 분리하여 볼 수 있으며, 달리 말하면 가격효과는 소득효과와 대체효과의 합이다.

만약 한 재화의 가격이 하락한다면 하락한 만큼(두 재화의 교환관계가 변화한 만큼) 당해 재화를 더 소비할 수 있으며, 이러한 추가적인 소비의 크기는 다시 재화의 가격이 하락하였기 때문에 새로운 가격관계에서 당해 재화에로의 대체소비를 통한 그러한 소비증가의 크기(대체효과)와, 그리고 다음은 이와 같은 재화의 가격하락은 실재로 이전의 소득수준에서 생각할 때 흡사 실질소득이 증가하여 하여튼 소득이 증가한 것과 같은 효과에 의한 소득증가에 의한 소비증가로 나타나는 소비의 크기(소득효과)로 구분할 수 있다.

동일한 무차별곡선 위에서의 가격변화로 인한 서로 다른 두 예산선에 의한 두 소비균형점에서의 당해 재화의 소비점의 차이가 (가격변화로 인한 소득소비의 크기인 소득효과를 제외한) 가격변화로 인한 대체소비의 크기인 대체효과이다. 이에 반하여 가격이 하락하면 흡사 실질소득이 증가한 것과 같은 효과가 나타남으로써 가격변화 전후의 평행인 두 예산선의 소비점의 차이에 의한, 즉 소득변화로 인한 소비변화의 크기로 나타나는 것이 소득효과이다.

[그림 8] 가격효과

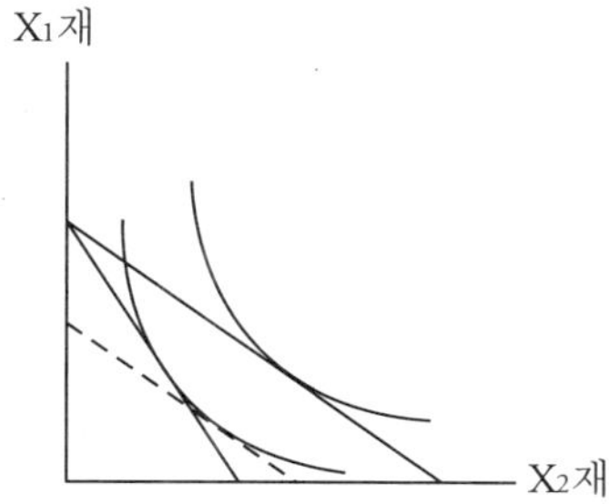

6 | 명목소득의 증가

소득이 증가하면 예산선이 우측 평행이동함으로써 일반적으로는 소비가 증가한다. 그러나 소득이 증가하면 소비가 감소하는 재화를 열등재라 한다. 열등재 중에서 가격하락에 의한 소득효과의 크기가 대체효과의 크기를 능가하는 재화를 특히 기펜재라 한다. 기펜재에 있어서는 가격이 하락하면 수요가 감소한다.

7 | 효용함수

효용이란 재화 및 서비스에 대하여 여러 가지 기호/취향을 갖는 소비자 개인의 주관적 욕망만족의 정도이다. 효용은 경제행위에 있어서의 주체와 객체 사이의 관계 개념이지 객체 속에 내재하는 성질이 아니다. 그러므로 동일한 재화나 서비스에 대한 효용도 주체인 소비자에 따라 다르고, 또한 같은 소비자라도 그의 상태가 변하면 효용도 달라진다.

효용이란 소비자가 여러 재화나 서비스를 소비함으로써 얻는 만족이고, 소비자의 욕망을 채울 수 있는 재화의 능력, 즉 욕구충족 능력이다. 효용함수는 기수적 효용을 전제로 소비더미들에 (효용의) 수치를 매긴다. 가계는 예산의 범위 안에서 한계효용이 같게 소비할 때 총효용이 최대가 된다.

이와 같이 두 소비재의 가격이 동일하다는 가정 하에서의 단순 한계효용균등의 법칙에 대칭되는 개념이 가중된 한계효용균등의 법칙으로서, 이에서는 당해 재화의 가격으로 나눈 한계효용이 동일한 소비점에서 소비자의 효용이 최대가 된다. 이와 같은 것은 물론 무차별곡선이론에서도 무차별곡선과 예산선이 만나는 점인 소비자균형점에서 역시 당해 재화의 가격으로 나눈 한계효용이 동일함을 볼 수 있다.

5

기업의 생산, 비용 및 재화공급

1. 생산함수

생산이란 생산요소를 결합하여 인간의 욕망을 충족시켜 주는 재화나 서비스를 창출하거나 증가시켜 사회적 효용을 증대시키는 행위이다.

이와 같이 효용을 창출하는 생산활동은 매우 다양하다. 자연에 노동을 가하여 재화를 생산하는 본원적 생산활동, 생산물을 변형/가공하는 형태적 생산인, 즉 전과는 용도가 다른 재화를 만들어 인간의 효용을 증대하는 생산활동, 생산물 운반의 장소적 생산인, 즉 한계효용이 작은 곳에서 큰 곳으로 이동시켜 사회적 총효용의 증대행위에 기인하는 장소적 생산, 생산물을 저장하는 시간적 생산인, 즉 한계효용이 작은 시기에 저장해 큰 시기에 소비하는 시간적 생산, 재화의 교환으로, 즉 당사자들 간에 한계효용이 작은 재화를 큰 재화로 교환하는 행위, 그리고 무형의 서비스 생산이 있다. 이상에서 첫째와 둘째의 경제행위가 가장 전형적인 생산형태이며, 경제이론에서도 이러한 형태의 생산을 중심으로 이론이 전개된다.

생산의 역할 담당자가 생산주체이며, 개인, 기업, 정부를 막론하고 모든 경제주체는 인간의 효용을 증대시키는 여러 활동을 한다. 생산행위는 모든 경제주체에 의해서 이루어진다. 그러나 그 가운데서도 생산을 위한 대표적 경제주체가 기업이다.

기업이란 이윤을 목표로 생산요소를 결합하여 생산을 주도하는 계속적인 조직체이다. 기업은 소유와 운영에 따라 공기업과 사기업으로 구분한다. 사기업은 개인기업과 공동기업으로 나뉜다. 공동기업은 조합기업과 회사기업으로 분류하며, 조합기업은 이윤추구의 영리보다는 조합원의 상부상조를 원칙으로 한다. 회사기업은 인적 회사로 무한책임인 합명회사(partnership), 합자회사(limited partnership), 유한회사, 주식회사가 있다.

기업은 크기와 형태에 관계없이 모두 하나의 공통점이 있다. 여러 생산요소들을 결합하여 상품을 생산하는 것이 기업의 중요한 존재이유이다. 여기서 생산요소의 투입량과 생산물의 산출량 사이에 성립하는 일정한 기술적인 관계를 나타낸 것이 생산함수이다.

산출량은 모든 경제활동의 결과를 나타내므로 소비이론에서의 효용과는 달리 기수적 측정이 가능하다. 또한 생산함수는 유량의 개념으로 일정기간 동안의 투입량과 산출량과의 관계를 나타내며, 즉 주어진 요소를 가지고 지금까지 알려진 생산기술 가운데 가장 효율적인 기술을 이용하여 생산할 수 있는 최대산출량 수준을 표시한다.

생산함수는 요소의 투입량이 결정되었을 때 최대로 이룩할 수 있는 생산량의 관계를 나타낸다. 또한 생산함수는 사고적인 구축으로서 노동, 자본, 토지, 기술 등과 같은 요소 투입에 따른 최대로 가능한 생산량의 도출을 표현하는 기술적인 관계를 나타낸다.

2. 생산함수들의 유형들

기술에 따른 생산함수의 중요한 유형이 한정적 생산함수와 대체적 생산함수이다. 생산함수는 주어진 시간 동안 사용한 노동, 자본, 토지, 기술, 수입원자재 및 특허료와 같은 해외부문, 조세 등과 같은 정부부문의 여러 종류의 생산요소들의 양과 이를 통해 당해 기간 동안 생산할 수 있는 최대 산출량과의 관계를 나타내는 함수이다. 즉 독립변수들인 생산요소들의 투입량들에 따른 종속변수인 산출량과의 기술적인 함수관계를 나타낸 것이 생산함수이다.

생산요소에는 한정된 기간에 있어서 투입량을 변화할 수 없는 고정요소와 투입량을 변화할 수 있는 가변요소로 구분된다. 생산함수는 생산요소들 가운데에서 고정요소가 존재하는 경우와 가변요소들뿐인 경우로 우선 구분되며, 전자의 경우를 단기생산함수라 하며, 고정요소가 존재하지 않고 가변요소들뿐인 경우의 생산함수인 후자의 경우를 장기생산함수라 한다.

생산요소들은 경제학에서 전통적으로 토지, 노동 및 자본으로 구분하며, 여기서 생산요소란 어떤 산출물을 이룩하기 위하여 들어가는 모든 투입물로서 토지 및 노동과 같은 본원적 요소와 파생적 요소인 자본으로 파악된다. 토지란 농경지, 산림지, 대지, 공장부지 등의 땅과 하천, 해양, 지하자원 등의 자연자원을 뜻하며, 노동이란 인간이 제공하는 생산력을 말한다. 또한 나아가 자본은 공장, 기계설비 등과 같은 인간이 만든 생산수단이다.

이러한 여러 가지 생산요소들은 어떤 특정한 길이의 시간을 고려의 대상으로 하면 이들 요소들 가운데 어떤 요소들은 쉽사리 투입량을 변화시킬 수 있지만, 다른 어떤 요소들은 투입량의 변화가 어렵다. 이와 같이 고려되는 기간 동안에 있어서 요소의 투입량을 변화시키는 것이 가능한가를 기준으로 생산요소를 고정요소와 가변요소로 구분한다. 즉 요소의 투입량의 변화가 불가능하면 고정요소이고 요소의 투입량을 자유롭게 변화할 수 있으면 가변요소이다.

이와 같이 생산요소를 기간과 관련하여 분석의 편의상 인위적으로 구분하는 생산함수는 단기생산함수와 장기생산함수로 구분된다. 최소한 하나 이상의 요소가 그의 투입량이 고정되어 있을 때를, 즉 고정요소가 존재할 때를 단기생산함수라 하고, 모든 요소들의 투입량들이 자유롭게 변화할 수 있는 정도의 긴 시간일 경우를, 즉 가변요소뿐인 경우를 장기생산함수라 한다. 단기생산함수에서의 생산량의 변동은 고정된 요소와 이와 결부되는 가변요소의 양을 변화시킴으로서 가능하며, 장기생산함수의 경우에는 모든 생산요소들의 투입이 가변적이므로 적절한 생산요소의 조합을 선택하는 것이 가능하다. 장기생산함수에서는 다시 한정적 생산함수와 대체적 생산함수로 구분된다.

1 | 한정적 생산함수

한정적 생산함수는 요소의 투입비율이 일정한 경우이다. 기술적으로 일정한 요소투입의 비율로 요소투입이 증가하여야 산출량이 증가한다.

생산과정에서의 기술이 생산요소들의 투입비율을 한정하는 경우로서, 이러한 한정된 요소투입 비율로 이들 요소들의 투입이 증가하여야 산출량이 증가한다. 등량곡선의 형태에서 보면 원점에 대하여 볼록한 우하향하는 일반적인 등량곡선과는 달리 원점에 대하여 "ㄴ" 자 모양의 직각으로 나타나는 등량곡선이 한정적 생산함수의 등량곡선이다.

2 | 대체적 생산함수

대체적 생산함수는 요소투입 비율이 가변적인 경우이다. 한 생산요소의 투입을 줄이는 대신에 다른 요소의 투입을 증가하여도 산출량에는 변화가 없는 경우로서, 대체적 생산함수는 최소한 일정한 범위 안에서 한 요소의 투입감소는 다른 요소의 투입증가로 상쇄될 수 있다.

한정적 생산함수가 생산함수의 특이한 형태로 파악되는 것과는 달리, 이러한 대체적 생산함수는 생산이론에서 일반적으로 전제되고 있는 생산함수이다.

① 수확의 법칙

고정요소가 존재하는 단기생산함수에서 하나의 가변요소의 투입 증가는 산출량 증가를 가져온다. 동일한 단위의 가변요소 증가에 따른 산출량 증가는 처음에는 수확체증하다가 일정한 시점을 지나면 수확체감하고 가능한 방식으로 결국에는 감소한다.

단기생산함수는 최소한 한개 이상의 생산요소가 고정요소인 상태에서 가변요소들의 투입량과 최대산출량 사이의 기술적인 함수관계이다.

이제 다시 생산요소들이 가변요소들뿐이고 단순화하여 이들이 노동(L)과 자본(K)이라 가정하면 산출량(Q)과 생산요소들 사이의 기술적인 관계는 생산함수식

$$Q = f(L, K)$$

로 표현된다.

고정요소가 존재하는 경우가 단기생산함수이므로 여기서 자본이 고정요소라 가정하면 주어진 당해의 생산함수는 다시

$$Q = f(L)$$

로 된다.

따라서 위 식의 단기생산함수에서는 일정한 고정자본 하에서 가변요소 노동의 투입량에 의하여 산출량의 크기가 결정된다. 단기 생산량은 이와 같이 단기생산함수가 나타내는 기술계수에 의하여 생산요소의 투입에 따라 이루어진 산출량이며, 이들 가변요소 각각의 투입량에 따라 이에 대응하는 각각의 산출량의 크기들을 곡선으로 표시한 것이 단기생산량곡선이다. 단기생산량곡선은 다시 총생산량곡

선, 평균생산량곡선 및 한계생산량곡선으로 나뉜다. 단기 총생산량은 가변요소인 노동의 총투입량으로 이루어진 전체의 생산량이다. 이러한 총생산량은 가변요소 노동의 투입이 증가하면 증대된다.

그러나 요소투입의 증가에 의한 총생산량의 증대는 처음에는 수확체증하다가 일정한 기간이 지난 다음에는 수확체감한다. 즉 변곡점까지는 가변요소의 단위당 투입의 증가에 총생산량의 증가가 점점 더 커지지만, 변곡점을 지난 후부터는 한계단위로 증가 투입되는 가변요소의 한계생산량이 감소한다. 생산요소 투입량과 산출량 사이의 관계를 나타내는 이러한 생산량곡선은 농업사회에서 산업사회로 이전된 형태이지만 단기생산함수의 수확의 법칙이 체증하다가 체감하기 때문에 단기 총생산량곡선은 S자형이다.

평균생산량은 생산활동에 투입된 가변요소의 단위당 생산량으로서 총생산량곡선의 어느 한 점에 대응하는 가변요소 투입까지의 평균생산량은 원점과 총생산량곡선상의 이점을 연결한 직선의 기울기 값과 같다. 즉 총생산량을 가변요소 투입의 크기로 나눈 것이 평균생산량이며, 평균생산량곡선은 원점을 지나고 총생산량곡선과 접하는 점에서의 (각도가 가장 크므로) 요소투입에서 최대가 되며, 그때까지는 점점 증가하다가 그 이후에는 점점 감소한다.

한계생산량은 가변요소 투입량 한 단위 추가에 대한 총생산량 변화의 크기이며, 총생산량곡선의 어느 한 점에 대응하는 요소투입에서의 한계생산량은 총생산량곡선상의 그 점에서의 접선의 기울기 값과 같다. 즉 한계생산량은 총생산량의 변화의 크기를 가변요소의 변화의 크기로 나눈 값이다. 한계생산량곡선은 총생산량곡선의 변곡점까지는 (수확체증이므로) 점점 증가하다가 그 점을 지나면 점점 감소하는데(수확체감이므로), 이에서 평균생산량의 최고점을 (총생산량곡선의 이점은 원점을 지나는 동시에 그 점에서의 접선이기 때문에) 지난다.

② 등량곡선

고정요소가 존재하지 않는 장기생산함수에서 동일한 생산량을 가져다 주는 서로 다른 두 가변요소의 상이한 투입 조합의 궤적이 등량곡선이다.

등량곡선이 원점에 대하여 볼록한 것은 한계기술대체율이 체감하기 때문이다. 즉 동일한 산출량을 위한 한 요소의 투입감소는 다른 요소의 점점 더 많은 투입의 증가로서만이 가능하다. 등량곡선상의 산출량은 수량화할 수 있으며, 원점에서 멀리 있는 등량곡선일수록 요소투입이 많고 그러므로 산출량도 높다.

[그림 9] 등량곡선

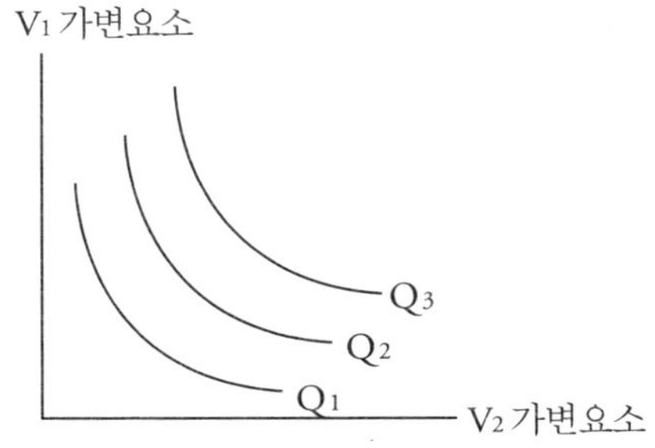

장기에 있어서는 모든 생산요소들의 투입량을 변화시키면 산출량의 변화를 가져오며, 단순화하여 두 가변요소들의 상호 대체가 가

능한 경우 한 생산물의 일정한 산출량에 필요한 두 가변요소들의 모든 조합들을 표시한 곡선이 등량곡선이다. 그러므로 등량곡선은 일정한 생산을 위한 생산요소들의 조합을 표시하며, 생산요소들의 대체에 있어서 한 요소의 투입감소는 다른 요소의 투입증가로 동일한 산출량을 유지할 수 있다.

등량곡선이 원점에 대하여 볼록한 것은 두 요소들의 한계적 요소투입량 교환의 비율인 한계기술대체율(혹은 요소한계생산물 비율)이 체감하기 때문이다. 이러한 한계기술대체율은 등량곡선의 접선의 기울기 값으로서, 한 요소에서 다른 요소에로의 대체를 계속할수록 그 의 값(물론 우하향이니까 음수이지만 여기선 절대 값)이 점점 작아진다.

3. 규모수익들

생산함수와 비용 사이의 관계는 규모수익을 나타낸다. 규모수익은 모든 요소의 일정한 비율에서의 투입증가에 따른 산출량의 대응을 나타낸다. 요소투입량이 일정한 크기로 증가하였을 때 산출량이 이에 비례하여 역시 동일한 크기로 일정하게 증가하는 경우, 산출량이 증가는 하지만 이에 비례하여 동일한 크기에는 미치지 못하는 경우, 그리고 산출량의 증가가 요소투입량의 증가를 상회하는 경우의 세 가지를 볼 수 있다.

요소투입량의 증가에 비례하여, 비례 이하, 비례 이상으로 산출량이 증가하는 것이며, 즉 규모수익 일정, 규모수익 감소, 규모수익 증가이다.

규모수익 일정은 공장 옆에 똑같은 공장을 또 하나 짓는 것과 같다. 규모수익 감소는 생산량의 증가에 모든 요소들의 투입증가가 불가능하기 때문에 완전한 규모수익의 달성이 방해받는 경우이다. 고정요소의 존재가 걸림돌이며, 기업은 규모적으로 확장되었는데 경영수완이 개선되지 않은 경우와 같은 것이다.

실제적으로 의미가 큰 것이 규모수익 증가이다. 이를 테면 항공기 제작회사가 생산설비를 확장하여 산출량을 증가하였음에도 연구개발비, 조직의 비용, 광고비 등의 절약으로 규모의 경제(규모수익 증가)를 이룩하는 경우이다.

4. 생산함수와 비용들

한정적 생산함수에서는 일정한 산출량에 대한 요소투입량을 기술이 일방적으로 결정하기 때문에 주어진 요소가격에서 비용이 결정된다. 그러나 대체적 생산함수에서는 동일한 산출량을 생산하기 위한 가변요소의 서로 다른 투입량의 많은 조합이 존재한다. 기업으로서는 가장 비용이 적게 드는 요소조합을 찾게 된다.

1 | 대체적 생산함수에 있어서의 최소비용의 조합

두 개의 가변요소를 투입하여 산출량을 이룩할 때 일정한 비용

[그림 10] 생산자 균형

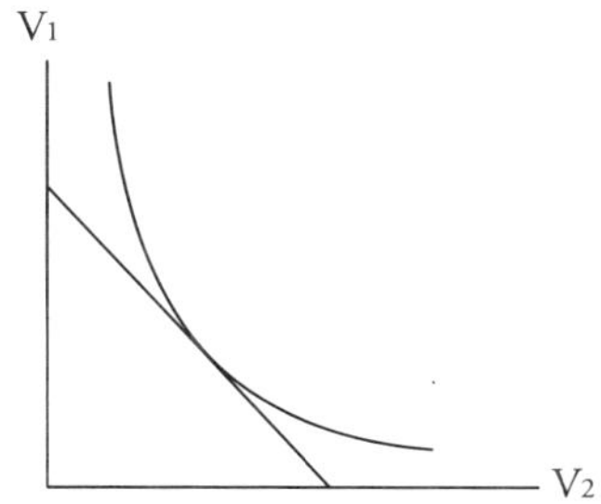

의 범위 내에서 두 개 요소의 투입량을 제한하는 등비용선과 등량곡선이 접하는 점(생산자 균형)에서 최소비용의 요소투입량을 보여준다.

이러한 생산자 균형은 등량곡선의 한계대체율(등량곡선의 접선의 기울기 값)이 두 요소의 가격관계(등비용선의 기울기 값)와 같아지는 점이다. 이에 한계생산량의 개념을 도입하면 모든 요소를 위해 마지막으로 지불된 동일 화폐액에 대한 한계생산량이 같은 경우이다.

생산자 균형에서 한 요소의 가격이 상승하면 생산이 비싸지고, 비싸게 된 생산요소는 대체되고, 나아가서 생산이 감소한다.

최소비용의 조합인 생산자 균형은 이로써 등량곡선과 등비용선이 접하는 점이며, 등비용선은 동일한 가변비용을 가져오는 모든 생산요소들의 투입량의 조합의 궤적을 나타내는 곡선이다. 이러한 등비용선은 총가변비용이 단순화하여 두 생산요소들의 요소시장에서 결정된 주어진 크기의 요소가격들의 조건 하에서의 가변적인 두 요소량의 투입에 따른 비용들인 점들의 조합의 궤적이다.

[그림 11] 요소가격 상승시의 생산자 균형

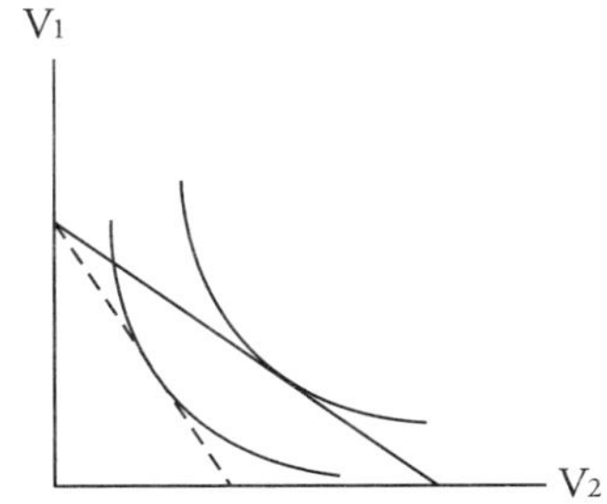

등비용선은 일정불변이라고 가정한 총가변비용이 변화하면 좌우 평행이동하며(등비용선의 기울기 값은 두 생산요소들의 가격 대비이고, 이는 변화가 없기 때문에 평행이동하며), 어느 한 요소의 요소가격이 변화하면 상대방 요소의 축을 중심으로 회전이동(요소가격이 변화한 만큼 당해 요소의 투입을 나타내는 절편의 값이 변함으로 회전이동)함으로써 요소가격 대비인 등비용선의 기울기 값이 변화한다.

이로써 생산자 균형은 등량곡선과 등비용선이 만나는 점이며, 이는 동일한 산출량을 가져다 주는 서로 상이한 두 요소들의 수많은 조합들의 한계대체율이 두 요소들의 요소시장에서의 요소가격 대비와 일치하는 점이다.

2 | 비용함수

임의의 산출량과 이의 생산을 위해 필요불가결한 (최소한의) 비용 사이의 관계가 비용함수이다. 이의 설명을 위해서는 생산함수의 규모수익이 논의될 수 있다.

규모수익 일정에서는 생산량의 증가와 똑같은 비율로 요소투입량이 증가하는 경우이다. 즉 기업은 생산량의 증가와 같은 비율의 비용증가로 생산할 수 있다.

규모수익 증가에서는 생산량의 증가를 이러한 생산량의 증가비율에 미치지 않는 요소투입의 증가로서 이룩할 수 있다. 즉 가변요소의 비용 증가는 생산량 증가에 미치지 못한다.

규모수익 감소에서는 규모수익 증가와는 반대로 생산량의 증가에 가변요소의 누진적인 증가가 대응한다. 즉 규모수익 감소에서는 생산량을 배로 증가하면 가변요소의 비용이 배 이상 증가한다.

5. 비용곡선들

생산주체인 기업은 생산활동을 통한 총수입에서 생산에 소요된 총비용을 제하고 난 나머지를 이윤으로 취한다. 따라서 이윤극대화를 추구하는 기업은 생산에 소요되는 비용에 관심이 있다.

한정적 생산함수에서는 기술이 요소투입량을 결정하므로 주어진 요소가격에서 비용이 결정된다. 그러나 생산이론이 전제로 하고 있는 대체적 생산함수에서는 일정한 산출량을 생산하기 위한 요소투입량의 조합이 무수히 존재하므로 기업은 최소비용의 요소투입량의 조합을 찾아야 한다. 즉 투입되는 요소의 결합으로 생산비용의 절감을 추구하여야 한다.

[그림 12] 규모수익 일정, 규모수익 증가, 규모수익 감소

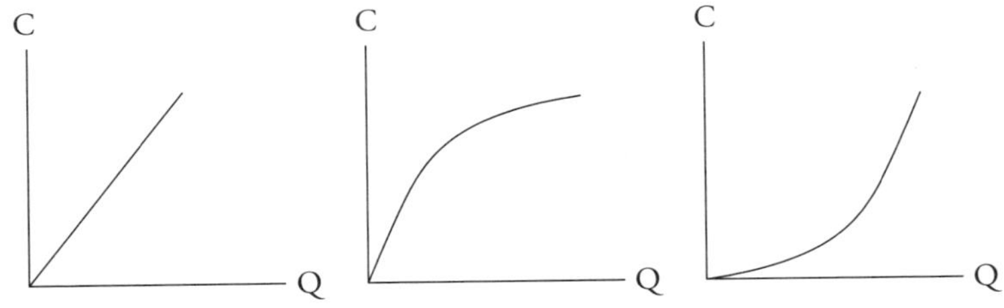

C : 비용　Q : 산출량

이윤극대화를 위해서는 주어진 산출량을 생산하는 데 드는 비용을 최소화하는 최소비용의 원칙이 필요조건이며, 비용 최소화를 가져올 수 있는 요소의 결합비율이 중요하다.

비용은 이것이 각 경제주체에게 합리적인 선택의 기초를 제공해준다는 데서 그 의의를 찾을 수 있다. 경제학적인 관점에서 볼 때 어떤 행동을 취하는 데 드는 비용은 그러한 행동으로 말미암아 포기되는 다른 가능성의 가치로 표현된다. 이에 기초한 비용의 개념으로서 어떠한 의사결정자가 취한 선택의 경제적 의미의 분석이 가능하다. 이러한 내용의 비용이 기회비용이다.

상품의 생산을 위해서는 생산요소가 투입되어야 하며, 요소의 가격과 투입량은 기업가 측에선 생산비이다. 생산비란 생산에 소요된 화폐와 실물을 화폐단위로 평가하여 집계한 금액이다. 경제학에서 표현하는 생산비는 회계학적 생산비와는 차이가 있다. 회계학적 비용이란 화폐의 지출이 실제로 일어나는 장부상에 나타난 비용으로서 명시적 비용이다. 그러나 경제학적 비용은 생산비로서 상품을 생산함

으로써 희생된 상품들을 평가한 기회비용까지 포함한다.

경제학에서 사용하는 비용의 개념인 경제학적 비용은 명시적 비용뿐만이 아니라 잠재적 비용인 묵시적(암묵적) 비용도 포함한다. 경제학에서의 생산비는 임금, 지대, 이자와 같은 생산요소의 가격으로서 지불되는 직접적인 비용, 원료비, 고정자본의 소모 등과 같은 자본소모분에 대한 비용, 조세 · 보험료 · 특허권 사용료 등의 기타 비용, 그리고 기업가에 대한 정상적인 보수(기업가 임금)와 정상이윤을 기회비용으로 표현한다.

정상이윤이란 기업가로 하여금 당해 재화나 서비스를 지속적으로 생산하게 하는 유인으로서 충분한 이윤이다. 장기적인 관점에서 기업가는 그의 생산활동에 있어서 생산의 회계적인 비용과 기회비용으로서의 최저이윤, 즉 정상이윤을 보상받을 만한 수입이 예상되지 않을 때에는 그 상품을 생산하지 않는다.

기업의 비용곡선은 생산함수의 규모수익에 의존하고 있다. 규모수익에 따라 비용곡선은 아래와 같은 곡선들을 보인다.

일반적으로 규모수익이 증가하다가 감소하므로 다음과 같은 총가변비용곡선을 그릴 수 있다.

고정비용은 고정요소의 투입에 의해서 야기되는 비용으로서 생산이 되지 않아도 존재하는 비용이며, 생산의 크기와는 독립적이다. 즉 생산을 증가하여도 고정비용은 변화하지 않는다. 가변비용은 가변요소의 투입에 의해서 야기되는 비용으로서 생산량에 의존적이다. 즉 생산을 증가하면 가변비용도 증가한다.

다음으로 중요한 개념이 한계비용으로서 한 생산단위가 추가생산됨으로써 들어가는 추가비용이다.

[그림 13] 총가변비용곡선

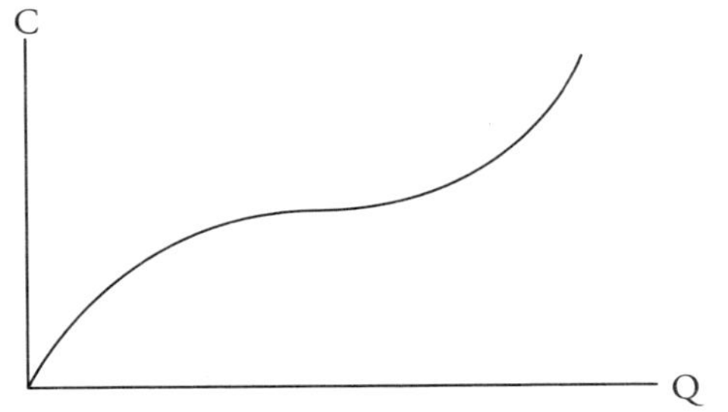

한계비용은 경제학에서 중요한 개념으로서 규모수익이 증가할 때는 감소하다가 규모수익이 감소할 때는 증가한다.

생산비용분석은 단기비용분석과 장기비용분석으로 구분되며, 단기비용분석은 고정요소가 일정한 수준에서 유지되면서 이때 생산량을 증가 혹은 감소시킬 때 발생하는 비용의 변화를 분석하며, 장기비용분석은 고정요소의 투입도 변화시킬 수 있는, 즉 모든 생산요소들이 투입가능성에서 가변적일 때의 생산량의 변화에 따른 비용의 변화이다.

단기비용은 또한 역시 총비용, 평균비용, 한계비용으로 구분되며, 단기총비용은 고정요소가 존재하므로 단기총고정비용과 단기총가변비용의 합이다. 단기총비용은 일정한 생산량을 산출하는 데 발생하는 전체 비용이며, 단기총고정비용은 생산량의 증가에도 일정한 고정된 수준을 유지하지만 단기총가변비용은 생산량의 증가에 따라 점점 증가한다.

단기총가변비용은 생산을 하는 당해 기업의 생산함수의 규모수익에 의존적이다. 이론적으로 규모수익 불변인 경우는 단기총가변비용곡선이 우상향의 직선이며, 경제학이 관심을 가지는 규모수익 증가의 경우는 단기총가변비용곡선이 위로 볼록한 우상향의 곡선으로서 생산량을 증가함에 따라 단위당 생산량에 대한 비용이 증가는 하지만 비용의 증가폭이 둔화되는 경우로서, 즉 일정한 수준의 비용의 증가에 생산량의 증가비율이 점점 커지는 경우이다. 규모수익 감소의 경우는 규모수익 증가와는 반대로 단위 생산량의 증가에 비용의 증가비율이 점점 크지는 경우이다.

단기총가변비용은 일반적으로 생산량을 증가하면 처음에는 규모수익이 증가하지만, 어느 수준의 생산량을 넘어서면 규모수익이 감소의 형태를 취한다. 즉 단기총가변비용(산출량의 증가에 대응하는 가변비용)은 단기총생산량(가변요소 투입 증가에 대응하는 산출량)의 이면의 의미이다. 산출량을 증가할 때 가변요소의 가격인 가변비용의 대응이 어떠한가 하는 것은, 가변비용을 야기시키는 가변요소의 투입이 증가할 때 생산량이 어떻게 대응하느냐 하는 것의 이면의 의미이다.

단기총비용곡선은 단기총가변비용곡선을 단기총고정비용의 크기만큼 상방으로 평행이동 한 형태이다. 단기평균비용은 단기총비용이 야기되는 일정한 양의 생산량 수준에서의 생산량 한 단위당 비용으로서, 즉 평균비용은 총비용을 생산량으로 나눈 값이다. 총비용곡선상의 어느 한 점에 상응하는 생산량 수준에서의 평균비용의 크기는 원점과 총비용곡선상의 이 점을 연결한 직선의 기울기 값과 같으며, 즉 평균비용은 원점에서 각 생산량에 대응하는 총비용곡선상의 그 점을 연결한 직선의 기울기 값이다. 이로써 평균비용의 최하점은 원점을 지나고 총비용곡선과 접하는 점에 대응하는 생산량 수준에서이다. 즉 [그림 14]에서 원점을 지나는 직선이 총비용(TC) 곡선과 접하는 점에 대응하는 생산량(Q)에서 평균비용(AC)이 최하이다. 이러한 최하의 평균비용 값은 총비용을 산출량으로 나눈 값과 같은 크기로서 총비용곡선의 접선의 기울기 값(한계비용)과 같기 때문에 한계비용곡선이 이 점을 지난다(만난다).

평균비용도 단기비용분석에 있어서는 평균고정비용과 평균가변비용의 합이다. 평균가변비용은 생산량 한 단위당 가변비용이므로 원점에서 각 생산량에 대응하는 총가변비용곡선상의 그 점을 연결한 직선의 기울기 값으로서, 원점을 지나고 총가변비용곡선과 접하는 점의 생산량 수준에서 최하가 된다. 평균고정비용은 생산량 한 단위당 고정비용으로서 원점에서 각 생산량에 대응하는 총고정비용곡선상의 그 점을 연결한 직선의 기울기 값과 같으며, 생산량을 증가할수록 (일정한 총고정비용 하에서) 점점 더 작아진다.

한계비용은 산출량 한 단위 증가할 때의 추가적인 비용, 즉 한계비용은 생산량 변화에 대한 총비용의 변화이다. 이로써 일정한 생산량 수준에서의 한계비용은 바로 그러한 생산량 수준에 해당하는 총비용곡선상의 접선의 기울기 값이며, 한계비용의 크기는 총비용곡선의 변곡점까지는 (기울기 값이 점점 작아지므로) 점점 감소하다가 변곡점을 지나면 점점 상승한다. 한계비용은 총비용곡선의 접선의 기울기 값이며, 여기서 총비용곡선과 총가변비용곡선이 형태에 있어서 동일하기 때문에 또한 역시 한계비용곡선은 이들 둘(총비용곡선이나 총가변비용곡선)에서 그렇게 동일하게 도출될 수 있으며, 즉 한계비용곡선은 이로써 평균비용곡선의 최하점도 지나고 (원점과 총비용곡선의 이 점을 연결한 직선의 기울기 값인 평균비용이 또한 접선의 기울기 값인 한계비용과 동일하므로) 평균가변비용곡선의 최하점도 지난다.

이와 같은 단기비용들에서 평균비용의 최저점에 대응하는 생산량 수준에서는 단기분석에 있어서 요소가격이 요소시장에서 일정한 주어진 크기의 조건 하에서 최소비용으로 생산되는 생산량 수준이므로 최적규모생산량, 효율적 생산량 혹은 공업능력생산량이라 한다.

이와 같이 단기비용분석은 고정요소의 조건인 기업의 생산설비가 고정된 상태에서 여러 가지 생산량에 대응하는 비용의 변화에 대한 분석이다.

그러나 장기비용분석에 있어서는 단기비용분석에 있어서와 같은 고정비용이 존재하지 않으므로 모든 비용이 또한 가변적이다. 그러므로 고정적이던 생산설비의 규모가 자유로이 변경될 수 있으며, 여러 가지 생산설비에 따른 단기비용곡선들이 무수히 존재한다. 따라서 기업은 생산량이 주어지면 이에 알맞은 생산설비의 규모를 선택하고 가변요소들을 투입하여 비용의 최소화를 이룬다.

요소들 상호 간의 대체가 가능한 (한정적 생산함수는 아니고, 그러나 또한 요소의 완전 대체관계도 아닌 대체적 생산함수의 경우의) 장기생산함수에서는 이러한 이들 가변요소들의 가격과 총(가변)비용이 주어진 크기이므로 주어진 등비용선과 등량곡선이 접하는 점에서 생산자균형을 이루며, 이 점을 생산자균형점, 최소비용의 원칙, 최대생산량 원칙, 혹은 가중된 한계생산물 균등의 법칙이라 한다.

이제 또한 이러한 생산자균형점은 총비용이 증가함으로써 생산량을 증가시킬 수 있으며, 이와 같이 총비용의 증가에 의한 더 높은 생산량 수준에로의 생산자균형점의 이동인 확장선을 다시 생산량과 총비용의 관계로 나타낸 것이 장기총비용곡선이다. 여기서도 장기총비용곡선은 생산량의 증가에 따른 총비용의 대응으로서 일정한 수준까지는 규모수익이 증가하다가 그 이후부터는 규모수익이 감소하므로 장기총비용곡선의 형태도 단기총비용곡선의 형태와 흡사하며, 이러한 장기총비용곡선에서 장기평균비용곡선과 장기한계비용곡선이 도출된다. 그러므로 장기평균비용곡선과 장기한계비용곡선은 마찬가지로 "U"자 형이며, 규모수익 증가에서는 장기평균비용곡선이 하락하고, 규모수익 불변에서는 수평이며, 규모수익 감소에서는 상승한다.

규모수익 불변에서는 생산요소 투입 변화비율과 생산량 변화비율이 동일하며, 요소가격이 일정하므로 비용의 증가비율과 생산량의 증가비율이 같다. 그러므로 장기평균비용과 단기평균비용은 같은 크기이며, 즉 비용 최소화의 설비규모는 목표 생산량의 장기평균비용곡선 위에서 단기평균비용이 최하인 설비규모이다. 그러므로 규모수익 불변에서는 장기평균비용곡선과 단기평균비용곡선이 접하며, 또한 장단기 한계비용곡선들이 이 점을 지난다.

규모수익 증가의 경우는 비용의 증가비율보다도 생산량의 증가비율이 더욱 빨리 늘어나며, 따라서 생산량을 증가함에 따라 평균비용은 점점 감소한다. 규모수익 증가가 나타나는 규모의 경제에서는 일정한 생산량의 목표를 가진 기업은 단기평균비용곡선의 최저점의 좌측에서, 즉 당해 생산목표량 수준에서 우하향하는 장단기평균비용곡선들이 서로 만나는 그러한 단기평균비용곡선을 선택하여 이 곡선의 최저점에 이르기 이전의 생산목표량을 산출함으로써 비용의 최소화를 이룰 수 있다. 장기비용분석에서는 단기적인 생산규모가 주어진 크기가 아니고 분석의 대상이므로 일정한 생산량 목표의 기업은 더 높은 생산량 수준에서 단기평균비용이 최저인 생산규모를 선택하여 그보다 낮은 수준에서 생산하는 것이 효율적이다.

규모수익 감소의 경우는 (역시 또한 일정한 요소가격의 수준에서) 모든 생산요소들의 투입을 일정한 배수로 증가하였을 경우 비용 또한 일정한 배수만큼 증가하나, 이로 인한 생산량의 증가는 이와 같은 배수에 미치지 못하는 경우이다. 즉 생산비용의 증가속도가 생산량의 증가속도보다 빠르게 나타나므로 생산량의 증가에 따라 평균비용이 상승한다. 규모의 비경제가 타나나는 규모수익 감소에서는 일정한 목표생산량을 가진 기업은 그러한 생산량 수준에서 장기평균비용곡선과 접하는 단기평균비용곡선의 생산규모를 선택한 다음 이러한 단기평균비용의 최저점을 지나 생산함으로써 비용의 최소화를 이룩할 수 있다.

총수입(TR)은 판매량(Q)에 가격(P)을 곱한 크기이다. 평균수입(AR)은 총수입을 판매량으로 나눈 값이므로 총수입(TR)곡선의 기울기 값과 같고, 한계수입(MR)은 총수입 증가분을 판매량 증가분으로 나눈 값이므로 총수입(TR)곡선의 접선의 기울기 값과 같다. 그러므로 평균수입과 한계수입이 동일하며 가격(P)과 같다. 기업의 이윤극대화의 생산량은 총수입(TR)에서 총비용(TC)을 뺀 크기가 최대인 D점 또한 한계비용(MC)이 상승하면서 한계비용(MC)이 한계수입(MR)과 만나는 D점의 생산량이다.

[그림 14] 완전경쟁기업의 이윤극대화의 생산량

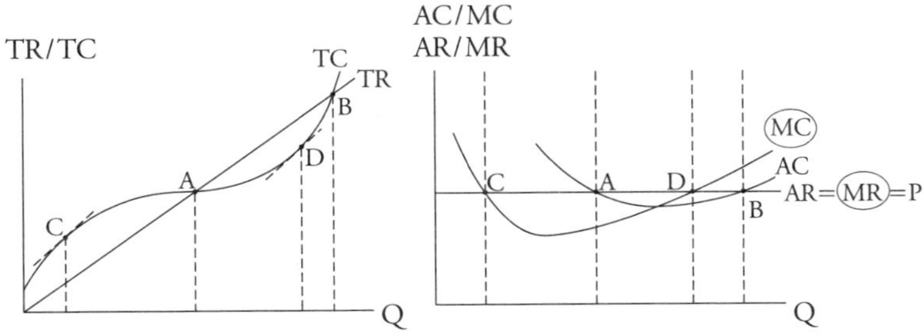

TR : 총수입　AR : 평균수입　TC : 총비용　AC : 평균비용
MR : 한계수입　P : 가격　Q : 산출량　MC : 한계비용

6. 평균생산성과 비용들

이에서는 요소생산성과 요소 단가의 개념을 취급함으로써 요소생산성과 요소비용의 변화 하에서 요소단위당 생산비가 달라지는 것을 다룬다.

1 | 평균생산성

평균생산성 혹은 생산성은 하나의 생산요소 투입량에 대한 전체 생산량의 관계이다. 생산요소에 따라 노동생산성, 자본생산성, 토지생산성으로 나눈다. 노동생산성은 투입된 노동 단위당 전체 생산량의 관계를 의미하며, 자본생산성은 투입된 자본 단위당 전체 생산량의 관계를 의미한다.

2 | 생산성과 비용의 상관관계

한 재화의 생산비용은 일반적으로 비용종류의 다수로 이루어진다. 재료비, 에너지 비용, 감가상각비, 조세, 이자, 임금, 보험 등이다. 이를 정리하면

- 임금(노동)
- 이자와 감가상각비(자본)
- 대지임대료(토지)
- 조세(국가)
- 수입된 요소의 비용들(해외)이다.

국가와 해외부문을 제외하면 생산요소 노동, 자본, 토지의 비용이다.

재화의 단위당 비용을 고려하면

- 임금단가
- 자본단가
- 토지단가로 이루어진다.

이러한 단가는 생산요소의 가격과 생산성에 의존적이다.

노동단가는 노동단위당 노동생산성에 대한 노동단위당 노동비용의 관계이고, 자본단가는 자본단위당 자본생산성에 대한 자본단위당 자본비용의 관계이다. 이러한 요소의 단가는 요소생산성이 증가하

면 하락하고 단위당 요소비용이 증가하면 상승한다.

전체 경제적인 측면에서 보면 노동생산성 지향적인 임금정책을 볼 수 있다. 이제 이러한 것을 예를 들어보자. 이를 테면 농업경제에서 한 농부가 탈곡기로 두 마지기 논에서 10가마니의 쌀을 생산한다 하자. 요소의 생산성은 단일 생산요소에 대한 총생산량의 관계이므로,

노동생산성 = 10가마니/1노동시간

자본생산성 = 10가마니/1탈곡기계 시간

토지생산성 = 10가마니/2마지기 = 5가마니/1마지기

이다.

이러한 생산성은 거시경제적인 국민경제적 노동생산성으로도 파악될 수 있으며, 또한 국민경제의 총노동투입 시간에 대한 총생산량의 비율로도 이해될 수 있다.

이제 노동, 자본, 토지에서 토지를 제외하고 생산요소들이 노동과 자본뿐이고, 농부의 시간당 임금이 10만 원이고 탈곡기의 시간당 대여비용이 10만 원이라면 시간당 요소생산성에 대한 시간당 요소비용의 관계인 단가는,

임금단가 = 10만 원(시간당 임금비용)/10가마니(시간당 노동생산성)

= 1만 원(임금비용)

자본단가 = 10만 원(시간당 자본비용)/10가마니(시간당 자본생산성)

= 1만 원(자본비용)

이다.

토지, 비료, 씨앗 등 여타의 비용을 무시하고 생산비용이 위의 노동과 자본뿐이라면 생산량 단위당(1가마니 쌀) 생산비는 임금비용과 자본비용의 합인 2만 원이다.

생산요소들의 단가는 요소생산성에 대한 요소비용이므로 요소생산성이나 요소가격이 변화하면 생산요소들의 단가도 변화한다. 이제 다른 조건들은 불변이고(농부의 시간당 임금은 10만 원 그대로이고) 오로지 탈곡기만이 개량탈곡기로서 시간당 대여비용이 20만 원이고 이로 인한 쌀 생산량이 시간당 20가마니이라면 이로써 생산요소들의 단가들이 변화한다.

임금단가 = 10만 원/20가마니 = 5,000원

자본단가 = 20만 원/20가마니 = 1만 원

이로써 생산량 단위당 생산비는 이제 물론 1만5,000원이다. 이와 같은 생산비용의 하락은 자본단가는 동일한 반면 임금단가가 자본비용의 증가로(기술투자로) 하락했기 때문이다. 미시경제적인 이러한 현상을 거시경제적인 노동생산성의 증가와 임금상승의 상관관계를 고려하는 노동조합의(물론 또한 사용자들의) 생산성 지향적인 임금정책에서 볼 수 있으며, 노동생산성의 증가와 같은 비율로 임금이 증가하면(여기서 노동조합의 쟁의에 있어서 임금기관차를 볼 수 있으며, 즉 노동생산성이 높은 산업부문에서 먼저 임금률 합의를 본 후 차례로 낮은 노동생산성의 여타의 산업부문으로 타협하는 임금증가) 임금단가는 불변이다.

7. 개별기업의 재화공급

자본주의적 시장경제에서의 기업의 특징은 경쟁이다. 경쟁은 역동적인 성공 통제 절차이며, 경쟁자(기업)들이 이윤추구라는 동일 목표를 갖고 제삼자(구매자)가 그에서 결정함으로써 경쟁자들 사이에는 상호 의존관계가 형성된다. 경쟁의 자유는 경제자유주의적인 개인적 자유권으로서 개인적인 효용을 가지나 경쟁은 전체 경제적으로 이익이 되는 결과를 가져와야 한다.

경쟁은 시장참가자들에게 기업가 활동의 자유, 소비 선택의 자유, 노동 선택의 자유와 같은 근본적/경제적 자유권을 보장한다. 경쟁은 첫째, 희소한 요소를 수요자에게 요구되는 사용에 조정하며(시장에서 가격이 상승하는 재화생산에 요소를 투입하게 하며), 개별 기업으로서는 가능한 절약 사용에로 인도하는(이윤추구를 위해 생산비를 줄이려면 요소투입을 절약하여야 하는) 요소 배분기능을 한다.

둘째, 경쟁은 비용절감 생산에로의 입문과 더불어 개선된 생산과정(이로써 동일한 요소투입에 더 많은 산출량)과 새로운 생산품(이로써 재화시장에서 동일가격이면 판매가 잘 됨)의 실현에로 인도하는 기능을 갖는다. 비용절감 기업은 덜 진보적인 비용장점 기업보다 이윤장점을 창출하며, 새로운 생산과정과 질적으로 개선된 생산품의 시장적인 실현에서는 더 고가와 나은 판매가 자극을 준다. 경쟁에 있어서는 생산과정 혁신과 생산품 혁신에 의해서 이루어진 개척자적 기업가의 특별이윤의 기회는 짧다. 중장기적으로 경쟁자들의 모방/혁신에 의해서 비용이점은 경쟁압력의 결과로 하락하는 가격으로 소비자들에게 주어지며, 새로운 시장에서의 가격은 증가하는 공급으로 하락함으로써 결국 개척자적 기업가의 특별이윤은 하락한다.

셋째, 경쟁체제에선 일시적인 특별이윤이 가능하나 경쟁은 경제적 힘의 위치가 지속적이 아니게 기능한다.

넷째, 기능적 경쟁에선 수요공정한 (수요정세를 빨리 파악하여 요소

투입/생산/판매하는)/비용 의식적인(요소투입을 가능한 적게 하여 생산비를 낮추는) 기업만이 이윤을 달성하므로 경쟁은 시장능력에 상응하는 소득분배에 공헌한다.

기업행위의 수용이 이윤극대화 추구이다.

완전경쟁시장에서의 기업은 시장가격(P)과 한계비용(MC)이 같은 생산량 수준에서 공급함으로써 이윤극대화를 이룩한다. 즉 시장가격(P)인 한계수입(MR)과 한계비용(MC)이 같은 생산량이 이윤극대화의 생산량이다. 한계수입이 한계비용보다 높으면 판매량(Q)을 증가시켜 이윤을 증가시킬 수 있고 낮으면 판매량을 감소시켜 손실을 감소시킬 수 있으므로 한계수입과 한계비용이 같은(만나는) 판매량에서 이윤이 극대화된다.

8. 시장공급

한 재화의 시장에 있어서의 시장 전체의 공급은 가격수준에서의 개별기업들의 공급량을 수평적으로 합한 수치 크기이다. 즉 한 국민경제에서의 한 재화에 대한 시장 전체의 공급은 당해 산업에서 작동하는 완전경쟁기업들의 단기균형(단기적으로 이윤극대화의 생산량)에서 이윤의 크기가 음수(손실)가 아닌 기업들의 공급량들의 합계로 이루어지며, 여기서는 기업들이 생산을 계속하기에 충분한 유인을 제공하는 정상이윤이 비용에 포함됨으로써 장기적으로는 이윤이 "0"인 점의 생산량 수준이다.

6

상이한 시장들에서의 가격형성

1. 시장들의 분류

시장경제에 있어서는 전체 경제의 흐름이 공급과 수요에 의한 가격을 통하여 규정된다. 가격은 또한 시장에서의 공급과 수요의 힘의 놀이공간을 통한 시장기구/시장역학에 의해서 결정된다.

인간은 충족시키려고 하는 수많은 욕구를 가지고 있으며, 이러한 욕구가 구매력과 결부되면 필요가 된다. 필요의 채움/충족이 자급자족에 의해서 가능하지 않으면 시장에서의 수요가 된다.

시장은 수요와 공급이 만나는 곳이면 어디나 존재하며, 여기선 공급자의 판매 의도와 수요자의 구매 의도가 조정된다. 공급자들은 가능한 비싸게 팔려는 목표를, 수요자들은 가능한 싸게 구매하려는 소망을 가지며, 이러한 상충하는 관심들이 시장에서 균형을 이룬다.

그러므로 시장은 공급과 수요가 만나고 가격이 이루어지는 교환의 장소이다.

공급과 수요는 유통경제에서 요소들의 더미에 의존적이고, 이러한 서로 다른 요소들은 시장에서 서로 만나고 균형을 이룬다. 공급 측 요소들로는 기업적 목표 설정, 가격, 경쟁, 비용, 요소의 가격 등이며, 수요 측 요소들로는 욕구, 가격, 소득, 취향, 연관된 재화의 가격, 광고 등이다.

가격형성은 시장형태에 따라 상이한 법칙성을 갖는다.

시장은 여러 가지 구분에 따라 분류할 수 있는데,

- 사물적 특징에 따라 재화시장과 서비스 시장으로 구분한다.
- 장소적 관점에 따라 지역시장, 전국시장, 국제시장으로 구분한다.
- 시점이나 시간에 따라 시점시장, 주기적 시장, 상설시장으로 구분한다.
- 시장에서의 공급자들의 경쟁 정도에 따라 완전경쟁시장, 독점, 과점과 독점적 경쟁시장으로 구분한다.

완전경쟁시장은 수많은 수요자들과 공급자들이 존재하므로 가격영향력이 없다. 완전경쟁시장의 전제조건은 동질적인 상품, 공급과 수요는 전체적으로 모든 시장참가자들에게 일목요연한 완전한 시장투명성, 장소적 · 인간적 · 사물적인 선호가 없음, 시장 진입의 자유로움, 변화에 대한 모든 시장참가자들의 빠른 적응, 경쟁제한의 없음이다. 완전경쟁시장에서의 가격은 이러한 전제를 충족하고 모든 시장참가자들이 이성을 갖고 언제나 지체 없이 합리적으로 행동할 때

공급과 수요 놀이/힘의 작용의 바탕에서 "보이지 않는 손에"에 의하여 조화로운 균형가격이 형성된다.

시장은 그의 역학에서 보면 이를 테면 수요증가가 가격상승으로, 가격상승이 공급증가로, 공급증가가 가격하락으로, 가격하락이 공급감소로, 공급감소가 가격상승으로, 가격상승이 수요감소로, 수요감소가 가격하락으로, 가격하락이 다시 수요증가로 이어진다. 이러한 시장역학은 직접적으로 국가의 경제정책, 경기정책과 조세정책에 영향을 미친다. 또한 국가의 이러한 정책들은 재화를 수요하는 가계의 소득분배나 재화의 공급을 하는 기업의 투자활동에 영향을 미친다.

시장들은 종종 시장참가자들의 수와 조직형태에 따라 구분된다.

첫째, 시장이 경매인에 의해서 공급과 수요에 따라 가격이 결정되는 시장이다. 이에는 국제 원자재 시장이나 야채, 육류, 생선 도매시장을 볼 수 있다. 이러한 시장에 있어서는 공급자와 수요자의 수가 대부분 현실적으로 아무런 역할을 발휘하지 못한다. 통상적으로 시장참가자들이 무수한 다수이다.

둘째, 가격결정자 시장이다. 여기서는 공급자가 그의 생산품 가격을 결정한다. 그리고 수요자들은 이러한 가격에서 그들이 얼마를 구매할 것인지를 결정한다. 가격형성의 이러한 형태는 발달된 국민경제의 산업, 수공업, 상업에 있어서 흔한 형태이다.

이러한 시장에 있어서는 수요정세 이외에도 경쟁자들의 수가 생산자의 가격형성 영역에 현실적인 영향을 미친다.

하나의 공급자에 의해서 가격이 결정되는 경우를 독점이라 한다. 공급자가 경쟁자를 갖지 않는 경우이다. 공급자가 소수의 경쟁자를 가지는 경우를 과점이라 한다.

셋째, 노동시장에서의 가격형성은 하나의 공급자(노동자들의 대표로서의 노동조합)와 하나의 수요자(노동의 수요자로서의 전국경제인연합회)가 있다. 즉 노동시장에서는 쌍방독점이 일반적이다. 노동의 가격인 임금은 이론적으로 노동의 한계생산물 가치와 동일한 수준에서 결정되나 현실적으로는 계약 쌍방의 힘의 크기, 협상 쌍방의 전략과 전술, 경제정책의 목표와 수단들에 의해서 결정된다.

넷째, 국가적인 가격결정이다. 우편, 교통, 여타의 공기업 등을 볼 수 있다. 이에 또한 국가적으로 통제된 가격을 볼 수 있다.

그러나 재화와 서비스를 취급하는 시장들에서는 여기서 공급자들의 경쟁 정도에 따라서 완전경쟁시장과 불완전경쟁시장으로 구분되며, 불완전경쟁시장은 다시 독점, 과점 및 독점적 경쟁시장으로 구분되고, 이들 시장들은 서로 구분되는 상이한 특징들을 보이고 있다.

[표 1] 완전경쟁시장과 불완전경쟁시장들의 특징들

	완전경쟁시장	독점	과점	독점적 경쟁
기업의 수	다수	하나	소수	다수
상품의 동질성	동질	대체불가	이질/동질	이질
가격통제	전무	큼	작음(이중전선)	작음
주요 판매방법	경매	단순홍보	광고/품질경쟁	광고/품질경쟁
기업진입	완전자유	금지/불가능	다소 제한	거의 자유
요소이동	자유	극히 제한	약간 자유	거의 자유
시장정보	완전한 정보	제한적	가변적	거의 완전한 정보
한국 경제	농수산물 등	철도/전기	자동차/조선/정유/ 전자/철강/설탕 등	이발업/약방 등

2. 경매인에 의한 가격형성

완전경쟁시장의 현실적인 가장 대표적인 예로서 중개인에 의한 경매시장을 볼 수 있다. 이러한 완전경쟁시장에 있어서의 균형가격, 가격변화에 대한 공급과 수요의 대응, 그리고 수요의 가격탄력도에 따른 공급자의 공급변화에 의한 공급자의 수입의 변화를 볼 수 있다.

1 | 주어진 공급 및 수요관계에 있어서의 균형가격의 탐구

[그림 15] 경매시장에서의 공급과 수요의 관계

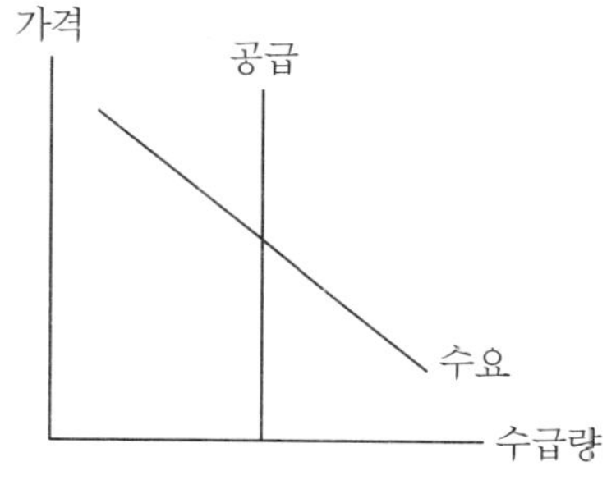

한 재화의 수요 및 공급관계에 있어서는 시장균형에 의해서 시장청산이 이루어진다. 수요가 공급보다 크면 경매인은 가격을 올린다. 또한 수요가 공급보다 작으면 가격을 내림으로써 시장청산이 이루어진다. 즉 균형가격으로 공급하고자 하는 공급은 모두 공급하고 수요하고자 하는 수요는 모두 수요된다. 즉 수요곡선은 수요자의 주관적인 효용가치곡선이고 공급곡선은 공급자의 객관적인 생산비 곡선이다.

2 | 가격변화에 따른 공급과 수요의 대응

가격변화에 공급자들과 수요자들은 어떻게 대응할까? 수요자들의 대응은 대체로 가격이 상승하면 수요되는 수량이 줄어든다. 그리고 가격이 하락하면 수요량이 증가한다. 그러나 공급자의 대응은 간단하지 않다. 자연적인 생산조건이 이에 영향을 미치며, 판매액이 공급자의 수입을 제시하기 때문에 이들의 대응도 영향을 미친다.

즉 공급이 과잉되면 일부 공급자들은 생산을 계속함에 대한 보상을 받지 못함으로써 시장에서 퇴출된다. 그러므로 공급은 더욱 감소한다. 다른 가능한 경우는 공급자들이 가격하락에 의한 그들의 수입 감소를 공급량의 증가로서 상쇄하려 할지도 모른다. 그러나 근본적으로는 가격변화에 대한 공급자의 대응은 시간을 필요로 하는 생산과정의 이유로 말미암아 지체되는 것이 현실적이다.

3 | 균형가격에 대한 공급 및 수요변화의 작용

균형가격의 크기에 있어서의 공급과 수요의 변화는 어떻게 작용할까?

불변의 수요에서 공급이 증가하면 가격이 하락한다.

불변의 공급에서 수요가 증가하면 가격이 상승한다.

시장에서의 이러한 변화는 시장균형에서의 공급곡선과 수요곡선의 평행이동을 통하여 그의 과정과 결과를 볼 수 있다.

완전경쟁시장의 조건들 하에서 작동하는 완전경쟁기업의 단기적인 이윤극대화의 생산량 수준인 단기균형은 단기비용곡선들과 수입곡선들에 의하여 도출되며, 여기서 기업의 각 생산량 수준에 따른 총수입곡선은 각 생산량 수준을 시장에서 형성된 가격으로 곱한 크기이며, 즉 가격을 기울기로 하는 우상향의 수직선이다.

단기균형은 총수입(TR)과 총비용(TC)을 비교함으로써 도출할 수 있으며, 또한 나아가 한계수입(MR)과 한계비용(MC)을 비교하여서도 도출할 수 있다. 총수입곡선이 가격을 기울기로 한 우상향의 직선이므로 공급량에 따른 평균수입과 한계수입은 가격의 크기와 같은 수준에서 수평이다. 그러므로 수평인 평균-/한계수입곡선에 단기평균-/한계비용곡선을 포개어서 한계비용곡선이 상승하면서 한계비용과 한계수입이 같아지는 생산량 수준에서 완전경쟁기업의 단기균형이 이룩된다.

그에 의하여 평균수입과 한계수입의 크기가 또한 동시에 정해지는 시장에서 결정된 수량의 크기와 무관한 가격이 평균비용의 최하점과 만나는 수준의 생산량이 손익분기점이다. 가격이 평균비용의 최하보다 높으면 이윤이 (양수)이고 낮으면 (음수인) 손실이다. 다시 가격이 평균가변비용의 최하인 수준에서는 손실의 크기가 총고정비용의 크기와 동일하며, 만약 다시 가격이 이 이하이면 손실의 크기가 총고정비용보다도 크므로 평균가변비용 최하의 생산량 수준이 조업중단점이다.

그러므로 결국 완전경쟁기업의 단기공급곡선은 당해 기업의 평균가변비용곡선의 최하점 이상의 한계비용곡선 그 자체이다. 이러한 한계비용곡선은 이름 그대로 생산량에 따른/대응하는 한계비용(화폐단위)을 나타내지만, 이는 또한 각 가격수준(화폐단위)에 따른/대응하는 생산량을 나타냄으로써 공급곡선(가격에 대응하는 공급량을 보여주는 곡선)이 된다. 단기공급곡선이란 의미는 가격이 손익분기점과 조업중단점 사이에서는 생산을 하지 않으면 총고정비용이 손실의 크기이지만 생산을 하면 손실의 크기가 총고정비용보다도 작다는 데 있다. 하지만 장기적으로는 손실을 보면서 생산을 지속할 수는 없다.

4 | 공급자의 수입에 대한 공급량 변화의 작용

탄력적인 수요곡선에 있어서 공급자의 공급증가는 수입증가로 이어진다. 반면에 비탄력적인 수요곡선에 있어서의 공급자의 공급증가는 수입감소로 이어진다. 비탄력적인 수요곡선에서는 가격변화율에 대한 수요량의 변화율이 상대적으로 작기 때문에 공급증가에 의한 가격하락의 영향이 수요증가의 영향보다도 크게 되며, 공급자의 공급증가로 공급자의 수입이 감소한다.

농산품이나 기타 생활필수품의 수요곡선은 비탄력적이기 때문에 풍년은 흉년보다 못할 수 있다. 그러므로 풍년에는 생활필수품의 수요를 해외로 돌려서 시장을 정화하든지 공급증가로 인한 공급자의 수입감소를 전보해 주는 정책을 펴기도 한다.

수요의 점탄력도에 있어서(수요곡선의 한가운데는 단위탄력적, 윗부분은 탄력적, 아랫부분은 비탄력적임) 가격이 낮은 수준에서는 비탄력적이기 때문에 이러한 가격이 낮은 수준에서는 공급자가 공급을 증가시키면 공급증가로 인한 공급자의 수입이 감소한다.

3. 생산자에 의한 가격결정

1 | 기본표상

산업과 수공업에 있어서는 가격이 완전경쟁시상에서의 수요와 공급에 의하여 형성되는 것이 아니라 생산자가 가격을 결정하는 것이 일반적이다. 이러한 산업부분들에서의 생산자들은 경매인이 가격을 중재해 주기를 기다리기 위해서 그들의 생산품을 시장에 내는 것은 아니며, 이들은 그들의 생산품을 팔 각오가 되어 있는 가격을 스스로 결정한다.

생산주체로서 기업은 이윤추구가 목표이고, 이러한 이윤은 총판매액(총수익)에서 총비용을 뺀 것이니 판매액을 가능한 높게 할 것이다. 판매액은 가격에 판매량을 곱한 것이니 가격을 높게 할 것이다. 그러나 가격을 높게 하면 (우하향하는 수요곡선에서) 수요량이 줄어들기 때문에 생산자에 의한 가격결정에 있어서는 수요자들의 대응을 고려해야 한다.

이론적으로는 이윤극대화의 생산량은 한계수입과 한계비용이 같아지는 점에서 결정된다. 한계수입이 더 크면 생산량을 증가시킴으로써 이윤의 크기에 도움이 되고, 한계비용이 더 크면 생산량을 감소시킴으로써 손실을 줄일 수 있다. 그러나 현실적으로는 생산자에 의한 가격결정에 있어서는 평균비용(AC)에 일정한 이윤(G)을 추가하여 가격(P)을 결정한다.

[그림 16] 생산자에 의한 가격결정

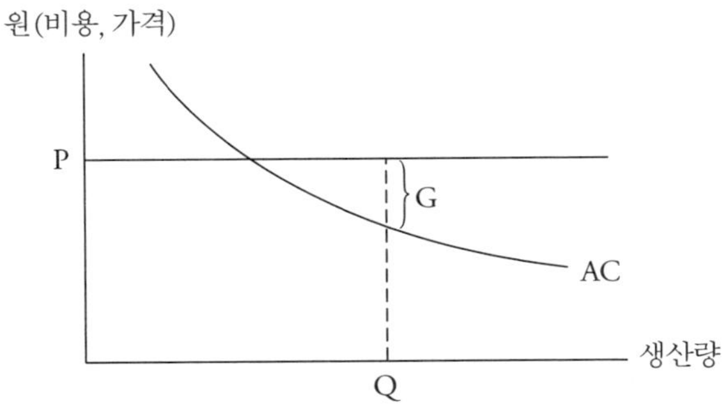

P : 가격　Q : 판매량　AC : 평균비용곡선　G : 단위당 이윤

완전한 경쟁은 원자적인 시장구조, 나아가 시장의 동질성 및 모든 시장참가자들의 수량적응자 행태의 관점에서 그의 점차적인 정확함과 더불어 실재에 있어서는 단지 특수한 경우에만 나타나는/형성되는 시장형태를 제시하였다. 그러나 이미 마샬(Marshall)은 한 공급자가 비록 많은 공급자 가운데 하나라 할지라도 그에 의해서 공급된 생산품을 위한 하나의 특수한 수요곡선에 규칙적으로(일관하여) 마주되어(대칭되어) 있다는 이론을 제시하였다. 나아가 이러한 사고의 전개 하에서 로빈슨(Joan Robinson)과 챔벌린(Edward Chamberlin)은 마샬(Marshall)적인 원자적 구조를 가진 시장에서는 수요자들이 개별공급자들의 생산품들을 위하여 (완전경쟁시장에서와는 다른) 선호를 가지고 있다는 것이다.

또한 소비자들의 개별공급자들에 대한 선호에 있어서 생산품의 차등화, 즉 이질적인 상품 혹은 불완전한 경쟁이 지배하며, 이로써 결국 공급자들은 그의 수량 적응에 강요되지 않고 오히려 독점공급자들처럼 그들의 (상이한 범주에서의) 가격을 "한계비용 = 한계수입" - 규칙에 따라 결정할 수 있는 시장이라고 하였다. 그러므로 챔벌린 (Chamberlin)은 이러한 원자적 구조를 지닌 시장구조에서는 개별공급자들은 무수한 공급자들 가운데 하나이며, (완전경쟁에서처럼) 기업의 진입/퇴출이 가능하나 단기적으로 개별공급자들은 그들의 수요자들에 대하여 독자적인 지위를 누리며, 이러한 독점적 지위의 시장을 "독점적 경쟁"이라 했다.

독점적 경쟁에서는 우하향의 수요곡선(= 평균수입곡선)과 그 아래에 한계수입곡선이 있다. 이러한 수입곡선들에 U자형의 평균비용/한계비용곡산들을 포개어 그리면 한계수입곡선과 한계비용곡선이 만나는 점인 한계수입= 한계비용에서 균형생산량이 결정되고, 가격은 이러한 균형생산량에서 수요곡선과 만나는 점(쿠르노의 점)에서 결정된다. 이러한 독점적 경쟁기업이 이윤을 실현하느냐 하는 것은 비용곡선들의 높이에 달려 있다. 그러므로 독점적 경쟁기업의 단기균형은 독점의 단기균형과 동일하다.

독점적 경쟁의 시장형태에 있어서도 장기적으로는 (경쟁적인 개방된 시장들에 있어서와 마찬가지로) 고전적인 구상들이 스스로 실행될 수 있으며, (정상이윤을 포함한) 생산비용에 대한 가격의 관계에 있어서 보면 장기적으로 가격들이 하락하고 이윤 "0"의 경향이 형성된다. 즉 단기적으로 독점적 경쟁기업이 이윤을 실현하면 개방된 경쟁시장에서 (진입/퇴출이 자유로우므로) 여타의 기업들이 진입하여 공급을 증가시킴으로써 가격을 하락시키며, 이는 우하향의 수요곡선 자체의 하방이동과 같다.

챔벌린(Chamberlin)은 이를 단순화한 가정의 조건 하에서 증명하였으며, 한 시장의 모든 공급자들을 위한 판매/비용정세가 동일하고(대칭가정), 그리고 이러한 이유로 모두가 동일한 가격을 설정한다는 것이다. U자형의 평균-/한계비용곡선에 있어서는 완전한 경쟁의 시장형태에서 개별공급자를 위한 자료를 제시하는 가격은 점차적으로 평균비용의 최하로 하락하며, 그리고 공급자들은 그들의 판매량들을 이러한 최소 가능한 평균비용으로 생산한다. 완전한 경쟁에 대한 비교에서 보면 독점적 경쟁에서는 수요는 물론 더 적은 수요량으로(초과 생산설비를 가짐으로 적은 수량으로), 그리고 가격은 더 높은 가격으로(가격마진을 가진 더 높은 가격으로) 충족되며, 이들은 시장이 이들 공급자들에게 상이한 생산품을 공급하는(불완전한 경쟁 하에서의 이질적인 상품을 공급하는) 장점을 위한 반대급부로 여겨진다.

2 | 독점에서의 가격결정

독점은 경쟁자가 없는 경우이다. 즉 시장에 하나의 공급자가 존재하며, 판매는 그의 가격에만 의존하고, 여타 공급자들의 가격에 의해서는 느낄 수 없을 정도로 경쟁자가 없다.

그러나 첫째, 독점은 임의의 높은 가격을 결정할 수 없으며, 판매가격과 동시에 판매하려는 수량을 결정할 수 없다. 우하향하는 수요곡선에서 수요자의 대응을 고려해야 한다. 가격을 높이면 수요량이 감소한다.

둘째, 잠정적 경쟁자들을 고려해야 한다. 독점이 주어진 기술수준에서 한 공급자에게만 이윤가능성을 제시하고, 또한 여타 조건에 의해서 (거대한 규모의 고정비용과 최고의 기술수준을 가진 기업의 평균비용 최하점 이전에 공급이 이루어지는) 시장진입이 어렵다 하여도 과도한 이윤이 실현되면 이러한 시장에 여타의 공급자들이 진입할 수 있다.

셋째, 직접적인 대체재가 없다 하여도 과도한 이윤이 실현되면 잠정적인 대체재가 있을 수 있다.

독점의 형성 원인으로는 법적 독점, 요소독점, 그리고 자연독점이 있다. 자연독점은 과도한 고정비용이 존재하며 최고 기술 기업의 평균비용 최하점 이전의 수준에서 국민경제의 수요가 충족될 때이다.

독점의 폐단은 자본장비 가동률이 불완전하므로 자원배분이 비효율적이고, 독점이윤에 의하여 분배가 불평등하게 되며, 통제역학이 결여되는 데에 있다. 임의의 가격결정에 대한 통제가 수요뿐이며, 일반적으로 비탄력적인 수요곡선에 의해 이윤이 실현된다.

독점의 특징은 기업의 공급량이 산업의 공급량이며, 시장수요곡선이 기업의 수요곡선이다. 독점의 단기균형도 완전경쟁처럼 한계수입과 한계비용이 같은 생산량 수준에서 결정되나 가격은 단기균형의 생산량 수준에서 (독점적 경쟁에서와 마찬가지로) 우하향의 수요곡선과 만나는 점에서 결정된다.

독점에서는 시장지배력이 있고, 상이한 수요집단들이(상이한 수요곡선들이) 있으며, 또한 차익거래가 존재하지 않는 경우 이를 바탕으로 가격차별화가 가능하다. 상이한 수요곡선들로 말미암아 한계수입곡선들이 또한 상이하며, 이에 동일한 하나의 한계비용곡선이 주어짐으로써 한계비용＝한계수입의 균형량이 각각 다르고, 이러한 서

[그림 17] 독점의 단기균형

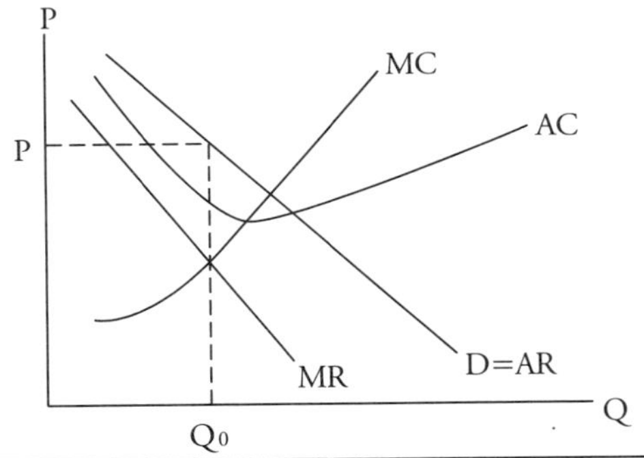

로 다른 균형량이 서로 다른 수요곡선과 만나 서로 다른 차별적인 가격을 형성한다.

독점의 폐단은 가격이 한계비용보다 높은 데에 있기 때문에 이러한 독점의 폐단을 시정하기 위하여 완전경쟁시장의 균형조건인 가격과 한계비용을 같게 하면(가격 = 평균수입 = 한계수입 = 한계비용) 이러한 독점기업은 (규모가 거대하여 평균비용곡선이 한없이 하락하고 평균비용 최하점 이전에서 국민경제의 당해 재화에 대한 공급이 충족되므로) 손실을 실현한다. 즉 한없이 하락하는 평균비용곡선과 (단기비용곡선들 사이의 관계에 의해서) 이 곡선 아래에 한계비용곡선이 도출되고, 이에 가격 = 한계비용이 되게 수요곡선을 (동시에 평균수입곡선인 수요곡선과 한계비용곡선이 만나게 수요곡선을) 그리면 이들이 만나는 점에서의 균형생산량에서 당해 기업은 손실을 이룩한다.

이러한 경우에 한 편에서는 손실이 실현되는 가격(P)과 한계비용(MC)이 같게 강요하고, 다른 편에서는 수요곡선과 만나는 독점가격을 허용함으로써 이윤을 이룩할 수 있으며, 기업 전체로서는 이러한 (이윤과 손실을 실현하는 두 개의 시장을 통한) 이중가격제로서 전체적으로 이윤을 실현할 수도 있다.

마지막으로 독점가격 형성에서 한계수입=한계비용의 이유를 볼 수 있다. 이미 스미스(Smith)는 만약 한 공급자만이 독점가로 존재한다면 그에 의하여 설정된 독점가격은 최고의 가격일 것이고, 구매자로부터 이러한 최고의 가격을 강요할 수 있다고 주장한 바 있다. 그러나 이러한 주장은 혼란스러운 것인데, 그 이유는 하락하는 수요곡선에 따라 최고의 가격에 있어서의 수요량, 그리고 판매량은 "0"이기 때문이다. 처음으로 쿠르노(Cournot)가 명시적으로 한 재화에 대한 수요를 그의 가격의 함수로 공식화하였기 때문에 수요의 승수를 통하여 가격으로써 합당하게 판매함수를, 그리고 (비용함수의 고려 하에서) "이윤극대화하는 가격을 위한 조건"(한계수입=한계비용, 혹은 총수입에서 총비용을 제한 값이 최대일 때의 생산량 수준)들을 서술하였다. 쿠르노의 표현인 "생산자는 (가격상승으로써) 비용증가가 수입의 증가를 능가하는 때를 언제나 엄수하여 지켜야 하며"라는 형식은 한계비용=한계수입을 말한다. 쿠르노는 하락하는 한계비용(산업적 상품생산을 위한 전형인), 증가하는 한계비용(농업 및 채광을 위한 전형인), 나아가 처음에는 하락하고 그리고 다음에는 증가하는 한계비용, 또한 그의 의미에 있어서의 독점가격을 위한 비용곡선들의 수입곡선들에로의 이전을 고려의 대상으로 삼았다. 즉 독점의 균형은 판매량에 있어서는 한계수입=한계비용인 점에서 결정되고 가격은 그 판매량에서 수요곡선을 따라 형성된다.

3 | 과점에서의 가격결정

과점은 소수의 상대적으로 큰 공급자들만이 시장에 존재하는 현대적인 국민경제들에 있어서의 지배적인 시장형태이다. 여기서 공급자의 판매는 자기의 가격과 소수의 여타 경쟁 공급자들 개개의 가격에 의존적이다. 이러한 상호 의존성은 생산품이 구매자의 입장에서 동질적일수록 강하다. 이와 같이 과점에서의 가격결정은 가격변화에 대한 수요자의 대응과 여타 경쟁자들의 대응들을 고려하여야 한다. 일반적으로 과점에서 공급자가 요구할 수 있는 가격은 현실적으로 경쟁자들의 가격에 의해서 결정된다. 그러므로 이윤폭은 비용곡선에 의존하며, 생산방법이 합리적일수록 이윤폭이 크다.

과점에서는 한 공급자의 의도된 가격변화에 대한 여타 경쟁자들의 상호 의존성이 크며, 한 과점적 공급자가 가격을 하락하면 당해 공급자의 판매는 증가하지만 경쟁자들의 판매는 줄어든다. 경쟁자들은 판매감소를 줄이기 위해 최소한 같은 정도로 대개는 더욱 가격하락을 한다. 반대로 가격을 인상하면 당해 공급자의 판매가 감소하며 여타 경쟁자들은 판매가 증가하므로 이러한 가격인상에는 응하지 않는다.

개개 공급자들은 가격하락에는 여타 공급자들이 따른다는 것을 두려워하여야 하고, 가격인상에는 따르지 않는다는 것을 두려워하여야 한다. 그러므로 과점에서는 개개 공급자들은 가격인하에 여타 경쟁자들이 따르는 전제조건 하에서 자기의 수요를 평가하여 세심한 계획을 하여야 한다. 처음의 가격인하가 기업의 존폐를 위협하는 가

[그림 18] 과점에서의 이윤폭의 변화

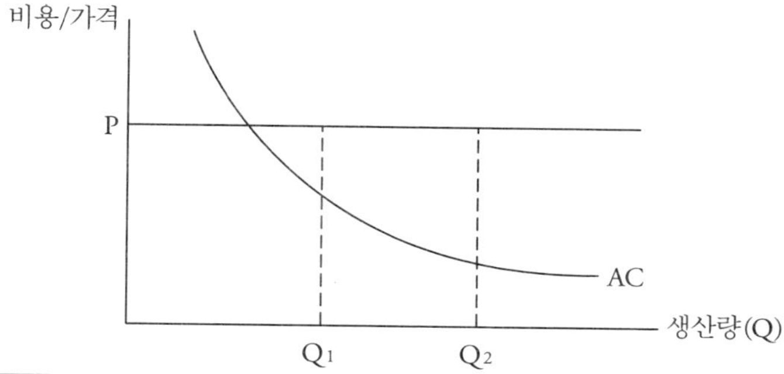

격경쟁으로 발전하지 않는다는 확신이 없으므로 개개 공급자는 가격 하락을 정확히 고려하여야 한다.

과점에서는 이러한 경쟁자들의 반응에 대한 불확실성으로 말미암아 가격변화로 시작하는 위험이 존재하며, 그러므로 과점적인 시장 형태에서는 비록 비용과 수요가 변하여도 장기간의 고정가격이 유지된다는 가격경직성을 볼 수 있다.

과점에서의 이윤극대화의 생산량도 한계수입과 한계비용이 같은 생산량 수준에서 결정되나 현실적으로는 한계가치의 산출이 용이하지 않으므로 하락하는 평균비용에 이윤을 붙여 결정한다.

설비능력의 한계에서 평균비용이 하락하므로 동일한 이윤이라면 생산량이 증가함에 따라 가격의 하락을 예측할 수 있다.

과점에서는 이러한 가격경직성 때문에 담합이나 카르텔이 이루어진다. 기업들의 관점에서는 일반적으로 가능한 담합이나 카르텔이 원하지 않는 경쟁에 대처하는 손쉬운 방법이다. 생산품 혁신이나 생산과정의 혁신보다는 소비자의 손실에로의 방법이 훨씬 간단할 수 있다. 광고의 수단으로 소비자를 설득하거나 단지 새로운 포장과 새로운 광고 슬로건이 신제품을 의미하게 할 수도 있다.

과점에서의 경쟁의 기능은 생산자들의 이윤폭이 지속하여 부당하게 높지 않게 하며, 기존의 상품보다 소비자의 요구에 더욱 상응하는 신제품 유입에 동인을 주고, 생산비용과 생산품의 가격하락을 위하여 지속적으로 개선된 생산방식의 응용을 추구하게 한다.

과점의 특징으로 가격은 완전경쟁과 독점 사이에서 결정된다. 경쟁자들의 수가 많고 시장진입이 용이할수록 완전경쟁에 접근하여 가격하락이 이루어진다. 과점의 수요곡선이 우하향이고 시장에의 신규진입이 장애를 받으므로 초과이윤이 형성된다. 수요조건은 완전경쟁과 동일하나 시장공급이 완전경쟁에 비하여 작다. 과점은 경쟁이 치열하고 규모가 크므로 연구개발이 가능하다. 상품차별화와 판촉으로 수요를 증가시켜 수요곡선을 우측 평행이동시킬 수 있다.

과점에서의 가격결정은 이중전선으로서 한편으로는 우하향하는 수요곡선에 따른 소비자들의 대응이며, 다른 한편으로는 소수의 거대 경쟁 공급자들의 대응이다. 이러한 과점에서의 가격경직성을 설명하는 이론이 홀(Hall), 히치(Hitch) 마찬가지로 스위지(Sweezy)에 의한 굴절수요곡선이론이며, 공급자들 사이의 개별을 위하여 느낄 수 있는 상호 의존성의 과점을 위한 전형적인 주요 문제는 폰 노이만(Von Neumann)과 모르겐슈테른(Morgenstern) 이후의 수학적인 전략적 게임이론의 도구를 통하여 처리된다.

전략적 게임이론은 한 사람이 어떠한 행태를 보이기 위하여 상대방이 자기의 행태에 대하여 어떻게 대응하게 될지를 사전에 미리 생각하는 상황에서의 행태를 연구하는 이론이다. 과점에서는 거대 소수기업들만이 존재하고 상호 의존적이기 때문에 전략적 게임이론이 응용된다. 과점에 있어서는 한 과점기업의 이윤이 당해 과점기업의 산출량뿐만이 아니라 여타 경쟁공급자들의 산출량에도 영향을 미친다. 따라서 한 과점기업이 산출량을 결정하려면 당해 기업의 산출량 결정이 여타의 경쟁공급자들의 산출량에도 영향을 미친다는 것을 고려하여야 한다.

유사하거나 동일한 상품을 공급하는 소수의 공급자가 존재하는 과점에서는 이와 같이 한 과점 공급자가 가격을 결정할 때는 소비자의 대응과 경쟁 상대방 공급자들의 대응을 고려하여야 한다. 즉 공급자로서는 이윤극대화를 이룩하여야 하는데, 최고의 가격에서 수요량이 "0"이고 최대의 수요량에서 가격이 "0"인 우하향의 수요곡선과 직면하게 되며, 이러한 주어진 수요곡선에 있어서 공급자의 이윤극대화의 점은 수요곡선의 가운데 점에서 (수요의 점 탄력도가 단위탄력적인 1인 점에서)이다. 수요곡선상의 수요량이 "0"인 점(완전 탄력적)에서 수요곡선의 가운데 점(단위 탄력적)까지는 탄력적인 구간으로서 공급자가 공급량을 증가하면 공급자의 수입이 증가하고, 다시 수요곡선의 가운데 점에서 가격이 "0"인 점(완전 비탄력적)까지는 비탄력적인 구간으로서 공급자가 공급을 증가하면 공급자의 수입이 감소하므로 우하향의 주어진 수요곡선에 직면한 과점기업은 일반적으로 이러한 이윤극대화의 점인 수요곡선의 가운데 점에서의 가격을 이루게 된다.

그러나 과점의 이윤극대화 실현이 현실적으로는 어려우며, 이러한 어려움을 설명해 주는 것이 전략적 게임이론의 용의자의 고민이다. 게임이론은 행위주체의 전략적 행동을 연구하는 이론으로서 특히 중요한 게임이 용의자의 고민이다. 용의자의 고민은 두 용의자가 협력하여 서로 유리한 결과에 도달할 수 있음에도 불구하고 쌍방 협력의 어려운을 보여주는 게임상황이다.

4. 완전경쟁에서의 가격형성과 가격기능들

이에서는 완전경쟁에서의 가격형성과 완전경쟁에서 형성된 가격이 시장경제에서의 가격역학의 전통적 표본으로서 어떠한 현실적인 기능들을 실현하느냐 하는 것을 보여준다.

1 | 완전경쟁에서의 가격형성

완전경쟁시장은 수많은 시장참가자들에 의해서 완전한 경쟁이 이루어진다. 공급자들은 이윤극대화가 목표이며, 이러한 이윤극대화는 생산의 한계비용이 시장가격(한계수입)과 같아지는 생산량에서이다. 공급과잉에서는 가격하락이, 수요과잉에서는 가격상승이 일어난다.

이러한 공급과 수요에 의한 상품시장에서의 가격형성은 재화나 서비스를 생산하기 위하여 투입되는 자원들인 생산요소들의 시장에도 그대로 이전될 수 있다. 전통적인 관점에서의 생산요소들은 노동, 자본, 토지이며, 이들의 각 시장에서도 이들의 한계비용곡선이라 할 수 있는 공급곡선과 한계수입곡선이라 할 수 있는 수요곡선에서 균형이 이루어진다.

노동시장에서는 노동량이 노동의 가격인 임금과 교환된다. 임금은 특정 종류의 노동능률을 위해 계약적으로 조건지워진 반대급부로서, 임금의 전제조건은 일정한 반대급부를 위한 노동능률의 제공에 관한 완전무결한 계약체결 가능한 법적 자유와 필수적 · 보완적 생산요소를 소유하지 않는 것이다. 노동시장에서의 공급자는 가계로서 노동력을 판매하며, 노동수요자는 기업으로서 노동력을 구매하여 생산과정에 투입한다.

노동수요량의 결정은 노동단위가 추가로 벌어들인 수입인 노동의 한계생산물가치(한계수입)가 명목임금(한계비용)과 같을 때, 즉 노동량의 추가 단위 투입의 추가적인 수입(한계수입)이 이로 인한 추가적인 비용(한계비용)과 일치할 때이다. 추가적으로 투입되는 노동량에 의한 추가생산량에 상품의 판매가를 곱한 크기인 노동의 한계생산물가치(한계수입)가 노동의 명목임금(한계비용)과 같은 점에서 노동에 대한 수요가 결정된다. 달리 표현하면 노동의 한계생산물이 (노동의 재생산을 위한) 실질임금과 같을 때이다.

이로써 노동수요는 명목임금, 생산물가격 및 노동의 한계생산물에 의존적이다. 노동량 투입에 따른 이에 의한 노동의 한계생산물의 관계는 수확체감함으로써 노동의 한계생산물곡선이 우하향이며, 결국 노동량과 명목임금에 있어서 우하향하는 노동의 한계생산물가치곡선 자체가 노동수요곡선이다.

노동공급곡선은 일반적으로 (고도의 높은 임금수준에서 임금이 상승하면 노동공급량이 감소하는 경우를 제외하면) 명목임금의 증가함수이다. 노동량과 명목임금의 관계에서 임금이 상승하면 노동공급량이 증가한다. 이러한 노동의 한계생산성이론에 있어서는 임금상승에 따라 증가하는 노동량을 보여주는 우상향의 노동공급곡선과 우하향의 노동수요곡선이 만나는 점에서 노동시장의 균형을 나타내며, 이에서는 동시에 균형임금과 균형노동량이 결정된다. 직업훈련이나 교육을 통한 노동의 한계생산성이 증가하게 되면 노동수요곡선은 우측 평행이동함으로써 결국 임금이 상승하고 균형량이 증가한다.

자본에 있어서는 고대 로마에서도 자본(capital, 라틴어의 caput = 가축의 의미)의 사용에 대한 가격인 이자가 일반적으로 정의의 관점에서 인정된다. 자본은 고전적 · 정태적 기능에서 생산요소 및 소득형성 요소로서의 기능을 가지며, 동태적 기능으로서는 투자, 예산, 경기, 고용, 이자율을 통한 정책의 요소이다. 마르크스에 있어서의 자본은 부가가치 형성요소로서의 기능도 가지며, 이러한 자본은 (이에서 부가가치, 이윤, 이자, 지대가 도출되는) 무보수의 노동(생산과정에서 형성되는 부가가치를 위한 노동)에도 명령한다는 것이다.

자본의 공급은 가계와 기업의 저축에 의하여 형성되며, 자본의 수요는 기업에 의하여 이루어진다. 자본을 공급하는 가계와 기업의 저축은 이자율과 정의 관계이고, 기업의 자본수요는 이자율과 역의 관계에 있다. 이로써 이자율이 상승하는 데에서의 자본량의 관계에서 우상향의 자본공급곡선과 우하향의 자본수요곡선의 교차점에서 균형이자율과 균형자본량이 동시적으로 결정된다. 자본생산성이 증가하면 투자자본 수익률이 높아짐으로써 자본수요가 증가하여 결국 자본수요곡선이 우측 평행이동함으로써 균형자본량이 증가하고 이자율이 상승한다. 국민의 절약성이 증가하면 저축이 증가하여 결국 자본공급곡선이 우측 평행이동한다.

지대에 있어서의 차액지대는 리카도(Ricardo)에 의한 것이며, 차액지대의 전제조건은 상이한 토질, 수확체감의 법칙 및 하급토질의 토지가 충분히 존재하는 것이다. 농업사회에 있어서의 지대형성은 하급토지 경작의 필요성과 수확법칙의 영향에서 기인하고 있다.

일반적으로 수요 혹은 공급되는 토지의 양은 토지임대료(여기서는 우선 토지임대에 관한 것이며, 토지구매는 제외함)에 의존적이다. 상승하는 토지임대료에 대한 토지의 양의 관계에서 우상향하는 토지공급곡선과 우하향하는 토지수요곡선에 의해서 균형임대료와 균형토지량이 결정된다.

이제 재화시장과 요소시장의 상관관계를 보자. 재화시장에서는 재화수요와 재화공급의 힘과 크기에 의하여 재화가격이 결정된다. 이러한 재화가격은 다시 반대로 재화수요와 재화공급에 영향을 주며, 나아가 재화가격은 또한 한계수입에 영향을 미친다. 요소시장에서도 마찬가지로 요소수요와 요소공급이 요소시장에 영향을 미쳐 요소가격을 결정한다. 여기서 요소시장의 요소수요에 영향을 미치는 것이 또한 재화시장과 생산함수에 의해서 결정된 한계수입이다.

이로써 한계수입은 재화시장과 요소시장을 연관지우는 연결고리이다. 여기서 중요한 것은 한계수입은 재화시장에서 결정된 재화가격에도 의존적이지만 요소의 한계생산성에도 의존적이라는 것이다. 즉 기업의 생산에 영향을 주는 생산함수는 소비함수에 영향을 주고, 소비함수는 다시 비용함수에 영향을 주며, 비용함수는 또 다시 재화시장의 재화공급에 영향을 미친다. 또한 이러한 생산함수는 요소의 한계생산성에 영향을 미치고, 요소의 한계생산성은 다시 한계수입에 영향을 준다. 그러므로 일반적으로 완전경쟁에서 가격이 형성되는 재화시장과 요소시장을 연결시키는 것이 한계수입이다.

2 | 가격역학의 현실적인 기능들

시장경제 가격역학의 전통적 표본으로서의 완전경쟁에서 형성된 가격의 현실적인 기능들은 첫째, 경제적 힘의 통제기능이다. 완전경쟁시장에서는 수많은 수요자와 공급자들이 상호 간에, 수요자들끼리, 혹은 공급자들끼리 통제하므로 비중 있는 경제력 행사가 불가능하다. 이들 사이에는 서로 경제적 의존성이 형성되며, 이들 개개는 가능한 높은 가격목표의 공급자의 기대와 가능한 낮은 가격목표의 소비자사이의 타협인 시장가격에 적응하여야 한다.

둘째, 경제적 계획조정 기능이다. 가격은 수요자와 공급자의 계획을 지휘대책 없이 서로 결정지우는 핵심적인 기능을 한다. 계획된 공급이 계획된 수요보다 크면 가격이 하락하여 공급은 감소하고 수요는 증가한다. 반대로 계획된 공급이 계획된 수요보다 작으면 가격이 상승하여 공급은 증가하고 수요는 감소한다. 장기적으로는 균형가격에서 생산자에 있어서 판매 안 되는 수량이나 이러한 가격으로 충족 안 되는 수요는 없다.

셋째, 가격의 정보기능이다. 가격은 생산자와 소비자의 결정을 위하여 필요한 정보를 제공하는 이상적 기구이다. 수요증가에 의한 수요곡선이 우측 평행이동이면 본래의 가격에서 초과수요를 형성하여 수요자들 사이의 경쟁은 가격을 상승시킨다. 이러한 가격상승은 지금의 공급자들에게 더 많이 생산할 것을 신호하며 여타 공급자들에게도 이 시장에서의 생산/공급을 자극한다.

넷째, 자원배분 기능이다. 가격은 구매력 강한 소비자들에 의해

요구되는 재화를 생산하기 위한 생산력의 배분을 조정한다. 초과수요가 형성되어 가격이 상승하면 공급이 증가하게 되고, 이는 더 많은 생산요소들이 이러한 생산에 투입된다.

한편으로는 가격은 수요를 조정함으로써 또한 역시 자원배분 기능을 한다. 어떤 자원이 부족하면 요소가격이 상승하여 이러한 자원이 투입되는 생산품의 가격이 상승하고 가격상승은 소비자에게 적게 구매할 것을 신호한다.

다섯째, 가격은 규제역학의 기능을 한다. 시장에서 생산자는 요구되는 것을 생산할 수 있어야 한다. 즉 시장경제에서 이룩된 이익의 자유로운 사용을 통해서 달성되는 규제역학의 기능을 한다. 변화된 시장상황에 빨리 적응하는 공급자는 일시적인 높은 이윤이나 낮은 손실로 보상된다. 나중의 공급자들은 잃어버린 이윤이나 큰 손실로 처벌된다. 완전경쟁시장에서의 이윤은 비용절감적인 생산이나 수요자 욕구에의 빠른 진입에 대한 보상이다. 그러나 특별이윤의 기회가 지속하지 않게 기능한다. 이러한 방식으로 개별 생산자의 이기주의가 전체 경제적 봉사에 공헌할 수 있다는 것이 고전적 자유주의를 바탕으로 하는 자본주의적인 시장경제의 기본사상이다.

여섯째, 가격의 비사회적 합리성의 기능이다. 시장경제에서 가격을 통한 합리적인 조정은 어떤 의미에선 비사회적이다. 비록 상승하는 가격은 수요를 합리화시키나 이로써 낮은 구대력의 수요를 점차 제한한다. 이러한 가격의 비사회적 합리성의 기능으로 수요자와 공급자의 경제계획 조정에 있어서 모든 소비자들의 욕구보다는 구매력 있는 일부 수요자들의 필요를 고려한다.

가격역학과 시장경제적 체제에서의 변화와 성장의 핵심이 이윤체제이며, 이러한 이윤체제는 다시 이익체제와 손실체제이다. 이익은 능률자극에 봉사하는 상이고, 손실은 비효율적인 생산절차의 투입에 대한 벌이며, 또한 소비자들이 그들의 화폐지출을 용인하지 않는 생산에의 자원투입에 대한 벌이다. 시장경제적으로 조직된 경제에서는 가계는 소비량, 저축, 노동공급에 대하여 독자적이며, 기업은 생산, 재화공급, 투자에 대하여 독자적으로 계획/실행한다. 이러한 탈중앙적으로 조직된 국민경제에서는 변화된 시장자료 정세에 대하여 민첩하고 융통성 있게 대응하여야 한다. 시장이 가격을 통하여 개별계획을 조정한다. 이러한 독자적 결정단위들의 행태들과 가격역학에 대한 조정들은 제도적 규정들, 이를 테면 경제기본법, 소유질서, 사회적 보장, 자원사용권 등에 의하여 결정적으로 의존적이다.

7

한국의 기업집중

1. 경제적 집중의 개념과 형태

경제적 집중은 경제적 크기의 응집이며, 소수의 경제단위가 상대적으로 큰 경제력을 가지는 경우이다. 경제의 기본적인 문제는 (무한한) 욕구와 이를 충족시켜야 할 (한정된) 생산이며, 이러한 생산의 대표적 주체가 기업이다. 그러므로 기업은 경제의 중추이다. 기업집중은 소수의 기업들이 매출액, 자본, 취업자 수에 있어서 과다한 비중을 차지하는 경우이다. 기업집중에 대해서는 두 가지 종류로 구분한다. 기업의 내적 성장에 의한 기업집중은 기존 기업의 매출액 신장이 여타 기업들의 평균 이상을 상회하는 경우이다. 기업의 외적 성장은 기존 기업들의 결합을 통하여 이루어진다. 기업집중의 형태에는 합병, 콘체른 형성, 공동기업, 카르텔이 있다.

또한 결합차원에 있어서의 당해 시장의 종류에 따라 구분된다.

첫째, 수평적 집중은 참가 기업들이 산업의 동일한 시장에서 활동하는 경우이다.

둘째, 수직적 집중은 생산과정의 전후 과정에서 활동하거나 하청관계가 성립되는 기업들 간의 집중이다.

셋째, 대각선적 집중은 서로 다른 시장에서 활동하며 하청관계가 성립하지 않는 기업들 사이의 집중이다.

기타의 결합형태로서는 기업들 사이의, 특히 은행과 기업 사이의 금융결합과 인적 결합을 볼 수 있다.

2. 한국의 전체 산업에 있어서의 집중

제조업에 있어서 기업집중은 연간 매출액의 규모에 따라 구분할 수 있다. 즉 일정한 간격으로 연간 매출액을 배열하고 이에 속하는 기업들의 수와 매출액의 합계와 이의 전체에서 차지하는 비중을 나타낼 수 있다.

매출액 집중의 정도를 알기 위해서는 기업 수의 누적수치와 기업 매출액의 누적수치의 대비인 매출액 집중의 로렌츠 곡선을 그릴 수 있다. 또한 양 축대와 대각선 사이의 면적에 대한 로렌츠 곡선과 대각선 사이의 면적의 비중인 지니계수로서 전체 제조업에 있어서의 기업집중의 정도를 측정할 수 있다.

3. 개별 경제부문들에서의 집중

개별 경제부문별 기업집중도 지니계수로 산출할 수 있다. 제조업체의 부문별 지니계수를 연도별로 산출하여 집중도의 변천을 볼 수 있다. 부문들은 채광, 정유, 금속, 비철금속, 주물, 철강, 차량, 기계, 자동차, 조선, 우주/항공, 전자/가전, 정밀공학/광학, 음향기기/완구, 화학, 도자기, 목재, 제지, 출판/인쇄, 피혁, 섬유, 의류, 요식업, 담배/기호품 등으로 구분할 수 있다.

또한 이들 산업부문별 연간 전체 매출액과 기업체 수를 나타내고 거대 3대 기업, 5대 기업, 10대 기업들의 전체 매출액에서 차지하는 비중을 나타낼 수 있다.

4. 집중의 원인들과 결과들

기업집중의 원인과 결과는 거의 구분할 수가 없다. 기업집중에서 기대되는 결과가 종종 기업집중에서 집중과정에 대한 원인이기 때문이다. 기업집중의 원인으로 규모의 경제, 범위의 경제 및 국가적인 정책을 볼 수 있지만 이들은 또한 기업집중의 결과가 되기도 한다.

1 | 집중의 원인

기업집중의 원인으로는 대형회사의 금융의 이점, 규모의 경제인 크기의 이점, 범위의 경제인 다양화의 이점, 기타 국가적 부대조건들을 볼 수 있다.

첫째, 금융의 이점은 일반적으로 대형 회사에 있어서 유리하다. 이들은 일반적으로 소형 회사들보다도 더욱 쉽게 싼 융자를 받을 수 있다. 이들은 현실적으로 은행의 입장에서 보아도 지불위험이 적은 것이다.

둘째, 규모의 경제인 크기의 이점은 확장되는 경영의 크기에 있어서 생산비용이 산출량의 증가보다도 늦게 성장하는 경우이다. 단위당 생산비용(평균비용)이 증가하는 경영의 크기(산출량 증가)에서 감소하는 것이다.

셋째, 범위의 경제인 다양화의 이점은 여러 종류의 생산품을 한 회사가 생산함으로써 개별 생산품을 각각 다른 회사가 생산하는 것보다 낮은 총비용이 되는 경우이다. 이를 테면 연구개발비나 광고비가 추가되지 않는 경우이다.

넷째, 국가적인 행위의 부대조건들도 종종 대기업에 유리하다. 파산에 처한 대기업이 국민경제의 관점에서 정부의 보조를 받음으로써 중소 경쟁자들의 경쟁력을 약화시킨다. 국가의 연구정책이나 기술정책은 경험적으로 종종 한 산업분야의 대기업을 촉진하고 있다. 환경문제를 해결하기 위한 금융에서도 일반적으로 막대한 자본이 투입되어야 하므로 한 산업분야의 대기업만이 실행할 수 있는 경우가 많다. 또한 조세체제나 특허권에 있어서도 그의 영향이 기업집중과는 무관하다고 할 수 없는 경우들이 많다.

2 | 집중의 결과

집중의 결과에 관한 핵심적인 문제는 증가하는 집중의 경쟁작용에 관한 것이다. 집중이 경쟁에 미치는 영향은 서로 상이하다.

첫째, 집중은 경쟁조건을 개선할 수가 있다. 따라잡기 합병이 그러한 경우이다. 한 산업분야에 막강한 기업이 존재하고 여타 중소기업들만이 있는 경우의 집중에서는 따라잡기 합병을 통하여 경쟁조건이 개선된 경우이다.

둘째, 경쟁조건에 전체적으로 영향을 미치지 못하는 경우이다.

셋째, 경쟁조건이 악화될 수 있는 경우이다. 기업결합을 통하여 기업들의 힘이 증가하고 지속적으로 경쟁의 우위를 확보한다면 이로써 가능한 새로운 공급자의 시장진입을 어렵게 하는 것이다.

경쟁의 악화에 있어서의 부정적인 결과들은 가격이 너무 높고, 생산과정이나 상품에 있어서의 혁신이 이루어지지 아니하며, 변화된 시장조건에 대한 적응의 융통성이 감소하고, 여타 기업들의 경쟁가능성의 제한에 대한 시장지배적 위치가 강화된다.

8 경쟁의 과제와 보호

1. 경쟁의 개념

경쟁은 시장참가자들 사이의 상호 의존적이고 상충적인 관계로서 이해된다. 경쟁은 기업들이 이윤추구라는 동일한 목표를 두고 누가 이러한 목표를 어느 정도 달성하였느냐는 외부의 제3자인 소비자들이 결정하는 시장의 역동적인 성공통제 절차이다.

물론 시장경제에서는 공급자와 수요자 사이의 경쟁, 수요자들끼리의 경쟁 및 공급자들끼리의 경쟁을 볼 수 있지만 생산주체인 기업들 사이의 경쟁을 다룬다.

2. 경쟁의 과제

경쟁은 그 자체가 목표가 아니며 특별한 과제를 가진다. 경쟁의 과제는 경쟁의 기능에서 볼 수 있으며, 경쟁의 기능들은 배분/혁신/분배/통제기능들을 가진다.

경쟁자유는 개인적 자유권으로서 개인적 효용을 가진다. 그러나 경쟁은 나아가 전체 경제에 봉사하는 (이익이 되는) 결과를 가져와야 한다. 경쟁은 시장참가자들에게 근본적인 경제적 자유권을 보장하며, 기업가 활동의 자유, 소비선택의 자유 및 노동장소 선택의 자유를 보장한다.

첫째, 경쟁은 자원의 최적 배분을 보장하며, 생산요소를 수요공정(생산요소를 시장에서의 수요가 있는 재화에 투입)하고 비용공정(가능한 생간요소를 절약하여 투입)하게 조정하며, 희소한 요소를 수요자에게 요구되는 사용에 조정하고, 개별 기업으로서는 가능한 절약 사용에로 조정한다(경쟁의 배분기능).

둘째, 경쟁은 생산품과 생산과정의 혁신을 자극한다. 비용절감 생산에로의 입문과 개선된 상품의 품질과 새로운 생산품의 실현으로 인도한다(경쟁의 혁신기능).

셋째, 경쟁은 생산요소시장에서 능률공정한(요소의 능률이 정당한 소득을 받는) 소득분배를 보장한다. 기능적인 경쟁에서는 수요공정하고(팔릴 것만 만들고) 비용의식적인(싸게 만드는) 기업만이 이윤을 실현하므로 경쟁은 시장능력에 상응하는 소득분배에 공헌한다(경쟁의 분배기능).

넷째, 나아가 경쟁은 국민경제에 있어서의 지속적인 경제적 힘의 형성을 방어한다. 경쟁체제에 있어서는 "개척자 기업가"(새로운 발명을 손실의 위험을 무릅쓰고 처음으로 개척적으로 상용화로 실행해 보는 기업가)의 "특별 이윤"이 가능할 수도 있다. 경쟁에 자극된 기업들에 의한 새로운/값싼 생산절차의 개발/응용을 통한 비용장점은 덜 진보적인 비용장점보다 이윤의 장점을 창출하며, 새로운/질적으로 개선된 생산품의 시장에서의 실현에서는 더 고가와 더 나은 판매가 자극을 준다. 현실적으로 창조적 변천의 역동적 과정에 있는, 즉 성장을 필요로 하는 국민경제는 혁신이 필요하며, 혁신과 성장은 국민경제의 구조적 전환에 영향을 미친다. 잠정적으로는 독과점이 존재하나 중기적으로는 경쟁자들이 모방/독자 개발함으로써 개척자 기업가의 특별 이윤의 기간/기회가 짧다. 새로운 시장에서의 가격은 증가하는 공급으로 하락하며, 비용 이점은 경쟁압력의 결과로 하락하는 소비자들에게 제공된다(경쟁의 경제력 통제기능).

3. 경쟁의 전제조건들

경쟁은 시장경제의 핵심적인 질서규칙이다. 시장경제에서 경쟁정책의 기본표상이 완전경쟁이다. 완전경쟁의 전제조건들이 경쟁의 전제조건들이다. 경쟁의 혁신기능도 경쟁의 개념을 위해서는 중요한 의미를 갖는다. 결정적인 것이 시장결과이기 때문에 기능하는/노동능력 있는 경쟁의 의미가 중요성을 더한다. 자유로운 시장진입이 경쟁을 위해서는 하나의 중요한 역할을 한다. 경쟁은 또한 국가에 의해서 보호되어야 한다.

4. 경쟁의 주요 시장들

경쟁에 있어서의 주요 시장은 단기적으로 수요자의 관점에서 대체되는 재화들을 생산하는 시장이다. 여기서 대체가능성들은 대체탄력도에 의해서 측정되며, 특히 교차탄력도에 의해서 영향을 받는다. 이론상의 교차탄력도 산출의 어려움으로 기능적 교환성의(재화의 소비기능에 있어서 교환/대체가 가능한) 시장이 경쟁의 주요 시장이다. 기능적 교환성은 생산품의 특성이나 사용목적의 상이한 분석방법을 통하여 이루어진다.

5. 한국에서의 경쟁관계 법률들

경제질서의 기본 법률로서 경쟁제한에 반대하는 법률이 정착되어 있다. 카르텔 금지, 시장오용 감시, 합병통제 등이다.

시장지배 기업에 대한 오용 감시에는 시장점유율, 자금력, 자원조달시장, 판매시장, 수요/공급의 여타 상품/서비스에로의 전환능력에 있어서 지배적인 기업의 시장진입 방해, 상품/노동시장에서의 횡포 및 생산과정에서의 착취에 대한 경제력을 이용한 시장 힘의 오용이다. 이러한 경쟁제한 방지에 관한 법률은 산업국가들의 산업화가 가속하면서 자본주의가 독점 자본주의화하는 데에 대한 대응이며, 나중엔 신자유주의의 이상이다.

1 | 카르텔 금지의 기본조항

카르텔은 아주 오래된 고대 로마시대에도 알려진 경쟁제한의 형태이다. 라틴어로 “보호적인 결합”의 의미인 카르텔은 계약 당사자들 사이의 경쟁을 제한할 목적으로 동일한 경제단계(동일 시장)의 법적으로, 그리고 부분적 · 경제적으로 독립적인 기업 간의 계약이다. 계약 당사자들이 동일한 시장에서 활동하기 때문에 카르텔은 수평적인 경쟁제한 체제이다.

중요한 카르텔의 종류들은 첫째, 가격 카르텔이다. 이는 판매에 있어서 특정한 가격 이하로 할 수 없다는 협약이다. 둘째, 영역보호 카르텔에서는 시장이 회원들 사이에 지역적으로 분할된다. 셋째, 수량 카르텔은 회원들에게 특정한 판매의 수량을 초과하지 못하게 의무지우는 경우이다.

2 | 카르텔 금지의 예외

카르텔 금지의 예외들에서 보면 국민경제에서의 국민 전체의 복지를 위하여 특정한 카르텔의 종류들은 공정거래위원회의 허가를 얻어 예외일 수 있다. 경제부처의 관점에서 경쟁의 제한이 국민경제의 전체적인 경기나 국민 전체의 복지를 위한 상당한 이유로서 필수적일 때도 카르텔 금지의 예외이다.

3 | 시장지배적 기업에 대한 오용 감시

시장 힘에 의한 오용적인 실행은 금지되어 있다. 시장지배나 시장 힘의 오용이 금지된다. 시장지배에 대한 기준이 핵심이다. 시장 힘의 오용에서는 방해오용과 착취오용으로 구분한다. 방해오용은 시장지배 기업이 한 재화의 공급자나 수요자로서 사물적 · 물질적(재화 및 서비스를 통한)으로 정당한 이유 없이 경쟁에 있어서의 극도의 방법으로 여타 기업들의 경쟁가능성을 제한하는 경우이다. 착취오용은 작동하는 경쟁에 있어서 높은 확률로 가능한 조건들에서 벗어난 금전적 및 기타의 영업조건을 요구하는 경우이다.

4 | 기업결합

합병이 경쟁을 제한한다면 합병은 경쟁의 강한 위협이다. 기업결합이 금지되는 경우는 시장지배적 위치가 형성되거나 강화되는 경우와 결합으로써 시장지배의 단점이 지배적인 경쟁의 개선이 이루어지지 않은 경우이다. 합병은 일정한 전제조건 하에서는 금지된다.

5 | 수직적 유통연계들

수직적 유통연계들에서는 가격연계, 가격추천 및 전적연계를 볼 수 있다.

① 가격연계와 가격추천

가격연계는 한 기업이 그의 재화의 수요자에게 그 재화를 하나의 특정한 가격에 구매하도록 계약으로 의미지우는 경우이다. 가격연계에 있어서는 유통단계에서의 가격경쟁이 사라지므로 금지된다. 그러나 허용되는 것이 가격추천이다. 가격추천은 표현된 대로 구속력이 없어야 하며, 그의 실행에 있어서 어떠한 종류의 억압도 수행되지 말아야 한다.

② 전적연계

가격연계와 마찬가지로 전적연계도 계약적으로 확정된 수직적 경쟁제한이다. 여기서 계약 당사자는 한 재화의 판매나 구매에 있어서 전적으로 다른 계약 당사자에게 의무지워진 경우이다.

9 국민경제적 총체계산의 기반과 의미

1. 국민경제적 총체계산의 의미

시장경제적 체제의 기능방식에서 보면 수많은 개별 사경제적 단위들이 그들에게 해당되는 부대자료의 범주들(기술수준, 조세율 등)에서 독자적인 목표를 위한 대표적인 상징의 기반 하에서 독립적으로 그들의 생산/소비/투자/금융 및 기타의 경제계획들을 세운다.

시장경제적으로 지향되는 국민경제에서 개별 가계들과 기업들이 유일한 행위자들만은 아니다. 국가(정부)는 특히 전체 경제적 가치표상의 실현을 목표로 사경제적 단위들의 힘들의 자유놀이 공간으로 작용한다. 이로써 개별 경제단위들의 목표들 이외에 고용, 가격안정, 공정한 소득분배, 수지균형 및 경제발전과 같은 국민경제에 있어서의 전체 경제적 목표들이 있다.

이러한 전체 경제적 목표들을 계획/실현하기 위하여 국가는 국민경제의 출구상황에 대한 다양한 정보들이 필요하다.

이러한 정보를 이룩하는 것이 국민경제적 총체계산의 현실적인 과제이다. 이러한 국민경제적 총체계산에 있어서는 조망되지 않는 수많은 개별 경제계획들과 경제행위들이 고려되는 것은 아니다. 오히려 모든 같은 종류의 경제단위들이 하나의 부문으로 합쳐짐으로써 전체 국민경제는 작은 수의 부문으로만 이루어진다. 또한 이러한 부문의 경제주체들이 실행하는 모든 같은 종류의 과정들이 하나의 계정으로 합하여진다.

경제적 단위들과 경제적 과정들은 이러한 총체적 계산을 통하여 개별 경제주체들에 대한 정보들은 잃어버리나, 이러한 과정의 가장 큰 장점은 국민경제에 있어서의 경제적 과정들이나 상황 크기들에 대한 조망을 얻을 수 있다는 데 있다. 이로써 국민경제의 경제적 과정과 구조가 실재적으로 하나의 큰 흐름으로 나타난다.

국민경제적 총체계산은 지나간 기간에 대한 한 국민경제의 사회생산물(총생산)과 국민소득에 대한 형성, 분배, 재분배 및 사용과 연관된 경제적 행위들을 체계적으로 파악하는 것이다.

2. 국민경제적 생산과 소득형성

생산과 소득형성에서는 한 나라의 국민경제에 있어서의 총생산, 그리고 국가부문과 개인 가계부문의 총생산에 대한 특이성 및 국민총생산의 구성요소들을 다룬다.

1 | 총생산의 구축

국내총생산은 일정기간 동안 한 나라 안에서 생산된 모든 최종 재화와 서비스의 시장가치의 합계이다.

국내총생산에서 감가상각비를 제한 것이 국민순생산이다. 국민순생산은 민간소비, 순투자, 정부지출 및 순수출로 지출된다. 국민순생산이 국민소득에 가까우나 감가상각 산출이 어려우므로 국내총생산이 사용된다.

국민순생산에서 기업의 물품세, 특소세, 부가가치세와 같은 기업의 간접세를 제하고 요소소득은 아니지만 정부에서 지급하는 대기업 보조금을 합하면 국민소득이 된다. 즉 국민소득은 국내총생산에서 감가상각을 제하고 다시 기업의 순간접세를 제한 것이다. 그러므로 국민소득은 정부부문을 제외하면 임금, 지대, 이자, 이윤의 요소소득의 합계와 같다.

국민소득에서 기업이윤의 일부인 기업소득세에 해당하는 법인세와 배당금 이외의 사내 유보이윤을 제하고 다시 원천공제되는 사회보장부담금을 제하고 정부의 대가계이전지출을 포함하면 개인 가계부문의 소득인 개인소득이 된다. 즉 개인소득은 국민소득에서 법인소득과 정부소득을 제하고 정부의 대가계이전지출을 포함한 것이다.

개인소득에서 개인소득세를 제한 것이 가처분개인소득이다. 가처분개인소득은 소비나 저축으로 지출된다.

2 | 국가부문과 개인 가계부문의 총생산에서의 특이성

국가는 집단재화인 공공재를 가계나 기업들에게 무상으로 제공한다. 그러므로 공공재에 있어서의 가치평가 문제가 대두된다.

가계에 의한 사적 생산도 총생산에 고려되지 않고 있다. 가계 생산의 대부분이 시장에 제공되지 않으며, 그러므로 국민경제적 전체 계산에 파악되지 않는다. 즉 시장지향적이 아닌 가계생산은 국내총생산에 포함되지 않는다.

3 | 국민총생산

국민총생산은 형성되는 측면과 분배되는 측면 및 지출되는 측면이 있다. 즉 국민총생산은 요소투입으로 형성/생산되는 측면과 요소소득으로 파악/분배되는 측면 및 수요로 지출되는 측면으로 구분될 수 있다.

국민총생산의 형성/생산되는 측면은 국내 순부가가치의 합계인 국민순생산, 감가상각 및 간접세에서 보조금을 제한 순간접세로 이루어진다.

지출되는 측면은 국내생산으로부터의 민간소비, 기업 및 국가에 대한 판매나 자체 투자한 설비의 합계로 이해되는 국내생산으로부터의 총투자, 국가소비, 요소능률 수출을 제외한 재화와 서비스 수출에서 외국으로부터의 완제품을 제외한 수입을 제한 순수출로 이루어져 있다.

국내총생산(GDP)은 일정기간 동안 국내에서 생산된 모든 최종 재화와 서비스의 시장가치의 합계이다. 이러한 국내총생산은 (지출) 국민소득과 같은 개념이며, 이는 각 경제주체들의 지출의 합계이다.

$$Y = C + I + G + (X - M)$$

소비지출(C)은 재화나 서비스에 대한 가계지출을 의미하며, 투자(I)는 자본설비, 재고 및 건물구입(신축주택구입 포함)이고, 정부지출(G)은 재화나 서비스에 대한 중앙/지방정부의 지출이며, 해외수요(X-M)는 수출에서 수입을 제한 순수출이다.

국민소득(GDP)은 경상가격으로 평가된 명목 GDP와 특정 연도의 물가로 평가된 실질 GDP가 있다. 이들 사이에 연계된 GDP환가지수는 실질 GDP에 대한 명목 GDP의 백분율이다.

$$\text{GDP 디플레이터} = (\text{명목 GDP}/\text{실질 GDP}) \times 100$$

3. 소득분배, 재분배 및 지출

소득분배, 재분배 및 지출에서는 총소득의 구축, 국민소득 및 재산형성의 변화에 관한 것으로 이루어진다.

1 | 총소득의 구축

총소득은 소비, 저축, 실행된 요소소득, 실행된 이전지출(간접세

제외)로 구성된다. 이에 대칭되는 것이 순가치창조, 수용된 요소소득, 수용된 이전지출이다.

2 | 국민총소득

전체 경제적 차원에서 소득부문의 집계에서는 국제적인 소득 흐름이나 국제적인 이전 흐름이 더하여진다.

국민총소득은 개별 가계나 국가의 소비, 저축, 외국에 대한 국내의 이전지출에서 국내에 대한 외국의 이전지출을 뺀 것으로 이루어져 있다. 이에 대칭되는 것이 국내소득으로 이해되는 가치창조의 합계, 내국인에 대한 외국의 요소소득에서 외국인에 대한 국내의 요소소득을 뺀 것, 간접세에서 보조금을 뺀 것의 합계로 이루어진다.

국내소득으로 이해되는 가치창조의 합계에서 내국인에 대한 외국의 요소소득에서 외국인에 대한 국내의 요소소득을 뺀 것을 합한 것이 국민소득이다.

4. 재산형성의 변화

저축에 해당하는 경제단위의 순재산은 실물재산과 화폐재산의 합계로 정의된다. 화폐재산은 채권이 채무보다 큰 경우이다. 모든 순재산의 변화는 실물재산과 화폐재산의 변화의 합에 상응한다.

국민경제적 총계 개념에 있어서는 실물재산의 변화가 순투자이고 화폐재산의 변화가 금융잔고이다. 재산 변화의 상태를 나타내는 것이 총투자와 금융잔고의 합으로 이루어진 것이다.

이에 대응하는 것이 저축과 감가상각이다. 이로써 국민경제적 전체 재산의 변화를 나타낸다. 그러나 국민경제를 폐쇄경제로 파악하면 국내의 채권과 채무는 항상 동일하므로 금융잔고가 영이다. 그러면 총투자에서 감가상각을 제한 것이 저축이며, 다시 신투자가 저축이다. 이는 폐쇄된 국민경제에서는 순재산의 변화는 오로지 실물재산의 변화에 의해서만 이루어진다는 것을 말해준다.

5. 해외부문의 연관

개방경제 하에서의 국민경제적 총체계산에 있어서는 해외부문이 추가된다. 해외부문은 수출, 내국인에 대한 외국의 요소소득, 내국인에 대한 외국의 이전지출의 합계로 형성된다. 이에 대칭되는 것이 수입, 외국인에 대한 국내의 요소소득, 외국인에 대한 국내의 이전지출의 합계이다.

6. 국민경제적 활동의 순환도

국민총생산, 국민총소득, 국민경제적 재산변화, 해외부문을 순수

[그림 19] 기능적 구분에 따른 국민경제의 경제적 활동의 순환모형

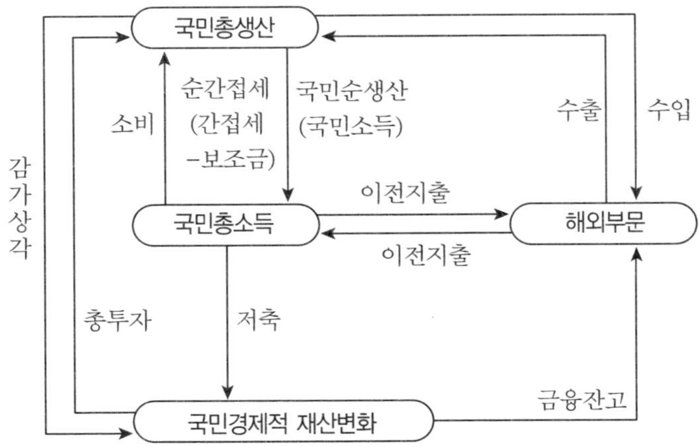

한 기능적 구분에 따른 이들의 경제적 활동의 순환모형을 제시할 수 있다. 이러한 순환모형을 위의 [그림 19]가 보여준다.

10 총생산

1. 총생산의 개념규정과 계산

총생산의 개념규정과 계산에서는 총생산 개념의 파생, 국민소득, 개별 가계의 가처분소득, 총생산의 사용 및 명목 총생산과 실질 총생산을 취급한다.

1 | 총생산 개념의 파생

총생산의 개념은 가계, 기업, 정부의 모든 경제주체들에 의한 생산을 의미하나 이중계산을 피하기 위하여 반제품을 제외한 모든 최종 재화만을 의미한다. 그러므로 국내총생산은 생산가치에 반제품을 제한 것이다.

총생산은 생활수준을 결정지으며, 총생산의 변화는 성장률을 규정한다. 생산성의 결정변수들로는 자본과 같은 물적 자본, 생산되는 인적 자본, 자연자본 및 기술지식이 있다.

2 | 국민소득

총생산의 생산에서 발생하는 소득에 관한 것이다. 모든 부문에서 순가치창조의 크기만큼 소득이 발생하며, 이러한 소득은 비자영업 노동으로부터의 소득과 기업가 활동과 재산으로부터의 소득의 합계로 이루어진다. 여기에 외국으로부터의 요소소득이 추가되고 외국에로의 요소소득이 제외된다. 이로써 산출되는 것이 국민소득이며, 모든 내국인들의 (능률)소득이다. 즉 국민소득은 비자영업 노동(노동자는 생산요소 노동만을 소유하며 자본과 같은 여타의 대체적 생산요소를 소유하지 않는 것으로 가정)으로부터의 소득과 기업가 활동 및 재산으로부터의 소득의 합계이다.

3 | 개별 가계의 가처분소득

국민소득 가운데 일부는 가계로 흘러들어 가지 않으므로 가계에 의해서 소비될 수도 저축될 수도 없다. 가처분소득은 국민소득에서 가계와 기업의 직접세를 제하고, 배당금 이외의 사내 유보 이윤을 제하고, 원천공제되는 사회보장부담금과 같은 정부의 요소소득을 제하고 정부나 기업으로부터의 가계에 대한 이전지출을 더함으로써 산출된다.

가처분소득은 가계소비의 현실적인 결정요인이다. 개별 가계는 가처분소득을 소비(C)하거나 아니면 소비하지 않는다. 소비하지 않으면 그 형태야 어떠하든 저축(S)한다.

4 | 총생산의 사용

한 국민경제에서의 재화에는 자체(국내)에서 생산된 재화(총생산)와 수입된 재화가 있다. 이러한 재화들은 세 가지 목적으로 사용된다.

첫째, 개별 가계나 국가의 소비(C)로 사용된다. 민간소비에는 가옥과 토지를 제외한 자동차, 냉장고 등 내구재를 포함한 가계의 모든 재화구매를 포함한다.

둘째, 수출이다. 해외수요에 의해서 수출되는 경우이다.

셋째, 기업이나 국가의 자본상태의 유지나 확장을 위한 것이다. 즉 기업이나 국가의 총투자를 위한 것이다. 여기서 총투자라 함은 자본재의 감소로 이어지는 감가상각이 고려되지 않은 크기인 것이다. 기업의 자본재, 나아가 투자재로는 건물, 대지, 기계, 설비 등이 이에 속한다. 국가의 자본재에 속하는 것은 건물, 도로, 공항, 운하 등이다.

이러한 총생산은 서로 교환되는 교환경제를 생각할 수 있으며, 이는 또한 화폐를 매개로 한 화폐교환경제를 생각할 수 있다. 이로써 한쪽에서는 국민경제 전체의 총생산을, 그리고 다른 한쪽에서는 화폐의 크기를 볼 수 있다. 경제주체들의 경제행위에서 실물의 흐름과는 반대 방향으로 화폐의 흐름을 볼 수 있다. 이러한 흐름에서 화폐의 형태로 표현된 실물의 크기가 물가이다.

물가란 모든 상품을 가격기준에 따라 평균한 종합 가격수준을 의미하며, 이러한 물가변화의 대표적인 수치가 물가지수이다. 즉 물가지수는 화폐의 구매력을 표시한다.

물가지수의 가장 중요한 것이 소비자물가지수이다. 소비자물가지수는 대표적인 도시가구 구매의 재화 및 서비스에 대한 전체 지출을 의미하며, 현재 한국에서는 통계청이 작성하고 2005년이 현재의 기준년도이고, 516개 품목이며, 5년마다 기준년도가 변한다. 이러한 소비자물가지수에서 국제정세에 의존적인 석유류나 기후 혹은 제도에 영향을 받는 소위 말하는 외부 충격에 의한 변화분을 제거한 물가상승률이 근원 인플레이션이다. 즉 근원 인플레이션은 소비자물가지수에서 석유류와 농산물을 제외하고 작성된다. 또한 생활물가지수도 있는데, 이는 소비자물가지수의 보조 지표로서 현재 한국에서는 오로지 154개 품목에만 해당한다.

소비자물가지수에 대칭되는 개념으로 생산자물가지수도 있으며, 이로써 국내에서 생산된 재화와 서비스에 대한 수급동향을 반영한다. 한국에서는 1990까지는 도매물가지수라고 하였고 그 이후부터는 생산자물가지수라고 하는데, 이는 846개 재화와 77개 서비스의 합계 923개 품목에 대한 공장도 가격이다. 이외에도 수출입물가지수가 있다. 이와 같이 물가지수로 재화의 실질적 가치가 비교되며, 가격이 물가상승률에 자동 조정되는 장치를 또한 물가연동제라 한다.

소비자물가지수와 GDP 디플레이터의 차이를 보면 소비자물가지수는 소비재만을 파악하고, 또한 수입 소비재도 포함되며, 5년 동안은 고정된 품목이다. 이에 비하여 GDP 디플레이터는 국내에서 생산된 모든 재화와 서비스가 포함되고, 수입품 가격은 반영되지 않으며, 품목이 (생산에 따라) 매년 바뀐다.

시간의 흐름에 따른 화폐의 가치, 즉 물가지수의 변화에 따른 화폐의 가치를 파악할 수 있으며,

현재의 화폐금액/X년도의 화폐금액=
현재의 소비자물가지수/X년의 소비자물가지수

현재의 화폐금액= (현재의 소비자물가지수/
X년의 소비자물가지수) · X년의 화폐금액

이다.

5 | 명목 및 실질 총생산

재화수량들과 가격들의 변화가 명목 총생산을 변화시킨다. 명목 총생산은 특정 연도의 물가로 평가되는 경상가격으로 나타낸 것이다. 이에 반하여 실질 총생산은 가격변화를 제외한 실굴(재화) 경제적으로 비교된 크기를 의미한다. 이를 테면 실질 GDP는 명목 GDP를 GDP 디플레이터(GDP 환산지수)로 나눈 수치이다.

2. 국민경제의 구조적인 기반들

국민경제적 구조는 국민경제의 부문들 상호 간의 관계나 전체 국민경제에 대한 부문들의 관계들이다. 그러므로 이에서는 국내총생산

에 대한 경제부문들의 공헌을 볼 수 있으며, 이러한 방식으로 한국에서의 국내총생산도 파악될 수 있다.

1 | 국내총생산에 대한 경제부문들의 공헌

전체 기업부문은 산업부문별로 세분화되어 구분될 수 있다.

1차 부문은 농림업과 수산업이다.

2차 부문은 상품생산의 영업부문이고, 또한 2차 부문은 에너지/수자원공급, 채광, 제조업 및 건설이다. 제조업에 있어서는 철강, 기계, 자동차, 전자, 금속, 식료품, 목재, 제지, 출판 등이 일반적으로 특별한 의미를 갖는다.

3차 부문은 유통, 운송과 서비스 기업들이며, 이러한 3차 부문에 있어서는 건설, 금융, 보험기업들이 지배적이다. 개별 가계에는 비영리의 사설 조직체인 노동조합, 정당, 종교단체, 기타의 연합체들이 속한다.

국내총생산에 대한 경제부문들의 공헌은 일반적으로 제조업의 비중이 크지만 국민경제가 발전함에 따라 3차 부문의 비중이 증가하는 것이 지배적이다. 그러므로 선진산업화한 국민경제의 경제성장에서는 3차 부문의 공헌이 커지는 추세가 일반적이다.

2 | 한국에서의 국내총생산

한 국민경제에서 개별 경제부문들의 국민경제 전체에서 차지하는 중요한 의미 이외에 또한 당해 국민경제의 지역별 비중을 나타낼 수 있다. 한국에 있어서는 도별 연도별 국내총생산의 액수와 전체 국내총생산에서 차지하는 비중을 분석할 수 있다.

3. 복지의 측도로서의 총생산

총생산은 현실적으로 시장으로 흐르는, 즉 시장지향적인 생산만을 파악하기 때문에 시장체제의 가격기구에 놓이지 않는 비시장적인 생산의 전 부문이 제외된다. 또한 생산과정에서 야기되는 환경오염(부정적 외부효과)도 총생산의 측정에 고려되지 않는다. 여기서 국민경제 전체의 사회적인 비용은 기업의 개별적인 비용보다 크다.

국가의 생산능률은 종종 반재품으로 나타나는데, 이러한 반재품으로써 기업활동이 가능할 수 있으므로 총생산에 산입되어 총생산이 부풀어질 수 있다. 또한 복지의 유효한 요소들이 화폐를 통한 공통의 측도로 파악되지 않을 수도 있다. 그러므로 총생산은 복지의 충분한 측도가 되지 못한다. 총생산은 한 국민경제의 복지를 위하여 유일하게 유용한 척도일 수는 없다. 비록 성장이 복지의 증가를 자극한다 하여도 총생산의 측도 크기의 사용에만 의존하는 것은 아니다. 즉 동일한 1인당 국민소득이라도 복지수준이 서로 다를 수 있다.

4. 사회적 지표들

복지의 측도를 좀 더 정확하게 하기 위하여 사회적 지표들은 한 국민경제의 중요한 경제사회적 상황이나 변화를 나타내어야 한다. 가장 대표적인 OECD의 사회적 지표체제에 포함되는 것이 교육, 건강, 노동과 노동생활의 질, 여가, 구매력, 안전, 사회적 참여의 기회, 자연적인 환경이다. 그러나 이러한 지표체제의 요인들을 수량화하는 것이 어려우므로 사회적 지표를 산출하고 나아가 국제적 비교를 하는 것은 하나의 문제로 남아 있다.

11

전체 경제적 시장들과 고전적 경제학의 체제

1. 전제조건들

어떠한 요인들이 총생산과 고용의 크기를 결정하느냐 하는 것은 총체적 크기로서 전체 경제적으로 분석되는 거시경제학의 과제이다. 이러한 전체 경제적 크기의 파악은 거의 조망이 불가능한 경제적 현실을 단순화하기 위해서는 필수적이다.

나아가 다음의 단순화는 국가부문과 해외부문을 제외한 단기분석이다. 그러므로 여기서 고려되는 기간에 있어서 생산요소들(노동, 자본, 토지, 기술적 지식 등)의 상황에서 실행되는 변화는 거의 없는 것으로서 무시된다.

1 | 순환이상

거시경제학에 있어서 핵심적인 의미가 프랑스의 의사/경제학자 프랑소아 케네가 혈액순환에 상응하여 경제적 사고로 도입시킨 순환이상이다. 이러한 순환모형에서는 "국민의 부"의 흐름이 나타나며, 여기서 "국민의 부"에 비교되는 총생산은 국민소득과 동일한 크기이며, 국민소득은 개별 가계나 국가의 소비재나 자본재에 대한 수요의 핵심적인 결정크기이다. 이러한 수요가 생산된 총생산 및 창조된 국민소득과 동일하므로 순환균형이라 한다.

[그림 20] 순환균형

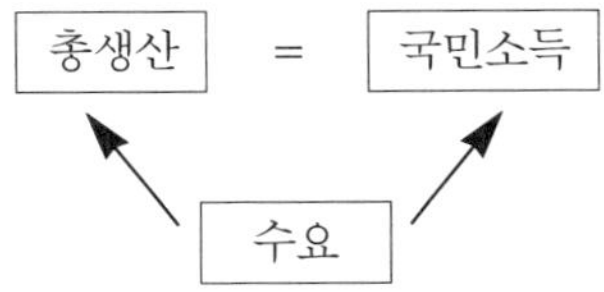

이러한 순환균형은 통상적으로 유출과 유입에 의해서 중단된다. 소득의 일부가 지출되지 않으면 수요가 생산 및 소비보다 작다. 재산이나 금융에 의해서 수요가 증가하면 수요는 생산이나 소득을 능가한다. 이러한 수요의 결핍이나 초과에 의해서 총생산, 나아가 고용 크기의 변화를 야기하는 힘들이 작동된다. 그러므로 순환모형은 생산과 수요가 상호 의존적이라는 것을 보여준다.

경제적 과정을 극도로 단순화하면 경제적 과정의 의미적 및 이해적 사실은 기본이 교환이라는 것이다. 이제 단순화한 2인 교환경제체제의 화폐 없는 가치 동등교환을 보면 개인 1에서 개인 2에게로 한 재화가 흘러들어 가면 동등한 가치의 다른 재화가 반대방향으로 흐른다. 만약 화폐가 일반적으로 수용되는 교환매개 수단이라면 개인 1에서 개인 2에게로 한 재화가 흘러들어 가면 재화 흐름과 반대방향으로 화폐의 순환을 볼 수 있다.

이제 국민경제의 경제주체별 기능적 구분에서 국가부문, 저축 및 투자를 제외하면 순환모형은 가계에서 기업으로 소비재 구매지출이 흘러들어 가면 반대방향으로 요소비용 지출이 흐른다. 신투자가 없는 이러한 정태적 순환에서는 기업은 생산재의 생산 없이 소비재만 생산하고 가계는 요소수입을 저축하지 않고 모두 소비할 때이다. 그러므로 이러한 정태적 순환에서는 요소수입은 소비지출과 같다.

동태적 순환에서는 가계는 소득에서 소비하지 않는 부분을 저축하고 기업도 수입에서 지출하지 않는 부분을 저축함으로써 재산형성이 이룩된다. 즉 가계와 기업에 의하여 재산형성에 이룩된 크기는 다시 기업에 의하여(기업으로 흘러 들어가서) 투자된다.

이와 같은 가계와 기업 사이의 거시경제적 순환모형에 마지막으로 국가(정부)부문을 포함하면 가계, 기업 및 국가부문에 의하여 이룩된 재산형성은 다시 기업 및 국가부문에 의하여 투자된다. 물론 여기서는 가계나 기업으로부터 국가로 조세, 수수료 및 기타의 납부금이 흐르고, 국가에서 가계에로는 요소수입(예를 들면 공무원급여)과 이전수입(국가의 개인에 대한 보조금)이 흐르며, 국가에서 기업으로는 구매대금 및 대기업보조금이 흐른다.

2 | 시장들의 상호 의존성

한 국민경제의 시장들에서의 경제적 현상들은 상호 연관되어 있다. 수많은 시장들의 경제적인 분석을 동시에 시행할 수 없기 때문에 경제적인 현실은 본질적인 상관관계의 조망할 수 있는 단위들로 단순화한다. 일반적인 거시경제적 표현방법으로 재화/화폐/노동/채권시장으로 구분한다. 프랑스의 경제학자 레옹 발라는 노동/재화/화폐시장이 균형이면 제4시장인 채권시장은 자동으로 균형이라는 법칙을 정의했다. 그러므로 노동시장 균형을 나타내는 총공급곡선과 재화/화폐시장의 동시 균형을 나타내는 총수요곡선의 교차점이 거시경제적 시장들이 균형인 거시경제적 균형이다.

3 | 경쟁적인 설명모형들

경제학의 그 어떠한 부문보다도 고용의 거시경제적 분석에서는 두 개의 설명모형이 서로 상이한 해설로서 경쟁하고 있다. 한편에서는 고전학파, 신고전학파, 통화주의, 새 고전학파이고, 다른 한편에서는 전통적 케인스주의, 후기 케인스주의, 새 케인스주의이다. 이들 쌍방의 이러한 차이는 우선 이들의 경제현상에 대한 가정의 차이에서 기인하고 있다고 할 수 있다.

2. 노동시장

노동시장에서는 노동이 화폐와 교환된다. 노동력을 팔려고 하는 사람은 노동자로서 노동공급자이고, 노동수요자는 노동력을 생산과정에 투입하려고 하는 기업이다. 노동시장에서도 노동수요와 노동공급에 의하여 노동시장에서의 균형이 이룩된다.

1 | 노동수요

기업가는 그에게 수익이 되면 노동을 수요하고 노동자를 채용한다. 여기서 생산을 위한 기업의 계획은 언제나 신규 채용의 추가적인 비용(한계비용)이 그로써 귀결되는 추가적인 매출액(한계수입)과 비교된다. 단순화를 위하여 원자재/자본비용을 제외하면 기업가는 노동자의 한계생산물의 가치(추가적인 노동단위의 화폐단위로 표현된 한계수입)가 명목임금(추가적인 노동단위의 한계비용)보다 높은 한 노동투입을 증가한다. 이로써 이윤극대화는 노동의 한계생산물가치가 명목임금과 같을 때이다. 노동의 한계생산물가치는 추가로 생산된 재화량에 판매가격을 곱한 크기이다.

그러므로 노동수요는

- 한계생산물
- 생산물의 가격
- 명목임금(화폐임금)에 의존적이다.

재화가격에 대한 명목임금의 관계가 실질임금이다. 실질임금은 노동과 새로이 생산된 재화 사이의 교환관계로서 상대적 가격이다. 실질임금은 노동자가 어느 한 재화단위를 구매하기 위하여 일하여야 하는 시간이다. 달리는 기업가가 노동자에게 그들의 노동력을 수요하기 위하여 준비된 생산량의 부분이다.

실질임금과 한계생산물 사이의 관계가 노동자 채용의 가부에 대해서 결정한다. 즉 한계생산물이 실질임금보다 높은 한 기업가는 노동자를 채용한다. 그러므로 노동수요는 통상적으로 실질임금에 의존적인 것으로 볼 수 있다. 수확체감의 법칙에 따라 증가하는 노동투입에 노동의 한계생산물이 감소하기 때문에 여타 사정 일정불변이면(실질임금을 제외한 노동수요에 영향을 미치는 여타의 요인들이 일정불변이면) 하락하는 실질임금이 지속적인 노동자의 채용을 가능하게 한다. 반대로 증가하는 실질임금은 노동수요를 감소시킨다.

[그림 21] 노동수요곡선

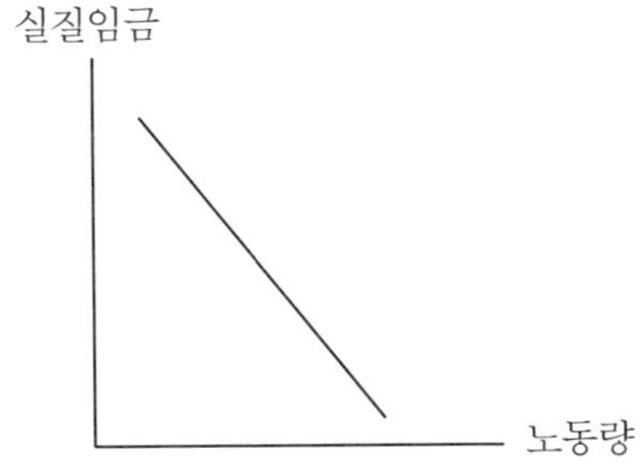

이러한 노동수요곡선은 여타 요소들(특히 기술과 자본)의 투입이

일정불변일 때이다. 그러나 현대 산업사회의 전형적인 출현 형태들은 증가하는 자본투입과 기술진보에 의해 영향을 받는다. 이는 노동수요곡선을 우측으로 평행이동시킨다. 평균노동생산성이 증가하는 자본투입과 기술적 지식으로 증가하며, 높은 실질임금이 가능하다. 이로써 한 국민경제에서의 연도별 노동생산성, 실질임금, 고용의 발전을 나타낼 수 있다.

2 | 노동공급

가계의 노동공급은 노동과 새로이 생산된 재화(실질임금) 사이의 교환의 상대적 장점에 의존하고 있다. 다른 한편으로는 노동공급은 가계의 여가선호에 의존적이다. 근본적으로 노동공급은 실질임금에 의존적이다. 노동공급곡선의 형태는 획일적이지 않은데, 이는 실질임금상승의 작용이 대체효과와 소득효과 사이의 관계에 의존적이기 때문이다. 특히 높은 실질임금에서는 실질임금의 상승이 증가하

[그림 22] 노동공급곡선

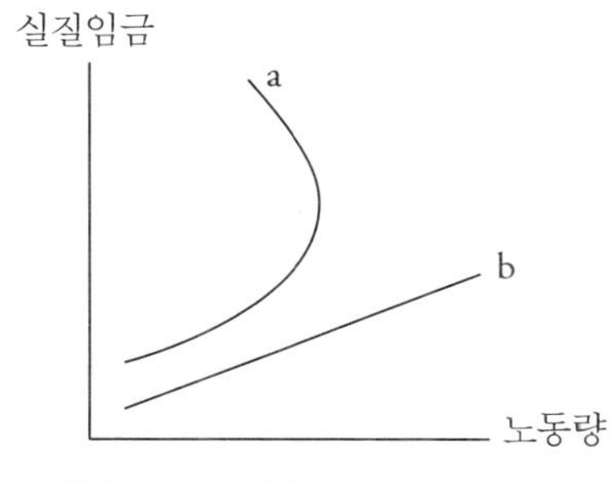

는 여가선호로 말미암아 노동공급의 감소로 응답된다.

3 | 노동시장의 균형

일정한 조건(실질임금을 제외하고 노동수요와 노동공급에 영향을 미치는 여타의 요인들이 변화하지 않는다는 조건) 하에서 노동시장의 균형이 존재한다. 우하향의 노동수요곡선과 우상향하는 일반적인 노동공급곡선의 교차점에서 형성된 균형실질임금에서는 계획된 노동수요와 계획된 노동공급이 일치하며, 비자발적 실업이 존재하지 않는다.

완전고용 하에서는 균형실질임금에서 일하고자 하는 사람은 모두 일자리를 갖고 있으며, 균형실질임금으로 노동자를 채용하고자 하는 기업은 모두 노동의사가 있는 자를 발견할 수 있다.

완전고용의 개념 하에서 실업에 대한 두 가지 종류가 언급된다. 결여된 시장투명성(마찰적 실업)과 결여된 유동성(구조적 실업)에 기인하는 실업이다.

첫째, 마찰적 실업은 노동자들과 기업가들에 의한 불완전한 시장투명성으로 생긴다. 쌍방의 시장 측들은 그들을 위한 각각의 이상적인 고용을 알지 못한다. 이로써 많은 노동자들이 그들의 작업장에서 해고당하고 더 나은 새로운 일자리를 찾는다. 또한 많은 기업가들은 그들이 더 좋고 적당한 지원자들을 찾고 있기 때문에 채용을 지연시킨다.

둘째, 구조적 실업은 노동자들과 기업가들의 결여된 이동성과 유동성으로 일어난다. 이들은 변화한 생산구조에 생산장소, 직업, 산업부문을 빨리 변경시키는 위치에 있지 못하였다.

이러한 마찰적 실업과 구조적 실업은 프리드맨에 의하면 자연적 실업 개념에 속한다. 자연적 실업에 있어서는 노동수요와 일자리에 대한 전체적인 결여가 존재하는 것은 아니다. 단지 노동자와 일자리가 발견되는 얼마의 시간이 요구될 뿐이다.

4 | 노동시장의 불균형

비자발적 실업은 노동수요가 노동공급보다 작은 경우이다. 지배적인 신고전적 경제이론에 의하면 이는 기존의 실질임금이 균형실질임금보다 높은 경우이다.

고전학파에 있어서의 실업은 실질임금이 완전고용실질임금보다 높은 경우이며, 결과적으로 노동공급이 노동수요를 능가한다. 동시에 재화수요가 재화공급보다 더 크다. 재화생산은 기업가들로서는 비록 지배적인 가격으로 판매할 수 있다 하여도 완전고용의 범위에서까지는 생산하지 않는다.

케인스학파에 있어서의 실업은 노동수요가 노동공급보다 작은 경우이며, 동시에 재화공급이 재화수요를 능가하든지 혹은 재화공급이 재화수요와 동일하다. 후자가 불완전고용에서의 균형이다. 즉 고전학파적 실업에서는 이윤극대화의 생산이 고용과 생산을 위한 중요한 제한이다. 케인스학파의 실업에서는 유효수요가 중요하다.

5 | 실업률

실업률은 통계적으로 파악되며, 실업률은 비자영업 취업자 수에 대한 등록된 실업자의 비중이다. 이러한 의미에서는 실업자는 실업으로 등록된 사람을 말하며, 기꺼이 일하고자 하지만 등록하지 않은 사람은 포함되지 않는다. 이러한 숨겨진 실업은 나라에 따라 서로 다르다. 실업률이 비자영업자 수에 대한 등록된 실업자 수의 비중이 아니라 나라에 따라서는 전체 경제인구에 대한 실업자 수의 비중을 나타내는 경우도 있다. 후자의 경우에도 실업자와 취업자 사이를 구분하는 데에 논란의 여지가 있다.

3. 재화시장

재화시장에서는 한 국민경제 전체의 시장지향적인 생산이 공급되고 수요된다. 국민경제 전체의 생산에 있어서는 국민총생산, 국내총생산 등의 개념이 있지만 단순화를 위하여 여기서 생산은 총생산이다. 새로이 생산된 재화의 공급자는 기업이다. 수요자는 개별 가계이며, 소비재를 구매한다. 기업은 자본재를 취득하여 재화를 생산한다.

1 | 재화수요

경제학의 미시적 분석 측면에서 한 재화에 대한 가계의 수요는 주어진 욕구구조에서 현실적으로 당해 재화의 가격, 소득, 연관 상품의 가격, 취향 등에 의하여 결정된다.

이제 재화시장 전체를 관찰하면 수요의 가격종속을 달리 정의할 수 있다. 여기서는 총생산에서의 가격수준에 대한 전체 경제적 재화수요의 종속에 관한 것이다. 가격수준이 변한다고 해서 개별 재화의 상대적 가격이 반드시 변하는 것은 아니며, 전체 수요에 대한 작용이 알려져 있지 않다. 또한 가격수준 변화에 따라 자동으로 가계 전체의 실질소득이 변하지도 않는다. 가격수준이 하락하면 실질 총생산과 이로써 실질 국민소득이 불변이며, 심지어는 감소한다. 그럼 왜 새로이 생산된 재화에 대한 전체 경제적 수요가 증가하는가 하는 문제가 야기된다. 이와 같이 새로이 생산된 재화에 대한 수요가 증가하는 것을 대체효과와 재산효과로 분석할 수 있다.

■□■□ 대체효과

총생산의 하락하는 가격수준에서 새로이 생산된 재화들은 여타 재화와의 관계에서 상대적으로 싸다. 여타 사정 일정불변이면 기존의 재화에 대한 수요는 새로이 생산된 재화에 대한 수요로 대체된다.

■□■□ 재산효과

소득 이외의 재산 또한 재화수요에 영향을 미친다. 즉 증가하는 재산으로 수요가 증가한다. 새로이 생산된 재화의 가격수준이 하락하면 기존의 금융재산의 실질가치가 증가한다.

이와 같이 가격수준과 전체 경제적 수요 사이의 역의 상관관계가 주어진다. 나아가 재화수요는 가격수준에 의해서 뿐만이 아니라 다른 시장에 의해서 규정되는 크기에 의해서도 결정적으로 영향을 받는다. 이러한 영향의 평가에 있어서는 고전학파와 케인스학파가 다르다.

케인스는 전체 수요를 소비재 재화수요와 자본재 재화수요로 구분한다. 여기서 소비는 현실적으로 경상수입에 의존하며, 재산에 의해서는 극히 작게만 영향을 받는다. 자본재 수요는 금융자본에 대한 수익과 실질자본으로서의 투자에 대한 기대되는 수익 사이의 비교로써 도출된다. 여기서 금융자본의 수익은 시장이자율을 대표하며, 이로써 투자활동은 시장이자율의 실질 자본투자에 대한 수익에 따라 결정된다.

시장이자는 기존의 실질화폐량에 의존적이며, 이는 다시 주어진 명목화폐량에서 가격수준에 의존적이기 때문에 증가하는 가격수준은 증가하는 이자로, 나아가 감소하는 투자로 이어진다. 이로써 전체 경제적 수요의 다른(여기선 간접적) 가격종속성이 주어진다.

이러한 케인스 효과는 가격수준 상승→실질화폐량 감소→이자상승→투자감소→(투자수요의 감소로) 소요되는 총생산 감소로 이어진다.

고전학파에서는 소비가 대부분 장기적으로 기대되는 평균소득에 의존적이다. 여기서 이자는 현재 소비와 미래 소비의 소비의 시간적 분할에만 현실적으로 영향을 미친다. 이자율이 하락이면 여타 사정 일정불변이면 미래 소비의 희생에서 현재 소비가 증가한다. 투자활동은 서로 다른 설비형태의 각각의 수익률의 비교에 의존하고 있다. 새로이 생산되는 실질자본의 수익전망이 개선되면 투자는 증가한다.

양 체제에 있어서 이자율은 비록 상이한 의미를 갖는다 하여도 중요한 역할을 한다. 제한적이기는 하지만 케인스 체제에서의 이자율은 투자의 크기를 결정짓는 반면, 고전학파 체제에서는 현재 소비재와 미래 소비재에 있어서의 생산의 구분만을 결정한다.

2 | 재화공급

재화공급의 요인들, 즉 생산과 이로써 고용을 결정하는 표상에서는 고전학파와 케인스학파가 다르다. 시장경제체제에서는 기업(과 국가)의 생산결정이 새로이 생산되는 재화의 수량에 대하여 직접적으로 결정한다. 이로써 기업의 생산결정에서 고려하여야 하는 것이 무엇인가가 제기된다. 통상적으로 재화의 생산과 판매 사이에는 일정한 시간이 필요하므로 기업가는 그의 생산품이 팔릴 수 있는 수량과 수요자들이 지불준비가 되어 있는 가격에 대한 기대를 형성하여야 한다. 그러면 이러한 가격은 야기되는 생산비용에서 그러한 수량으로 생산이 합당한지를 결정한다. 합당하면 어느 정도에서인가 하는 것이다.

고전학파 체제에서는 기대되는 가격이 비용의 고려 하에서 생산을 결정한다. 가격은 수요와 공급에 의해서 결정되며, 기업가에 의해서 기대되는 (객관적 생산비에 의한), 그리고 수요자들이 지불준비가 되어 있는 (주관적 효용가치의) 가격은 균형가격이다. 그리고 이러한 가격에서 기업이윤의 극대화를 가져올 수량을 결정하는 것이다. 그러므로 기업가는 이러한 체제에서는 수요자의 관점에 대한 특별한 기대를 형성할 필요없이 가격을 정확히 예측하고 이러한 가격을 서로 다른 생산량에 따른 생산비용과 비교한다. 여기서 일반적으로 주어진 자본

스톡과 기술수준에서 생산의 유일한 비용요소가 임금(단기총생산함수)이기 때문에 고전학파 체제에서는 임금과 가격 사이의 관계인 실질임금만이 재화생산과 고용을 결정한다.

반면 케인스학파에서는 생산의 결정에 수요가 중요한 역할을 한다. 여기서는 일반적으로 불균형상태가 가능한 것으로 간주하며, 이로써 재화가격은 일반적으로 불균형가격이며, 모든 계획된 생산이 팔리지 않을 수 있고, 나아가 수요가 판매를 제한한다.

3 | 재화시장의 균형

일정한 조건(대부분의 경우 이룩된 것으로 간주되는 조건) 하에서 계획된 재화공급이 계획된 재화수요와 동일한(총수요=총공급인) 재화시장의 균형이 존재한다. 이 경우에 있어서는 재화수요의 다양한 결정기반들(소득, 이자율, 가격수준과 같은 결정기반들)이 다른 결정기반들(실질임금, 유효수요 등과 같은 결정기반들)에 의존적인 재화공급과 같게 되는 바로 그러한 상황이다. 결정기반의 다양화로서 볼 때 이러한 균형은 그렇게 쉽게 이루어지지 않는다.

4. 화폐시장

화폐도 수요와 공급의 대상이다. 화폐는 교환과정에서 채무의 이행에 수용되는 지불수단으로 표시된다. 현대적 국민경제에서 화폐로 유효한 것은 지폐, 동전, 은행에서의 예금이다. 국민경제의 일정 시점에 있어서 화폐의 일정량인 통화량이 존재한다. 이러한 통화량의 조달을 위하여 중앙은행이 일반은행 체제와 함께 한다.

존재하는 통화량은 경제주체들에 의해서 잔고로 유지되며, 이것이 잔고수요이다. 화폐수요는 수요된 화폐를 자기가 이미 소유하는 자체수요이든 신규수요이다. 이미 가지고 있든지 가지려고 의도하는 수요이다. 사람들은 직접적으로 효용이나 이익을 가져다 주는 소비재, 생산수단, 증권을 사는 대신에 이윤을 가져다 주지 않는 지폐, 동전, 예금과 같은 개인적인 화폐를 유지한다.

1 | 화폐수요

화폐를 유지한다는 것은 이러한 정도의 화폐유지가 소득사용과 재산사용의 다른 가능한 형태에 대하여 장점을 가져온다는 것으로 설명할 수 있다. 고전학파들은 여기서 화폐가 단지 일상의 지불에 대한 금융으로의 교환수단으로 필요하다고 생각했다. 즉 거래적인 동기만을 생각했다.

■□■□ 거래적 동기에 의한 화폐수요

모든 작은 지불에 있어서 예금이나 이자를 가져오는 재산설비의 비슷한 형태를 화폐로 사용한다는 것은 불편하므로(경제적으로 표현하면 시간을 잡아먹고 비싸므로) 그러한 거래목적을 위해 일정한 통화량이 유지된다. 거래목적으로의 화폐수요는 최종 생산품 구매를 위한 지불의 크기로 풀 수 있는 명목국민소득과 소득지불에 대한 규칙성으로 이해되는 사회의 지불풍습에 의존한다. 즉 거래목적을 위한 화폐수요는 물가수준에 실질국민소득을 곱한 명목국민소득에 비례하고 화폐의 소득순환 속도에 반비례한다. 즉 화폐의 거래적 수요는 물가수준이나 실질국민소득이 증가하면 증가하고 화폐의 순환속도가 증가하면 감소한다.

화폐의 소득순환 속도는 이로써 결국 화폐에 의한 풍습적인 지불의 회수이며, 이의 역수는 소위 말하는 현금잔고계수로서 명목국민소득 단위당 평균으로 유지되는 화폐액을 나타낸다. 화폐의 소득순환 속도는 지불풍습에 의해서 결정되므로 이는 또한 현금잔고계수를 위해서도 유효하다. 현금잔고계수가 지배적인 시장이자에 의해서 영향을 받는다면(이자가 높을수록 잔고유지의 기회비용이 커지는 것이라면) 화폐의 소득순환 속도도 이자 의존적이다.

■□■□ 투기적 동기에 의한 화폐수요

화폐가 지불수단으로 수용되기 때문에 어느 정도로는 가치저장 기능을 가진다. 만약 화폐가 가치를 잃으면 구매에 대한 지불로 화폐가 더 이상 수용되지 않는다. 그러므로 화폐가 수용되기 위해서는 화폐의 일정한 가치지속이 필요조건이다.

케인스는 이와 같이 화폐의 거래적 수요 이외에 가치저장 수단을 화폐수요의 독립적인 동기로 되는 것을 발견했다. 그는 화폐를 증권에 투자하여 증권가격이 상승하든 일반적인 물가수준이 하락하는 것을 생각했다. 즉 화폐의 투기적 수요에 따른 투기 잔고를 유지하는 것이다.

프리드맨은 화폐수요의 동기를 포괄적으로 형성했다. 화폐는 그의 안전, 편리함, 사회적 형상의 형태에서의 효용이 여타 사용가능성들의 효용과 이익을 능가할 때 유지된다.

2 | 화폐시장의 균형

일정한 조건 하에서 화폐시장의 균형이 존재하며, 여기서는 존재하는 통화량이 바로 수요되는(원하여지는) 통화량이다. 이러한 경우는 실질국민소득, 가격수준, 이자율, 디플레이션 기대와 같은 화폐수요의 결정기반들이 바로 그러한 통화량이 필요로 하게끔 조정되어야 한다.

5. 고전학파의 체제

고전학파의 체제는 거시경제적 시장들의 폐쇄된 체제로 서술된다. 여기서 고전학파는 아담 스미스, 데이비드 리카도와 여타 18세기와 19세기 초엽의 경제학자들의 이론적 사고더미이다. 특히 재화/화폐/노동시장 사이의 거시경제적 관계의 문제부문에 있어서는 고전학파의 개념에 19세기 후반부터 케인스의 일반이론(1936년)이 나타날 때까지의 경제학자들의 사고더미도 포함한다. 즉 비록 그 시대에 신고전학파의 개념이 사용되었다 하여도 발라(L. Walras), 피셔(I. Fisher)와 피구(A. C. Pigou)도 이에 포함된다.

고전적 체제의 특징은 이자, 가격, 임금에 대한 큰 유동성(불균형시에 균형을 위한 이러한 실질변수의 이동성)과 변화한 조건에 대한 경제주체들의 빠른 적응이다. 불균형의 경우는 가격들이 공급량과 수요량보다도 더 빨리 대응함으로써 아주 빨리 균형으로 인도한다. 수량조정이 아닌 가격조정에 의하여 불균형이 시정된다.

고전학파 및 신고전학파에 있어서는 경제행위의 역할담당자로서 개인들은 그들의 행동에 있어서 자기 이익으로부터 출발한다는 것이며, 그러므로 모든 경제적 상황은 개인에 의한 행위에 소급됨으로써 방법론적 개인주의를 지향한다. 신고전학파는 한계적 혁명에서 출발하는 현대적 경제이론으로서 희소한 요소의 합목적적 사용을 목표로 하는 시장의 경제적 이론이다. 그러나 국가나 제도와 같은 "외생적 자료다발들"을 제한하며, 그들의 핵심은 또한 역시 방법론적 개인주의와 균형사고에 있다. 균형사고는 개별균형과 시장균형 및 균형의 안정에 관한 것이다. 경제적 행태의 신고전학파적 모형에서는 부대조건들 하에서의 극대화와 생산-/효용이론에 대한 관계에 있어서의 구조적 유사성이 특징이다.

이로써 신고전학파의 뿌리는 19세기 말의 마샬(Alfred Marshall)이며, 신고전학파 경제이론의 일반화는 20세기 연구활동의 결과이다. 신고전학파의 연구분야들은 가계이론과 같은 선택행위이론, 장기간의 독점과 경쟁에서 복점(쌍독점), 과점 및 독점적 경쟁이론과 같은 시장행태지향적 가격이론 및 전체균형 및 부분균형과 같은 일반균형이론이다.

[그림 23] 고전학파의 단순체제

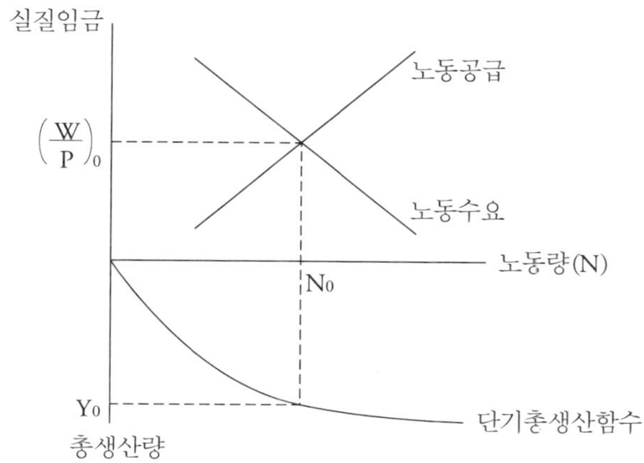

$\left(\frac{W}{P}\right)_0$: 균형실질임금　N_0 : 균형노동량　Y_0 : 완전고용국민소득

1 | 고전적 체제에서의 노동시장

고전학파들의 표상에 의하면 노동시장에서는 항상 완전고용실질임금이 이루어진다. 여기서는 임금역학의 유동적인 임금들이 작용한다. 실업이 발생하면 실업자들 사이의 경쟁이 임금을 완전고용에 도달할 때까지 하락시킨다. 노동수요가 노동공급보다도 클 때도 마찬가지로 임금들이 작용한다. 이와 같이 주어진 자본 스톡과 주어진 기술수준의 조건 하에서 노동시장에서 결정된 완전고용노동량이 노동량 요인의 변화에 의한 총생산량의 함수인 단기총생산함수와 연관하여(교차하여) 실질생산(실질국민소득)을 결정한다.

균형실질임금에서는 노동공급이 노동수요에 상응한다. 균형실질임금에서의 투입된 노동량이 단기총생산함수에 따라 완전고용실질국민소득을 생산한다.

2 | 고전적 체제에서의 재화시장(세이의 정리)

완전고용에 상응하는 생산수준은 생산으로부터 귀결되는 재화공급이 항상 동등한 크기의 재화수요와 일치하는 데에서만이 기업가들에 의해서 지속적으로 제공된다. 이러한 조건은 고전학파의 체제에서 전체 경제적으로 항상 실현된다고 간주된다. 세이(J. B. Say)의 정리의 유효성에 의하면 모든 공급은 전체 경제적으로 그의 자체의 수요를 창조한다.

모든 생산은 같은 크기로 창조된 소득에 상응한다. 이는 (고전학파 이전의 프랑스 국민경제학의 중농주의, 케네의 "경제표"에 의한) 순환이상에서 나온 것이며, 언제나 달성된다. 그럼에도 불구하고 전체 소득이 재화구매를 위하여 사용되고, 전체 공급이 수요되는지는 확실하지 않다. 여기에 완전고용생산량이 항상 수요된다는 두 번째 고려가 주어진다.

이자역학은 전체 소득이 각각 또한 수요유효에 따라 지출되도록 작동한다. 완전고용소득의 일부가 지출되지 않는다면 물론 저축될 것이다. 고전학파 체제에서 화폐는 가치저장 수단으로서가 아니라 오로지 거래목적으로 사용되기 때문에 저축은 추가적인 신용으로 공급되며, (이로써 상응하는 이자하락이 일어나기 때문에) 또한 상응하는 추가적인 재화수요의 금융에로 (대개는 투자에로) 사용되는 추가적인 신용으로 수요된다. 이로써 고전학파의 관점에서 보면 한 자리에서의 수요의 탈락은 다른 자리에서의 수요의 증가를 통하여 바로 상쇄된다. 이를 위해서는 결국 이자가 완전고용생산이 수요되게 그러한 크기를 유지하게 한다.

3 | 고전적 체제에서의 화폐시장(화폐수량이론)

고전학파의 관점에 있어서 화폐는 단지 교환업무를 수행하기 위한 거래잔고로서 사용되기 때문에 통화량에 대한 명목국민소득의 비중인 국민소득 순환속도는 국민경제의 지불풍습, 집중도로서 제도적으로 주어진 것으로 간주된다. 지불거래의 당위성 관점에서 변형되어 수량방정식이 된다. 즉 통화량(M)에 화폐유통속도(v)를 곱한 값이 명목국민소득(PY)과 같은

$$Mv = PY$$

이다.

수량방정식(화폐수량방정식, 피셔의 교환방정식)은 고전학파가 인정하는 것처럼 화폐유통 속도는 화폐량의 변화에 영향을 받지 않고 실질총생산이 단지 실질임금에만 의존할 때 비로소 고전적 수량이론이 된다. 그럼 위의 방정식으로부터 고전적 수량이론인 화폐량(M)의 변화가 물가수준(P)에 비례하여 같은 변화를 유도한다.

화폐는 이러한 체제에서 작은 역할만을 수행하고, 절대적인 가격의 크기(가격수준)만을 결정하며, 상대적 가격이나 경제의 실질부문에는 전혀 영향을 미치지 못한다. 이러한 의미에서 화폐는 실질 재화부문과 통화부문이 서로 독립적인, 나중의 케인스에 있어서의 화폐

이론처럼 이자율이 재화시장과 화폐시장을 연결한다는 것이 아닌 고전적 화폐의 중립성을 말하며, 경제의 실질부문과 통화부문을 구분하고, 실질거래의 허상이며, 실질거래의 재화시장에는 전혀 영향을 미치지 못한다.

12

전통적 케인스주의

1. 재화시장

1 | 전제조건들

재화시장에서는 총생산이 공급되고 수요된다. 그러나 여기서는 극도로 단순화된다. 국민경제에 있어서 주어진 자본 스톡과 유일한 종류의 노동능률에 의해서 단지 하나의 재화만이 생산된다고 가정한다. 이러한 재화는 소비될 수 있고 투자될 수 있다. 나아가 가격은 고정된 것으로, 국민경제의 구조는 불변인 것으로 가정한다.

고전학파의 경제학은 스스로 조정되고, 이를 통하여 시장균형(노동시장의 균형도)이 이룩되는 경제체제로서 스미스(Adam Smith)에서 피구(Arthur Cecil Pigou)에 이르기까지 150년간 지속되었다. 1930년대 경제위기와 더불어 케인스(Keynes)의 "일반이론"이 나타남으로써 다른 세계 형상으로 인도하는 경제학자들의 "대량개종"이 이루어졌다. 경제적 체제의 자체 조정능력을 불신하게 되었으며, 장애(불균형, 위기)의 경우 안정화 정책적, 특히 재정 정책적 대책들이 요구되었다. 지속되는 실업의 경험이 당시의 확정된 학설로는 불가능하였고, 이에 케인스는 반박하였으며, 그는 새로운 학설로 저고용의 원인을 설명하고 나아가 처방(총수요관리정책)하였다. 케인스주의 모형의 기반은 재화부문, 통화부문 및 전체 경제적 생산함수와 노동시장으로 이루어져 있다.

2 | 전체 경제적 재화수요의 요소들과 그들의 결정기반들

국민경제적 재화수요는 최종 수요의 서로 다른 요소들로 구분할 수 있다. 케인스주의와 직접적인 상관관계에서 발전한 국민경제적 전체 계산에서는 각각 상대적으로 단일적인 결정기반들을 위한 부분 총계를 유지하려는 노력이 주어져 왔다. 즉 민간소비, 민간투자, 재화 및 서비스를 위한 국가지출, 수출 및 수입이 그것들이다. 재화 및 서비스에 대한 국가적인 지출(국가지출)은 정치적으로 결정되므로 주어진 것으로 간주한다. 단순화를 위하여 해외부문도 제외한다.

국민경제에서의 재화수요는 그러므로 민간소비수요(C), 민간투자수요(I), 주어진 것으로 간주되는 정부지출(G)로 형성된다. 가격은 일정한 것으로 간주하므로 명목국민소득과 실질국민소득의 구분이 없이 동일하다.

재화부문에 있어서는 또한 고전학파에서처럼 실질투자는 이자율에 반대함수이며(이자율이 하락하면 투자가 증가하는), 저축은 고전학파와는 달리 첫째 이자율이 아니라 실질국민소득에 의존적(소득이 증가하면 저축이 증가하는)이다. 고전학파가 세이(Say)의 법칙을 신봉하고 신고전학파가 시장경제적 가격역학의 자체 치유력을 믿었다면, 케인스 이론은 재화시장에서의 (구매력으로 측정된) 유효한 전체 경제적 수요에 초점을 두었다. 여기서 소비수요는 국민소득의 함수이며, 국민경제적 총체계산에서는 언제나 사후적으로는 투자(I)=저축(S)이며, 사전적으로는 국민소득의 일정한 크기에서(균형국민소득에서) 투자=저축인데, 이러한 크기가 완전고용(균형국민소득)인가 하는 것은 의문이었다. 재화경제적 균형은 S(Y)=I(i)일 때이며, IS함수(투자와 저축 사이의 균형)는 재화시장이 균형일 때의 이자율(i)과 국민소득(Y)의 조합이다.

① 민간소비

케인스학파에 있어서는 케인스에 의존하고 있으며, 그에 의하면 민간소비(C)는 경상국민소득(총생산, Y)의 크기에 의존하는,

$$C = C(Y)$$

이다.

증가하는 소득(Y)으로 소비(C)가 증가하는 것으로 가정되며, 그러나 소비의 증가는 국민소득의 증가보다도 작다(심리적 법칙). 총생산과 소비 사이의 관계에 있어서 소비의 절대적 소득가설에 있어서는 소득이 소비의 절대적 결정요인이라는 상대적 소득가설과는 달리, 여기서는 이제 소득의 크기와는 독립적으로 항상 일정한 자치적인

소비가 이루어진다는 것이다. 이로써 통상적으로 케인스학파에서 응용되는 소비가설은

$$C = a + C(Y)$$

이다. 매개변수 a는 0보다 크다(a> 0)고 가정되므로 소득이 없어도 절대소비의 크기가 있다.

소비 변화와 국민소득 변화 사이의 비례관계에서(비례요인이 1보다 작다) 케인스의 소비함수식은

$$C = a + bYd \ (\text{단 } a>0,\ 0<b<1)$$

이다. Yd는 가처분소득으로서 소득(Y)에서 조세(T)를 제한 (Y−T)로 표현할 수도 있다. 소비함수(Y)의 요인(Yd)의 기울기가 양수이고 1보다 작은 b이고, b는 소득증가변화량에 대한 소비증가변화량의 비중으로서 한계소비성향이다.

가격수준이 일정한 것으로 간주되므로 C와 Y는 화폐단위로나 재화단위로 동일하게 표현되는 크기로 해석될 수 있다.

[그림 24] 케인스의 소비함수

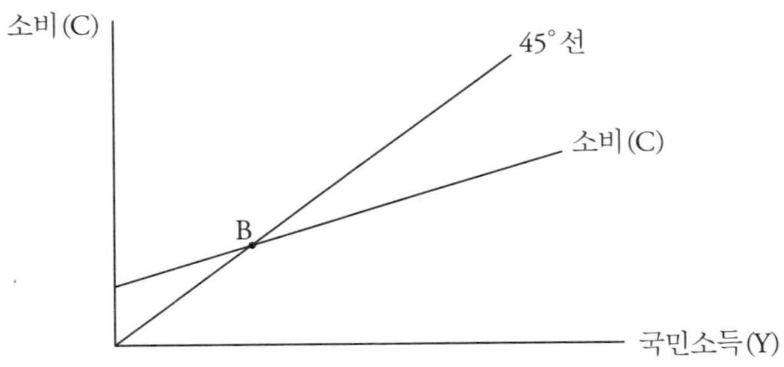

소득(Y)은 소비(C)되든 저축(S)되므로

$$Y = C + S$$

이다.

앞의 그림은 개별 가계들의 모든 소득 크기에 있어서의 계획된 소비와 계획된 저축(45° 선과 소비함수곡선 사이의 세로선의 차이)을 읽을 수 있다. B점의 왼쪽에서는 계획된 저축이 음수이다.

그러나 중요한 것은 국민소득의 증가에 의해 계획된 소비증가의 인식이다. 이는 한계소비성향이며, 한계소비성향은 소득이 한 단위 증가할 때 이러한 한계단위의 소득증가에 의한 소비가 얼마나 증가하는지를 보여준다. 한계소비성향과 같은 방법으로 한계저축성향을 정의할 수 있으며, 한계저축성향은 소득 한 단위 증가에 대해 저축이 얼마나 증가하는지를 보여준다. 소득은 소비되든 저축되므로 한계소비성향과 한계저축성향을 합하면 1(100%)이 된다.

가계가 소비와 저축을 하는 것은 생산과정에서 직접 벌어들인 능률소득이 아니라, 근로소득이나 기타 수입소득과 같은 직접세를 제하고 이에 경우에 따라서는 연금이나 국가보조와 같은 이전지출을 합하여 된 능률소득이다. 그러므로 소비는 개별 가계의 가처분소득(부정확 하지만 순국민소득)에 의존적이며, 나아가 국민경제의 민간소비는 개별 가계들의 가처분소득에 의존적이다.

가계는 또한 소득이 갑자기 증가 혹은 감소한다고 해서 바로 소비를 변화시키지는 않는다. 사람들은 이룩한 생활수준을 유지하려고 하기 때문에 일시적인 소득진동들이 지속적인 소득변화만큼 그렇게 강하게 소비를 변화시키지는 못한다.

가격상승이 예상되면 계획된 소비재 구매에 자극을 주며, 또한 경우에 따라서는 신용으로 재화구매를 미리 실현한다. 반대로 소득감소(두려워지는 위기나 실업 등으로 인한 소득감소)가 예상되면 소비성향이 감소하며, 장래의 궁핍한 경우를 위하여 저축활동이 증가한다.

마지막으로 전체 민간소비는 국민소득의 크기에만 의존하는 것이 아니라 국민소득의 분배에 의해서도 영향을 받는다. 대부분 국가들의 국민경제에서는 국민소득 분배가 극소수의 고소득, 약간의 중간소득 그리고 대다수의 저소득층이기 때문에 저소득층은 고소득층에 비하여 한계소비성향이 높다. 부자로부터 가난한 자에로의 국민소득의 재분배로 또한 동일한 국민소득 수준에서 민간소비가 증가할 수 있으나 소득분배가 현실에 있어서는 아주 느리게, 그리고 거의 변화가 없기 때문에 단기적으로는 주어진 소득수준에서 출발하여야 한다.

소비의 여타 결정기반들로서는

- 재산
- 금융가능성과 금융비용
- 저축된 예금의 이자율 등이 있다.

지금까지 살펴본 요인들은 개별 가계의 소비행태에 영향을 미치며, 마찬가지로 국민소득에 의한 전체 민간소비의 종속에서도 그러하다.

다음으로 소비함수에 의한 소비곡선은 소비변화의 요인들 중 국민소득 변화에 의한 소비곡선이기 때문에 일정불변이라 가정한 소

[그림 25] 소비함수의 평행이동

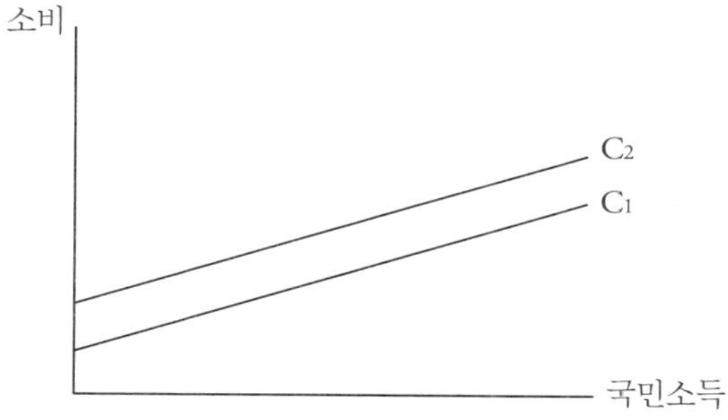

비에 영향을 미치는 여타의 요인들이 변화하면 상하방 평행이동한다. 소비곡선 위(소비곡선 자체)에서의 이동은 소득변화에 의해서만 소비변화를 나타낸다.

② 민간투자들

투자지출은 넓은 의미로서는 기존의 소득수준을 확보하고 미래의 소득가능성을 증가시키는 전체 지출로 이해될 수 있다. 이러한 포괄적인 의미로서의 투자 개념은 경제학에서 드물게 사용된다. 국민경제적 총체계산에서의 투자지출은 기업이 그의 사물적인 생산도구를 유지 · 확장 · 개선할 목적으로 활동하는 지출이다. 투자 대신에 경우에 따라서는 자본축적 또는 실질자본 형성이라고도 한다.

생산도구는 사용을 통하여 마모되므로(감가상각되므로) 이러한 자본감소가 균등하게 이루어지는 투자가 추가투자 혹은 재투자이다. 이를 초과하는 투자가 순투자이고, 순투자와 추가투자가 합하여 총투자를 형성한다.

순투자는 또한 질적인 불변의 생산도구의 단순한 확장에 봉사하는 확장투자와 생산도구를 효율성에 있어서 개선하려는 합리화 투자로 구분한다. 추가투자도 또한 합리화 투자로 될 수 있으나 이의 구분은 어렵다.

총투자와 순투자에서의 다른 구분은 설비투자와 제품투자가 있다. 설비투자는 국민경제의 생산잠재력에 관한 것이며, 이에서는 다시 기계, 기계설비, 차량, 영업 및 회사장식과 같은 장비투자와 또한 나아가 주택건설, 영업적 건축, 도로, 다리와 같은 건축투자가 있다. 다음으로 제품투자는 경영단위들의 비내구적 생산수단이나 반제품과 완제품에 대한 국민경제 상태의 변화로 이루어진다.

(실질)투자는 투자목적물의 지출시점에서 이자를 제한 순수입의 합계가 조달지출보다 클 때 이루어진다. 이자를 제한 순수입의 합계와 조달지출의 차이를 투자의 자본가치라 하고 (실질)투자는 투자의 자본가치가 양의 수일 때(경계선에서는 영) 이루어진다. 투자는 여타사정 일정불변이면 오히려 낮은 시장이자에서 이루어진다. 나아가 실질투자는 자본의 한계능률이 시장이자율보다 클 때 수익이 있다.

한 국민경제에서 자본의 한계능률이 높은 실질투자(이를 테면 특정한 성장부문에의 투자)가 있는가 하면, 낮은 내부적 이자율을 보이는 실질투자(국민경제의 문제의 산업부문에의 투자)도 있다. 이로써 국민경제의 가능한 투자들을 자본의 한계능률의 크기에 따라 정돈하면 이자율의 크기에 따른 투자 크기의 함수를 그릴 수 있다.

자본의 한계능률의 곡선인 이러한 투자함수는 주어진 미래의 순수입에 있어서의 국민경제의 투자함수를 나타낸다. 이러한 실질투자는 장래의 수입과 지출에 있어서 아무런 위험도 없는 것으로 가정하

[그림 26] 투자함수

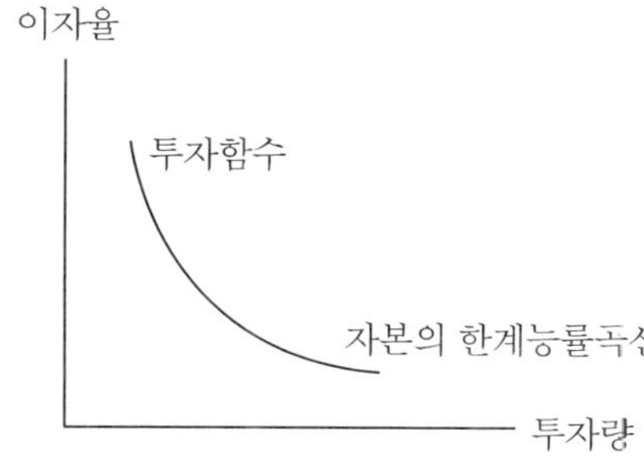

였으나 현실에 있어서는 그러한 위험이 따르지 않는 투자는 거의 없다. 불확실성과 연관된 위험을 내포한 투자에서는 시장이자율 이외에 계산이자율을 이에 합하여 자본의 한계능률과 같아야 한다. 특히 상대적으로 단기적이고 위험이 많은 투자에서는 투자의 크기가 시장이자변화율에 비현실적으로 대응하거나 전혀 대응하지 않는다(비탄력적).

그러므로 투자는 이자율에 대하여 비탄력적일 수 있다. 이러한 이자에 대하여 비탄력적인 투자가 케인스 이론에서는 중요한 역할을 한다. 이자 비탄력적인 투자에서는 경제적인 침체국면에 있어서 국민경제의 기계와 설비가 완전가동되지 않는 경우이다. 이자하락에 있어서도 일반적으로 새로이 투자되기보다는 기존 설비의 개선된 가동이 기대된다. 기업가가 경기확장이나 비용하락의 기대에 긍정적이면 자본의 한계능률의 곡선이 우측 평행이동한다. 즉 투자함수는 수익기대에 따라서 평행이동한다.

기업가의 긍정과 부정에 따른 투자함수의 불안정성이 케인스 이론의 또 하나의 중요한 요소이다. 이와 같이 투자의 크기가 이자에 의존한다는 서술된 투자가설 이외에 승수가설(승수원칙)이 있다. 승수가설을 단순화하면 투자는 전체 수요의 변화에 의존적이다. 이러한 승수가설은 경기적 진동의 설명을 위하여 중요한 의미를 가진다.

3 | 재화공급

재화공급에서는 이는 언제나 재화수요에 적응한다는 것을 가정한다. 그러나 기업가들은 생산비용이 너무 높기 때문에 이윤극대화의 목표 하에서 수요되는 것보다 더 적은 재화량을 생산하길 원한다는 것이 일반적이다.

4 | 재화시장의 균형

재화시장에서의 균형에서는 우선 해외부문을 도외시한 케인스의 단순모형을 보며, 다음으로 개방경제 하에서의 해외부문을 고려하였을 경우를 취급한다. 또한 승수효과도 분석된다.

① 기본원칙

하나의 일정한 시장에서의 균형에 상응하여 다소 추상적이긴 하지만 전체 경제적 재화시장의 균형에 대해서도 말할 수 있다. 재화시장균형은 계획된 전체 경제적 재화공급이 전체 경제적 재화수요와 같을 때이다. 이로써 전체 경제적 크기인 민간소비수요, 민간투자수요, 노동공급 등이 언제나 계획된 크기이다. 재화시장균형은 재화공

급(Y)이 재화수요와 같을 때이고, 재화수요의 요소들은 민간소비수요(C)와 민간투자수요(I)인

민간소비수요+민간투자수요=재화공급

$$C + I = Y$$

이며,

C와 I의 결정기반들을 고려한다면

$$C(Y) + I(i) = Y$$

이다.

C는 Y에 의존적이고, 또한 C는 Y를 결정한다. 즉 C와 Y 사이의 상호 의존성이 또한 상호적이다.

재화시장의 균형에서 지배적인 소득은 이자율이 i이고, 그로써 투자 I가 확정될 때 결정된다. i가 작으면 작을수록 투자가설에 의해서 일반적으로 I가 커지며, 이로써 여타사정 일정불변일 때 Y와 마찬가지로 수요도 재화시장의 균형이 지배할 때 커진다.

이제 이자율은 케인스학파의 이론에서는 우선 화폐시장에서 결정된다. 여기서 화폐시장은 일단 제외하므로 재화시장의 균형에 있어서는 이자율 i와 이로써 여타사정 일정불변일 때의 투자 I가 주어진 것으로 간주하고 투자의 주어진 수준은 일정하다.

소비함수가 주어져 있고 투자의 크기가 고정되어 있으면 국민경제에서의 전체 수요(재화수요)는 총생산량(재화공급)에 종속되어 결정된다. 이러한 전체 수요(재화수요)가 다시 생산 Y(재화공급)를 결정

하며, 이로써 재화공급은 가정된 불변의 물가수준에서 언제나 수요(재화수요)에 적응한다. 기업가들은 상응하는 생산이 그들을 위해 이익이 될 때 수요(재화수요)되는 생산량(재화공급)을 공급할 것이며, 재화시장에서 투자 I는 고정되어 있으므로

$$C(Y) + I = Y$$

이다.

소비함수는 각 총생산량의 크기에 따른 소비수요를 보여주며, 이에 불변으로 가정된 투자수요를 합하면 한 국민경제에서의 각 총생산량의 크기에 따른 전체 수요를 나타낸다.

균형은 수요되는 재화수량이 생산되는 바로 그러한 수준(재화수요=재화공급인 수준)의 국민소득에서 이루어진다.

[그림 27] 균형소득의 결정

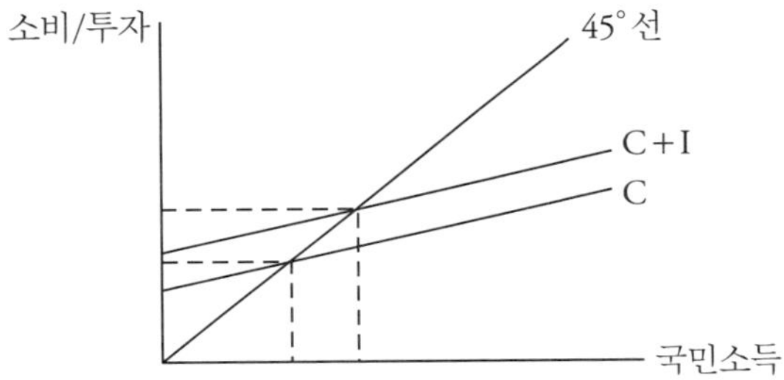

② 국가적 경제활동 및 수출과 수입을 고려한 경우

국가와 해외부문을 제외한 경우의 재화시장의 균형에 국가의 경제적 활동과 대외의 재화 흐름을 고려할 수 있다.

국가가 재화와 서비스에 대한 일정한 크기의 지출을 한다면 민간소비와 민간투자에 대한 수요요인들이 추가된다. 즉 각 총생산량에 따른 전체 수요는 정부지출 수요만큼 증가한다. 그러나 고려해야 할 것은 정부는 재화와 서비스에 대한 지출만을 실행하는 것이 아니라 조세를 징수하고 실업지원 및 연금과 같은 이전지출을 수행한다는 것이다. 단순화를 위하여 조세에서는 소득세만을 고려하고 이전지출은 고려하지 않는다.

이제 재화 및 서비스의 수출입과 연관하면 수입(Im)은 전체 국내에서 제공되는 재화공급(Y)을 증가시키므로

$$\text{재화공급} = Y + Im$$

이다.

환율, 국내가격, 해외가격을 단순화를 위하여 주어진 것으로 간주하면 수입(Im)은 국내 재화생산의 크기 Y에만 의존적인 것으로 볼 수 있다. 수입(Im)은 여타사정 일정불변일 때 총생산(Y)에 의존적이며, 단순한 비례관계(m)의 형태로 간주하면

$$Im = m \cdot Y$$

이다.

소비함수에서처럼 m은 소득이 한 단위 증가하였을 때 수입의 증가의 크기를 나타내는 한계수입성향이다. 단순하게 생각하면 더 큰 총생산의 생산에는 더 많은 능률들이 수입되고 소비재에 대한 직접 수입이 이루어진다.

수입을 소득 의존적인 수입 이외에 또한 소득과는 무관한 일정한 크기인 소득 독립적인 (자체적인) 수입(Ima)을 고려한다면 전체 수입함수는

$$Im = Ima + m \cdot Y$$

이다.

다음 수출에 대하여 고려하면 이 또한 결정요인들에 의존적이며, 이들은 국내 및 외국 물가수준 이외에 외국에 있어서의 소득수준에 따른 환율을 들 수 있다. 단순화를 위하여 이들 결정요인들이 모두 불변이라 가정하면 수출(Ex)은 일정한 크기이다.

그럼 전체 수요는

$$Y = C + I + G + Ex$$

이며,

국가의 경제적 활동과 해외부문을 고려한 재화시장의 균형은

$$Y + Im = C(Y) + I + G + Ex$$

이다.

5 | 승수분석

재화시장의 균형에서 외국부문을 제외하면

$$Y = C(Y) + I + G$$

이며, 이에 케인스의 소비함수 $C = a+b(Y-T)$를 대입하여 정리하면

$$Y = a+b(Y-T) + I + G \text{ 혹은}$$

$$Y = 1/(1-b) \cdot (a-bT+I+G)$$

이다.

[그림 28] **균형국민소득의 결정**(국가를 포함한 개방경제에서)

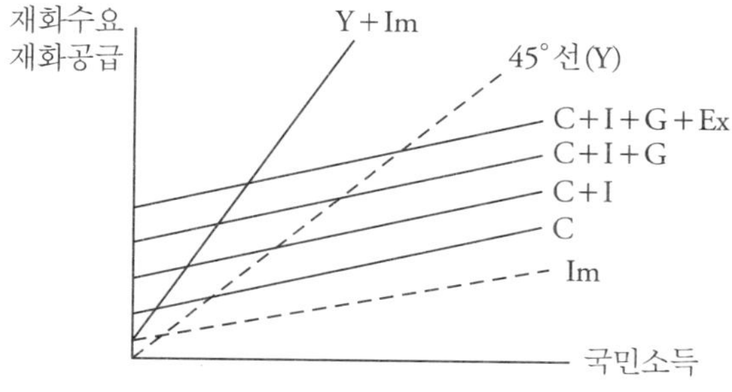

여기서 b는 한계소비성향으로 0<b<1이며, 승수는 1/(1−b)으로서 1보다 크다.

승수 1/(1−b)이 1보다 크므로 투자수요(I)나 정부지출수요(G)가 증가하게 되면 승수효과를 거쳐 국민소득(Y)을 증가시킨다. 승수효과의 형성을 위하여 결정적인 것이 중요한 수요요인들의 경상국민소득에 대한 의존성이다.

2. 화폐시장

화폐는 케인스학파의 이론에 있어서 하나의 중요한 역할을 한다. 고전학파에서 화폐가 거의 의미가 없는 것으로 간주되는 것과는 달리 케인스학파에서의 화폐의 중요성은 화폐가 재산유지에 봉사할 수 있다고 간주하는 것이다. 이로써 세이의 정리에 기반을 둔 가정—

모든 재화생산(모든 소득)은 결국 직접 혹은 간접으로 (이자를 통하여) 동등한 크기의 수요를 창출한다는 가정—이 더 이상 강제적으로 실현되지 않는다.

화폐시장에서는 원칙적으로 이자율에 의존적인 것으로 파악되는 화폐수요와 화폐공급이 서로 만난다. 즉 화폐시장에서는 외생적으로 고정된 (명목) 화폐공급(M)에 유동성 선호 형식에서의 (명목) 화폐수요(L)가 대칭된다. 화폐공급은 독립적으로 중앙은행체제에 의하여 제공되는 화폐량이며, 화폐수요는 잠재적인 화폐구매를 위하여 주어지는 경제주체들에 의하여 이자 없이 현금 또는 예금의 형태로 유지되기를 원하는 모든 수단들이다. LM함수는 외생적으로 주어지는 통화량의 가정 위에서 화폐수요(유동성 선호)와 화폐공급 사이에 균형이 지배하는 화폐시장균형(동시에 채권시장균형도)의 이자율(i)과 국민소득(Y)의 조합이다. 이로써 LM곡선은 고전학파의 화폐수량이론에 대한 대칭이다. 고전학파에 있어서는 화폐의 수요와 공급 사이의 언제나 존재하는 균형에서 변화된 통화량은 가격에만 영향을 미치며, 또한 고전학파의 화폐수량이론은 화폐의 (거래동기로서) 교환수단 기능에만 국한하였다. 케인스의 유동성선호이론에서는 이에 반하여 또한 화폐의 교환수단 기능 이외에 가치저장 기능도 중요하며, 주로 총생산물의 크기 이외에 또한 이자율의존적인 거래동기(확정이자의 채권유지에 대한 거래목적의 이자 없는 화폐유지)도 화폐수요에 영향을 미친다.

1 | 화폐수요

케인스학파적인 화폐수요이론의 제기에 있어서는 왜 경제단위들(경제주체)이 이자수익도 없는 화폐를 유지하느냐 하는 문제와 어떤 요인들이 화폐유지의 갈망(요구)되는 크기를 결정하는가 하는 문제들이 제기된다.

고전학파들은 이러한 문제제기에 대한 대답(해결)에서 단지 화폐의 교환수단 기능만을 인정하였다. 일반적으로 재화판매로부터 동시적인 금전입금을 통하여 실현될 수 없는 지불의무가 그로부터 성장하는 재화구매를 하기 위하여 화폐를 유지한다. 지불불능이 되지 않기 위하여 경제단위로서는 소위 말하는 거래 잔고를 유지하는 것이(수요하는 것이) 의미가 있다. 이러한 거래 잔고의 수량은 전체 지출량과 마찬가지로 경제단위의 소득과 다소간 고정관계에 있다.

케인스와 케인스학파는 화폐수요의 이러한 결정기반을 수용하였으므로

$$Lt=Lt(Y) \text{ 또는 } Lt=kY$$

(Lt는 요구되는 거래 잔고, k는 1/v로서 비례계수)

이다.

전체 경제적으로 거래 잔고에 대한 수요를 고전적 국민경제학자들과 마찬가지로 케인스학파들도 총생산에 비례하는 것으로 파악했다.

경제단위들이 잔고유지로써 이자수익을 포기하기 때문에 이들

이 거래목적을 위한 잔고유지에 관하여 이자율들이 잔고유지의 기회비용들이 더 높을수록 더 경제적이 된다는 것을 가정할 수 있다. 여기서는 거래 잔고의 이자 종속성을 무시하기로 한다.

고전적 이론에 대한 케인스 이론의 중요한 특이성은 케인스는 화폐를 그의 기능에 있어서 교환수단으로 뿐만이 아니라 나아가 그의 기능에 있어서 가치저장 수단으로서, 즉 재산유지를 위한(합리적으로 기반된) 형태로 파악했다. 이로써 화폐유지가 더 이상 재산유지의 다른 가능한 형태와 그의 수익에 대하여 독립적으로 보아지지 않는다. 즉 화폐수요가 재산가치 저장을 위하여 필요하며, 또한 이러한 재산가치 저장의 이점에 의존적이다.

화폐 이외에 케인스학파의 이론에서는 단지 (동질적인) 채권과 주식만이 재산유지의 생각할 수 있는 형태로 관찰된다. 이들 둘 모두 국민경제의 실질재산에 대한 권리를 나타낸다. 여기서는 채권과 (화폐)잔고만이 재산목적물로 논의된다. 채권은 장기적인 것이며, 채권액수에 대한 고정이자가 지불되지만 채권의 시세는 변화한다. 이러한 채권에 있어서는 채권의 시세와 더불어 시장이자율인 유효이자율이 변한다. 채권시세와 이자는 역의 관계에 있기 때문에 (채권)시세가 높을수록 (주어진 액면 이자율에서) 채권의 유효이자율이 낮다.

한 경제단위가 이자수익을 초과 보상하는 시세하락을 예상하면 이러한 경제단위는 자본손실의 회피를 목적으로 그의 재산을 채권의 형태로가 아니라 잔고(투기 잔고)의 형태로 유지하는 것이 유리하다. 국민경제의 경제단위들은 일반적으로 상이한 시세예상을 하기 때문에 경제단위의 일부는 그들의 재산을 잔고에, 그리고 또 다른 일부는 채권의 형태로 유지할 것이다. 채권의 시세수준이 높을수록 더 많은 경제단위들이 그들의 재산을 투기 잔고의 형태로 유지할 것이다. (채권)시세와 시장이자가 서로 상반하여 발전하기 때문에 투기 잔고에 대한 수요는 하락하는 이자에(상승하는 시세에) 따라 증가한다. 즉 이자율이 하락하면 화폐의 투기적 수요(투기 잔고에 대한 수요)는 증가한다.

[그림 29] 투기 잔고에 대한 수요

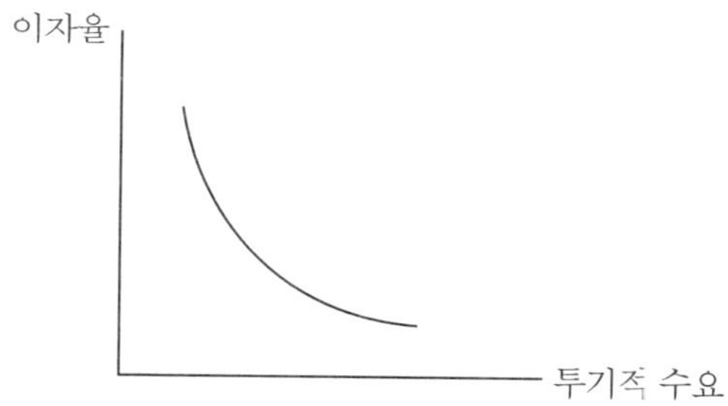

투기 잔고에 대한 수요, 즉 유동성선호함수는 이자율(i)의 함수인

$$Ls=Ls(i)$$

이다.

갈망되는 투기 잔고는 하락하는 이자율에 따라 증가하는 특성이 있다. 그러므로 투기적 화폐 유지는 이자(마찬가지로 나아가 또한 시세)의존적이다.

이러한 케인스학파의 화폐수요이론에 있어서 특별한 위상가치를 보여주는 것이 아주 낮은 이자에서의 유동성선호함수의 가능한 흐름이다. 경제단위들의 주어진 것으로(불변으로) 간주되는 시세기대에서 실재로 국민경제의 모든 경제단위들이 시세손실을 계산하고, 그렇기 때문에 그들의 재산을 투기 잔고의 형태로 유지하는 시세수준(이자수준)을 생각할 수 있다. 이러한 하락세-투기장세(유동성 함정)에서는 채권의 추가적인 시세상승, 이로써 채권시세와 반대로 움직이는 국민경제의(마찬가지로 또한) 추가적인 이자하락이 불가능하게 된다.

이는 본래의 유동성선호함수에 있어서는 상응하는 이자수준에서 화폐수요가 완전 탄력적인 것이며, 이 부문에서의 투기 잔고에 대한 수요곡선은 수평선이다.

케인스적인 투기 잔고는 고전학파에 의해서 제기되었던 완전고용 역학의 관점에서 보면 의미를 가진다. 만약 재산이 (중앙은행) 화폐의 형태로 유지된다면 저축이 완전한 크기로 채권시장(일반적으로는 금융시장)으로 흘러들어 가고, 거기서 투자수요가 저축을 통하여 창조된 수요결여를 채울 때까지 이자가 하락한다는 것이 확실하지 않다. 유동성 함정이 존재하는 경우는 이러한 역학이 전혀 이루어지지 않는다.

이제 종합하면 케인스학파의 이론에서는 화폐수요(유동성선호)는 국민소득과 이자에 의존적인

$$L = Lt + Ls \text{ 혹은}$$

$$L = kY + Ls(i) = L(Y, i)$$

이다.

주어진 국민소득(Y)에서 화폐수요(L)는 오로지 이자(i)의 함수이다.

2 | 화폐공급과 화폐시장의 균형

다음으로 한 국민경제에 있어서 경제단위의 갈망(욕구)인 잔고유지(화폐수요)에 대칭되는 것이 국민경제에서의 화폐공급이다. 화폐공급도 이자의존적이다. 그러나 단순화하면 국민경제에서의 명목적 화폐공급(M)은 중앙은행에 의해서 결정되며, 화폐공급의 크기도 주어져 있는 것으로 간주한다.

화폐시장의 균형은 화폐수요가 화폐공급과 같을 때이다. 물가수준(P)이 일정한 것으로 가정되기 때문에 명목적인 크기가 실질적인 크기이다.

$$L(Y, i) = M/P$$

$$P \cdot L(Y, i) = M$$

[그림 30] 화폐시장의 균형

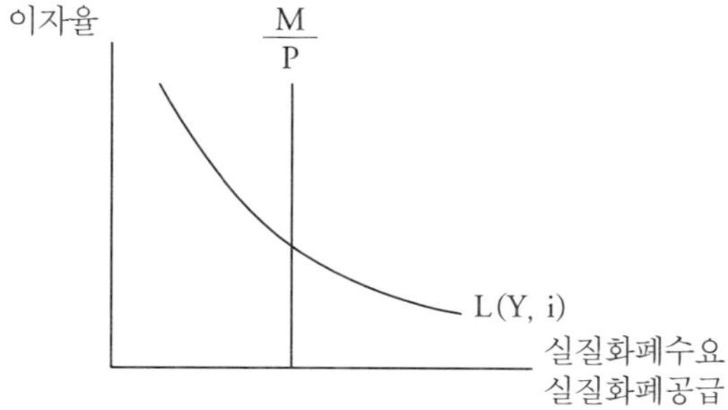

주어진 물가수준 P, 고정된 통화량 M, 일정한 총생산 Y에서 화

폐시장에서의 균형조건으로부터 균형이자율이 결정된다.

3. 재화- 및 화폐시장의 균형(IS-LM체제)

재화- 및 화폐시장에 대한 고려가 보여주는 것은 재화시장에서의 균형총생산 Y의 산출이 이자율에 (그러므로 계획된 투자에) 독립적이라고 할 수 없다는 것이다. 반대로 화폐시장에서의 이자율 산출에 또한 재화시장에서의 균형총생산 Y가 독립적이라고 할 수 없다는 것이다. 균형총생산(Y)과 균형이자율(i)은 케인스학파의 체제에서는 동시에 결정된다. 케인스학파의 체제에서는 (고전학파에서와는 반대로) 화폐시장이 실질경제적 현상에(Y에) 영향을 미친다. 마찬가지로 이자는 화폐적-실물적인 혼합현상이며, 그러므로 오로지 실물적인 또한 화폐적 현상만으로는 설명될 수 없다.

이러한 상관관계는 케인스학파의 이론에서 통상적으로 힉스적인 IS-LM체제의 형태로 표현된다.

1 | 재화시장균형곡선(IS곡선)

재화시장의 균형조건식은

$$C(Y) + I(i) = Y$$

이다.

균형총생산(Y)은 이자율(i)이 결정됨으로써 비로소 결정된다. IS

[그림 31] 이자탄력적인 투자에서의 IS곡선

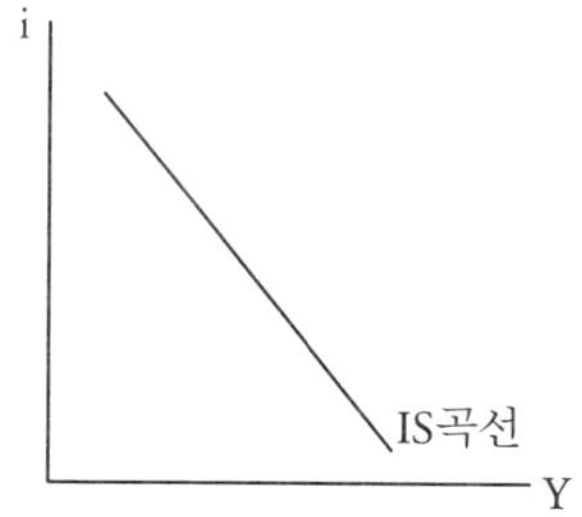

함수는 재화시장에서의 균형일 때의 총생산(Y)과 이자율(i) 사이의 관계를 나타낸다.

일반적으로 IS곡선은 우하향하는 음의 기울기를 갖는다.

투자가설에서 투자의 크기는 이자율의 함수 I = I(i)이고, 정상적인 경우는 하락하는 이자율에 따라 증가하는 투자이다. 즉 하락하는 이자율에 (투자는 재화수요에 속하므로) 재화시장에서는 정상적으로 증가하는 재화수요가 대칭되며, 이로써 (수요가 Y의 수준을 결정하므로) 증가하는 균형총생산이 대칭된다. 이러한 상관관계를 i와 Y의 좌표로 그릴 수 있다. 그러므로 재화시장균형곡선이 IS곡선으로 표시된다. IS곡선은 여타 사정 일정불변이면 (여기선 주어진 한계소비성향에서) 투자가 소득 민감적일수록 완만하다.

투자가 이자율 하락에 불변이면 화폐시장은(이자를 통하여) 이자 하락이 재화수요에 영향을 미치지 못하기 때문에 재화시장균형에 영향이 없다. 이런 경우 IS곡선은 수직이다.

IS곡선은 그에서 재화시장의 균형이 이루어지는 모든 이자(i) -

총생산(Y)의 조합의 궤적이다. 이는 여타 사정 불변일 때 투자가 이자탄력적일수록 완만하다.

완전 이자비탄력적인 투자수요에 있어서는 IS곡선이 수직이다.

완전 이자비탄력적인(아주 이자 비탄력적인) 투자에서 수직으로(급경사로) 나타나는 IS곡선은 케인스학파의 위치에 있어서 중요하다.

[그림 32] 완전 이자비탄력적인 투자에서의 IS곡선

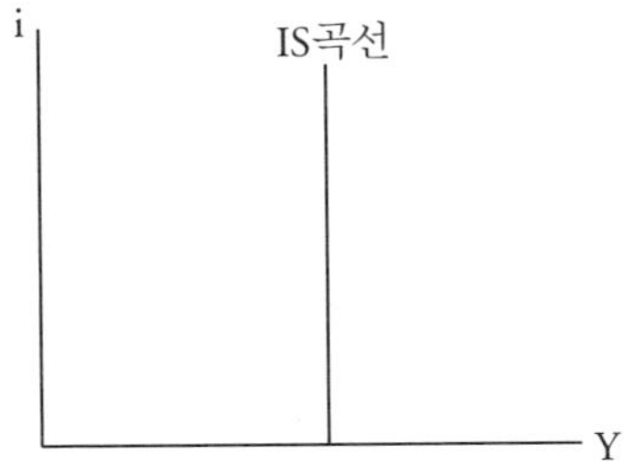

IS곡선의 표현에 대한 설명은 재화시장균형조건식

$$C(Y) + I(i) = Y$$

에서 양변에서 C(Y)를 제하면

$$I(i) = Y - C(Y)$$ 이고,

Y−C(Y)는 소득의 소비로 계획되지 않은 부분이며, 즉 계획된 저축 S(Y)이다.

그러므로 결국

$$I(i) = S(Y)$$

이다. 단순화하면 I＝S이고, 이것이 재화시장의 균형조건이다.

2 | 화폐시장균형곡선(LM곡선)

화폐시장의 균형은 실질화폐수요 L이 실질화폐공급 M/P에 상응하는

$$L(Y, i) = M/P$$

일 때이다.

고려되는 것이 총생산과 이자의 어떠한 조합에서 균형이 지배하는가이다. 아주 높은 이자에서는 투기 잔고에 대한 화폐수요가 아주 적기 때문에 균형에 있어서 실질화폐량의 비교적 큰 부분이 거래잔고로 수요되어야만 하고, 이는 바로 높은 총생산의 경우이다. 반대로 작은 총생산의 경우에서는 거래 잔고에 대한 수요가 적다. 그럼 투기목적을 위해 남아 있는 실질화폐량의 부분이 상대적으로 커지게 되어 이는 경제단위들에 의해서 낮은 이자에서만이 갈망된다(수요된다). 이로써 화폐시장에 있어서는 높은(낮은) 이자율(i)이 높은(낮은) 총생산(Y)에 상응한다. 이로써 화폐시장균형곡선은 i와 Y를 좌표로 우상향이며, 유동성 선호인 실질화폐수요 L과 실질화폐공급 M/P에 의해서 기반이 주어지는 균형 때문에 LM곡선이라고 표현된다.

총생산이 증가하면 경제단위들이 그들의 재화구매를 실행하기 위하여 더 많은 잔고를 필요로 한다. 통화량은 전체적으로 불변이기 때문에 경제단위들은 추가적인 화폐를 채권판매를 통하여 이룩하려 한다. 이로써 (추가적인 화폐를 채권판매를 통하여 이룩하려는 이유로 말미암아) 낮은 시세와 (채권시세와는 반대로 움직이는) 높은 이자에서 수요되는 채권이 증가하여 공급된다.

[그림 33] LM곡선

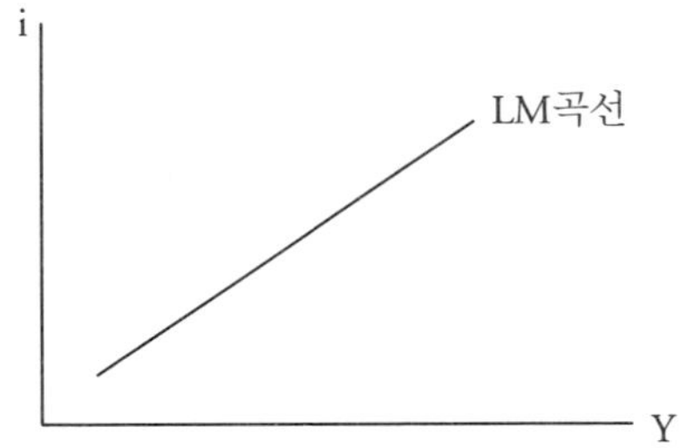

LM곡선은 주어진 통화량(M)과 주어진 물가수준(P)에서 화폐시장의 균형이 되는 모든 이자율(i)과 총생산(Y)의 조합의 궤적이다.

3 | 재화- 및 화폐시장의 동시균형

재화시장균형을 가져오는, 즉 IS곡선 위에 있는 i와 Y의 무수한 조합이 있다. 마찬가지로 화폐시장균형을 가져오는, 즉 LM곡선 위에 있는 i와 Y의 무수한 조합이 있다. 재화-/화폐시장에 있어서의 동시적 균형에로 인도하는 것은 IS/LM곡선의 교차점인 하나의 i와 하나의 Y의 조합뿐이다.

재화-/화폐시장의 동시균형은 이자율이 i_0이고 총생산이 Y_0일 때의 IS/LM곡선의 교차점에서이다. 여기서 재화공급이 오로지 재화수요에만 대응하고 이에 완전히 적응하는 것이 전제되기 때문에 IS-LM균형을 수요 측 균형으로, 또한 균형총생산을 수요 측 균형소득으로 표현할 수 있다.

균형총생산과 균형이자율이 결정되면 또한 소비와 투자를 위한 균형가치들이 주어진다. 소비함수에는 Y_0를, 투자함수에는 i_0를 넣을 수 있다.

[그림 34] IS-LM균형

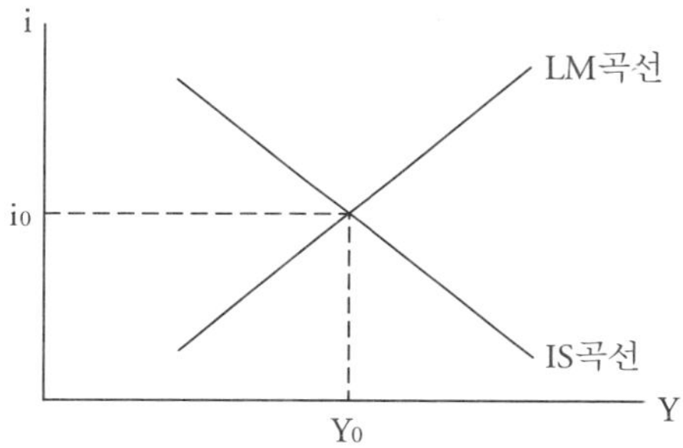

4 | 재화- 및 화폐시장의 연관 하에서의 승수분석

재화시장 이외에 화폐시장도 고려한다면 승수분석이 어떠한가 하는 것도 고려할 수 있다. 재화와 서비스에 대하여 이제 국가지출과 같은 독립수요가 증가하면 확장적인 과정이 일어난다. 즉 총생산이 증가한다. 이는 화폐량의 증가 없이 더 높은 총생산의 지불에 따른 극복을 위하여 더 많은 거래 잔고를 필요로 하기 때문에 화폐시장에 영향을 초래한다. 경제단위들은 그들이 채권을 강화하여 공급함으로써 추가적으로 필요한 (화폐) 잔고를 창조하기를 시도할 것이다.

증가된 채권공급은 더 높은 이자가 제공되면서 처분될 수 있다. 국민경제에서 이자수준이 상승한다. 이는 다시 높은 이자(i)에는 일

[그림 35] IS-LM체제에서의 국가지출승수

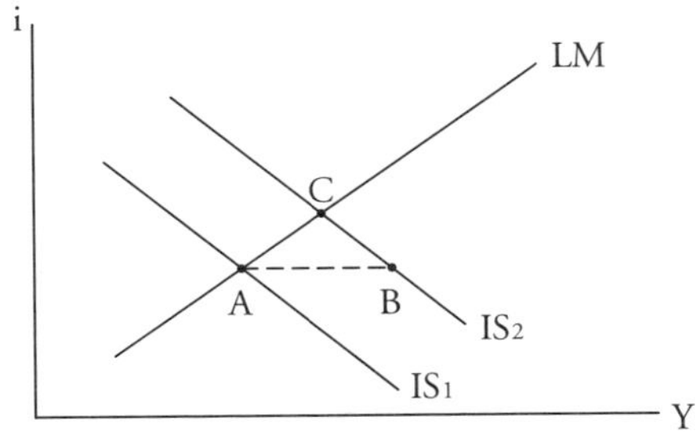

반적으로 낮은 민간투자(I)들이 속하기 때문에 재화시장에 반작용(Feedback효과)을 한다. 확장적인 과정이 약화되며, 그러나 (수직적인 LM 곡선의 극단적인 경우를 제외하면) 균형총생산의 증가는 그대로 있다.

화폐시장을 고려하면 독립적 수요의 변화에 의한 승수효과는 재화시장의 유일한 고려에 의한 것보다 더 약하다. 이것이 함축하는 것은 경제는 전체적으로 외부적 사건(예를 들면 국가지출, 수출, 수익기대의 변화와 같은 외부적 사건)에 대하여 덜 민감하게 대응한다는 것이다.

위의 그림은 화폐시장의 고려 하에서의 국가지출 증가의 승수작용을 표시한 것이다. 국가지출의 증가는 IS곡선의 우측 평행이동을 가져오며, 동일한 이자수준에서 이제 더 높은 균형소득이 이에 속한다. IS곡선의 우측 평행이동은 불변의 이자에서의 국가지출의 승수효과에 상응한다. 수요증가의 확장적인 효과는 이자상승과 이로 인하여 야기되는 민간투자의 제한을 통하여 제동된다. C점에서 국민경제는 더 높은 총생산과 더 높은 이자로서 그의 새로운 균형위치에 도달한다.

이러한 과정에서 총생산의 형성에 있어서의 변화가 일어난다. 재화와 서비스를 위한 국가지출이 증가하고 민간투자가 감소하기 때문에 총생산의 구조변화가 일어난다. 민간투자들이 국가적 투자에 의하여 내몰린다. 국가적 재화에 의한 이자역학을 통한 민간재화의 내몰림이 구축(Crowding-out) 효과이다.

구축효과의 다른 사고 가능한 형태는 국가적 지출의 재정 고려에 대한 것이므로 이는 재정에서 다룬다.

5 | IS-LM체제에서의 저고용균형

이제 지금까지의 서술에서 함축되었던 전통적 케인스학파의 핵심적인 요점을 만들어낸다. 이미 제시한 것처럼 재화시장에서의 수요상황과 화폐시장에서의 당면한 상태에 따라 일정한 균형총생산 Y가 이루어진다. 이러한 총생산을 이룩하는 데에는 국민경제에서 주어진 생산도구와 주어진 기술수준에서 일정한 노동력을 필요로 한다.

노동력에 대한 이러한 수량은 단지 우연히 노동력에 대한 공급된 양과 일치한다. 특히 생각할 수 있는 것이 균형총생산 Y의 생산에 필요한 노동량이 노동공급보다 작다는 것이다. 이것이 케인스학파적인 저고용균형의 상태이다. 노동시장에서는 초과공급이 존재하는 반면 재화-/화폐시장에서는 균형이 지배적이다.

케인스학파적인 저고용균형의 이러한 표현은 노동시장의 상황이 바로 분명하지 않기 때문에 부정확하다. 특히 또한 전통적 케인스학파의 모형에 있어서 노동시장에서의 상황을 결정하는 지배적인 실질임금에 대해서 서술되지 않기 때문이다.

실질임금은 화폐(명목)임금의 물가수준에 대한 비중이다. 즉 실질임금(W/P)은 명목임금(W)을 물가수준(P)으로 나눈 수치이다.

가격수준은 지금까지는 고정된 불변의 주어진 것으로 간주되었다. 이러한 가정은 이제 없어지며 가격수준은 스스로 경제적 상관관계의 결과이며, 특히 국민경제에서 비용/수요상황의 결과이므로 이러한 가격수준은 모형으로부터 설명되어야 한다.

국민경제의 수요상황(화폐시장에서의 이자결정과 연관한 수요상황)은 소비함수, 투자함수 및 독립적 수요(정부지출 수요)의 수준에 의하여 결정된다. 수요의 수준에 IS-LM분석에서 주어지는 (수요 측) 균형총생산이 상응한다. 가격수준의 변화들이 IS-LM균형에 또한 영향을 미친다.

국민경제에서의 비용상태는 생산의 주어진 기술조건에서 화폐임금률에 의하여 결정된다. 화폐임금률과 가격이 (무제한적인 판매가능성에서) 일정한 이윤극대화의 재화공급에 상응하는 기업의 이윤극대화의 노동수요를 결정한다. 화폐임금과 기술적인 조건들은 비용상태를 결정하고 가격수준과 더불어 재화공급과 노동수요를 결정한다.

이제 전체 경제적 생산함수와 노동시장의 관점에서 보자. 재화수요는 주어진 화폐량에서 소비, 투자, 유동성 함수에 의하여 결정되며, 재화공급은 수요에 스스로 적응한다. 전체 경제적 함수에서는 주어진 실물자본 상태의 가정 하에서 실질총생산과 노동 사이의 긍정적인 상관관계에서 노동의 한계생산성이 이제 증가하는 고용(노동투입)으로 감소한다. 노동수요는 (고전학파의 표상을 수용하여) 노동의 한계생산성이 실질임금(w/p)과 같을 때까지이며, 노동의 한계생산성이 감소하므로 노동수요 증가는 실질임금률이 하락할 때이다. 노동공급은

(고전학파의 가설과 차이를 두어) 노동자들이 화폐임금 하락에 (조직적인 노동자 운동과 더불어) 대항한다는 것이다.

4. 케인스적 · 신고전적인 종합

1 | 변동가격 수준에서의 IS-LM균형

IS-LM균형의 표현은 고정된 가격수준에서 이루어진다. 이제 이러한 전제조건이 없다고 하면 가격수준의 변화로 말미암아 Y와 i를 위한 크기가 분명 변화한다.

재화- 및 화폐시장균형조건들을 보면

$$C(Y) + I(i) = Y \text{ 이고,}$$

$$L(Y, i) = M/P$$

이다.

가격수준(P)이 여기서만 변수로 나타나므로 화폐시장균형조건만을 변화한다. 가격수준이 변화하면 여타 사정 일정불변이면 실질화폐량 M/P가 변화한다. 이로써 일반적으로 이자(i)영향이 주어지고, 이러한 이자영향에서 일반적으로 투자(I)에 대한 영향들이, 그리고 이로써 국민경제에서의 수요(재화수요)의 크기에 영향을 미친다.

가격(P)변화의 실질통화량(M/P), 이자(i) 그리고 결국 수요 측 균형총생산(Y)에의 영향의 효과를 케인스 효과라 한다.

아래의 그림은 가격변화의 효과를 보여준다.

i_0, i_1, i_2는 실질화폐량이 M/P_0일 때 각각의 실질총생산 Y_0, Y_1, Y_2에 상응하는 균형이자이다. 낮은 물가수준 P_1에서는 실질화폐량이 증가하고 각각의 Y_0, Y_1, Y_2에 상응하는 이자 i_0', i_1', i_2'가 하락한다. 달리 표현하면 가격수준의 하락은 LM곡선을 우측 평행이동시킨다.

[그림 36] 상이한 총생산과 실질화폐량에서의 화폐시장균형

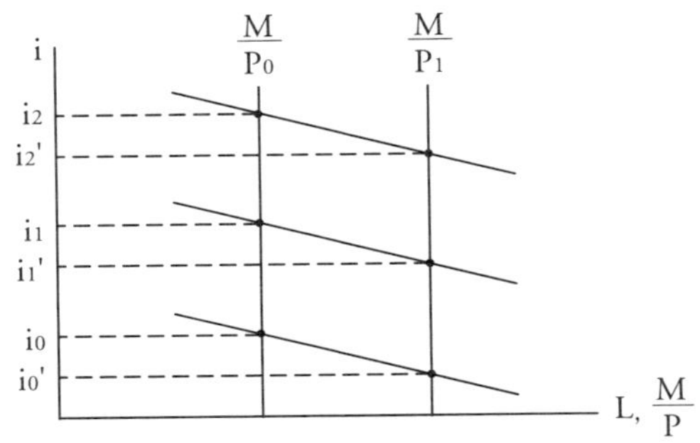

이제 IS-LM모형에서 케인스 효과를 본다. 이자율(i)과 균형총생산(Y) 사이의 관계를 나타내는 LM곡선은 주어진 명목화폐량(M)과 일정한 가격수준(P)에서만이 표시될 수 있다. 아래 그림의 LM_0곡선은 가격이 P_0일 때이다. 가격이 P_1으로 하락하면 실질화폐량이 증가한다. 즉 화폐시장의 균형은 주어진 이자에서 더 높은 총생산과 연관된다. 달리 표현하면 주어진 총생산이 낮은 이자와 연관된다.

LM곡선이 우측 평행이동함으로써 Y는 증가하고 i는 하락한다. 나아가 가격이 다시 P_2로, P_3로 하락할 때도 같은 귀결이다. 케인스

[그림 37] IS-LM모형에서의 케인스 효과

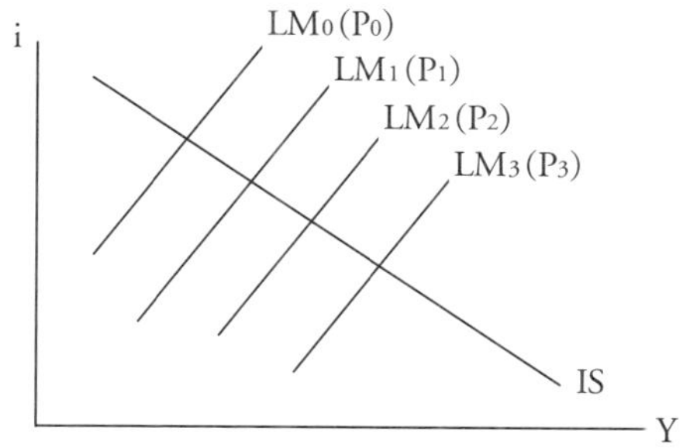

효과는 가격의 변화로부터 실질화폐량과 이자를 통하여 야기되는 IS-LM 균형총생산에 영향을 미친다는 것을 서술한다.

물가수준의 변화에 의해서 영향을 받지 않는, 즉 변화하지 않는 IS곡선에 있어서는 가격수준의 하락이 수요 측 균형총생산의 증가를 가져온다. 이러한 인과관계를 보면,

P하락 → M/P상승 → i하락 → I증가 → Y증가

의 파급효과를 가져온다.

이에서 이러한 인과관계의 중간부문들을, 즉 실질화폐량(M/P), 이자율(i), 투자(I)의 크기를 제외하면 P와 Y 사이의 직접적인 관계가 되며, 케인스 효과가 이를 설명한다. 이는 또한 전체 경제적 재화수요곡선 Y=Y(P)를 통하여 다시 주어진다. P와 Y의 좌표상에 나타나는 이러한 전체 경제적 재화수요곡선은 전체 경제적 수요곡선이라고도 한다. 유동성 함정이 유효한 경우나 완전 이자 비탄력적인 경우에는 가격수준 변화가 IS-LM 균형총생산에 아무런 영향을 미치지 못한다.

신축적인 가격수준에 있어서는 여타 사정 일정불변이면 가격수

[그림 38] 수요 측 균형총생산과 물가수준

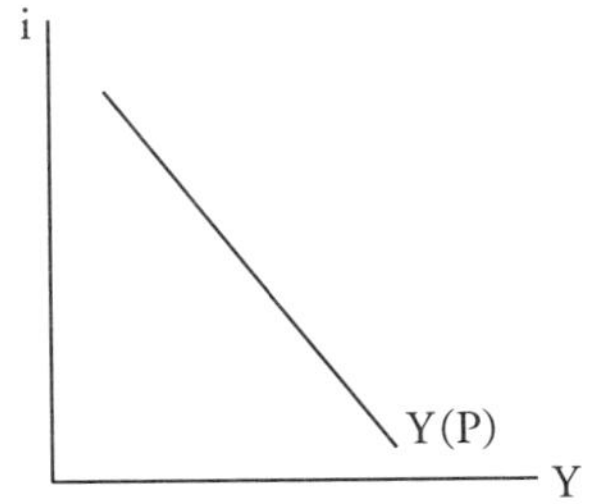

준의 변화가 실질화폐량의 변화에 상응한다. 실질화폐량의 변화는 수요의 수준 또한 이로써 수요 측 균형총생산에 영향을 미치는 이자작용을 가진다. 균형총생산에 대한 가격변화의 케인스 효과는 유동성 함정이 작용하거나 수요가 완전히 이자 비탄력적일 때는 효과가 없다.

2 | 노동시장과 재화공급

지금까지의 케인스 모형에서는 재화공급 측은 아무 역할도 하지 못하였다. 케인스학파의 단순모형에 따르면 재화에 대한 공급은 (고정된 재화가격에서) 완전히 재화수요에 적응하였다. 그렇기 때문에 수요 측 균형이라 한 것이다.

시장경제에서의 기업가들은 비용-수익관계에 독립적으로 수요되는 재화를 공급하는 것은 아니다. 완전한 경쟁의 시장형태에서는 기업가들은 생산의 한계비용이 재화가격(한계수입)과 같게 되는 데서 더 많은 재화량을 공급한다. 이윤극대화의 생산량은 생산함수에 따라 노동의 한계생산이 실질임금과 같아지는 데에서의 노동수요에 상응한다. 이윤극대화의 재화공급과 이윤극대화의 노동량은 동일한 메달의 양면이다. 주어진 재화수요는 상응하는 재화공급이 생산자들에게 이익이 될 때만이 충족된다. 그러므로 재화시장에서의 기업가들의 공급행태를 노동시장 상황으로부터 도출할 수 있다.

케인스학파적인 노동시장은 단지 현실적인 관점에 있어서만 고전학파적 노동시장과 차이가 있다. 노동자들은 화폐임금의 하락을 통한 실질임금 하락을 수용하지 않기 때문에 저고용에 있어서 화폐임금이 고정적이다. 저고용에서 물가수준이 상승하면 화폐임금률은 불변이든지 물가수준보다 훨씬 적은 상승만 하기 때문에 실질임금은 감소한다. 이러한 실질임금의 하락은 노동자들에 의해 수용된다. 이러한 물가수준 상승을 통해 야기된 실질임금 하락의 수용은 노동자들이 물가수준 상승의 완전한 범위를 인식하지 못하기 때문이라는 것이다.

분석의 단순화를 위하여 다음의 그림에서 노동시장 공급이 일정한 노동력 상태에서 수직이라 가정한다. 주어진 화폐임금 W_0에서 물가수준이 노동수요를 결정한다. 주어진 화폐임금 W_0에서 물가수준이 높을수록 실질임금이 더 낮고, 또한 이로써 노동수요가 더 크다. 물가상승의 결과로 실질임금이 균형실질임금 W_0/P_0 이하로 떨어지면 노동수요가 증가하지만 노동공급이 수직선의 노동공급곡선에서 고용을 제한한다.

고정된 화폐임금에서 실질임금은 상승하는 가격수준에서 하락하며, 이로써 또한 역시(실질임금이 하락함으로써 노동수요가 증가하기 때문에) 재화공급이 증가할 때 하락한다. 계획된 재화공급을 위하여 귀결되는 것이 하락하는 실질임금의 결과로 더 높은 생산이 이윤을 가져오기 때문에 재화공급은 (이를 테면 낮은 가격수준 P_2에서 출발하여) 상승하는 가격수준에서 (불변의 W_0에서) 증가한다. 재화공급의 증가는 물가수준이 P_0의 가치에 올 때까지 지속한다. 계속되는 물가상승에서 재화공급은 주어진 노동공급에서 투입 가능한 노동량이 생산을 제한하기 때문에 완전고용 수준 Y_0에서 불변이다. 이는 다음의 그림에서 나타나는 전체 경제적 재화공급곡선이다.

전통적 케인스학파의 모형을 이해하기 위해서 인식하여야 할 중요 사항이 재화공급곡선이 (우상향의) 증가하는 가지에 있어서는 노동시장에서는 저고용부문에 상응하고, 모형에서 저고용이 감소하고 또한 이로써 재화공급이 증가하기 위해서는 불변의 화폐임금에서 물가수준이 상승하고, 그러므로 실질임금이 하락할 때 뿐이라는 것이다.

[그림 39] 고정된 화폐임금에서의 노동시장

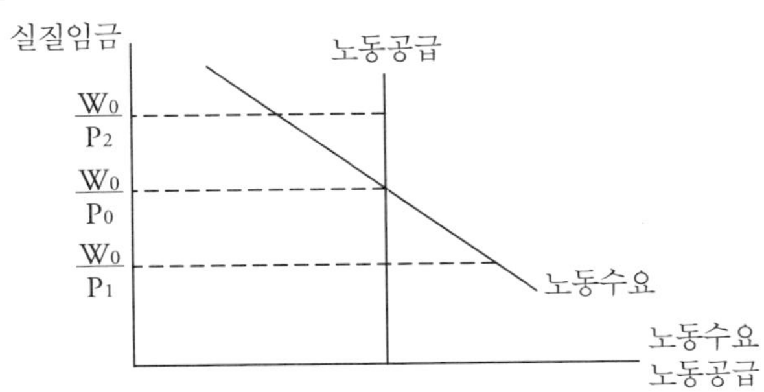

[그림 40] 전체 경제적 재화공급함수

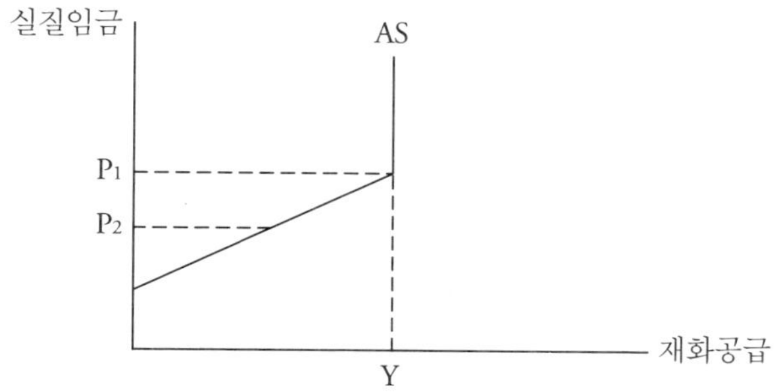

3 | 재화-, 화폐- 및 노동시장과 연관된 케인스학파적 · 신고전학파적인 거시모형

전체 경제적 재화수요함수에 있어서는 국민경제에서의 수요조건들이 연합된다. 이 함수는 상이한 물가수준에 상응하는 수요 측 실질균형총생산을 보여준다.

전체 경제적 재화공급함수는 국민경제에서의 비용-수익관계를 반영한다. 이는 상이한 가격수준에서 생산자들을 위해 이윤극대화가 되는 공급 측 균형을 의미하는 재화공급량을 보여준다.

전체 경제적 균형은 공급되는 총생산이 수요되는 총생산과 같게 되는 물가수준에서 이루어진다.

다음의 그림은 균형총생산 Y_o와 균형가격 수준 P_o의 결정을 보여준다. 그림에서는 완전고용총생산 Y_f를 제시하는 것이 아니라 케인스학파적인 저고용균형을 보여준다. 재화- 및 화폐시장에서는 균형이 지배한다. 왜냐하면 A점이 전체 경제적 재화수요곡선 위에 있기

[그림 41] 균형 총생산과 균형 가격수준의 결정

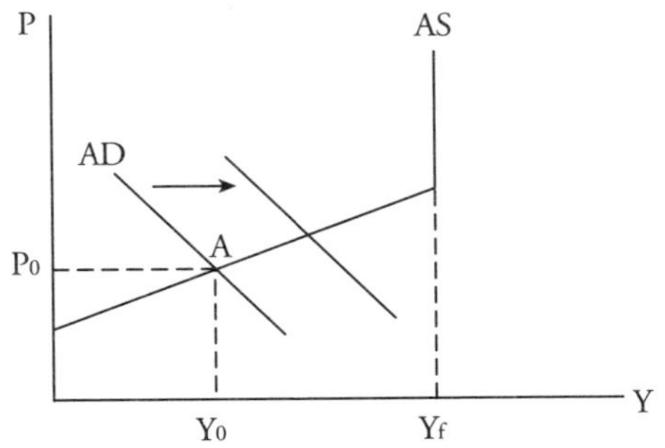

때문이다. 노동시장에 있어서는 공급과잉이 지배적이다. 왜냐하면 A 점이 재화공급곡선의 우상향의 가지 위에 있기 때문이다. 전체 경제적 균형은(즉 수요 측 및 공급 측 균형은) 전체 경제적 재화공급– 및 재화수요곡선이 만나는 점이다.

수요의 크기가 오로지 (수요에 대한 화폐시장 상황의 연관 하에서) 총생산의 크기를 결정하는 IS–LM모형에서와는 반대로 완전한 케인스학파 체제에서의 저고용균형은 국민경제에 있어서의 수요– 및 공급조건들의 결과이다.

이로써 귀결되는 것이 독립적 수요의 증가는 새로운 균형에서 더 높은 총생산으로 유도한다. 이를 테면 정부지출 증가의 결과로 국민경제에서 수요가 증가하면 전체 경제적 재화수요곡선이 우측 평행이동한다. 새로운 전체 경제적 균형에서는 총생산과 가격수준이 이전 상황에 비하여 상승했다.

전체 경제적 재화수요곡선의 우측 평행이동을 위한 출발적인 순간이 승수효과와 함께 IS곡선의 우측 평행이동을 유도하는 정부지출의 지속적인 증가이다. 이로써 각각의 가격수준에 속하는 수요 측 균형총생산이 증가한다. 이제 불변의 전체 경제적 재화공급곡선 때문에 수요증가를 통해 야기된 가격상승으로 고정된 화폐임금에서 실질임금이 감소하고 더 높은 생산이 이윤을 주기 때문에 생산의 확장이 이루어진다.

다음으로 화폐임금률의 하락은 새로운 균형에서 더 높은 총생산으로 유도한다. 화폐임금률이 낮은 수준으로 고정되면 재화공급곡선 자체가 아래로 평행이동한다. 새로운 전체 경제적 균형에서는 총생산은 더 커지지만 그러나 가격수준은 이전의 균형보다 더 낮다.

[그림 42] 화폐임금률과 고용

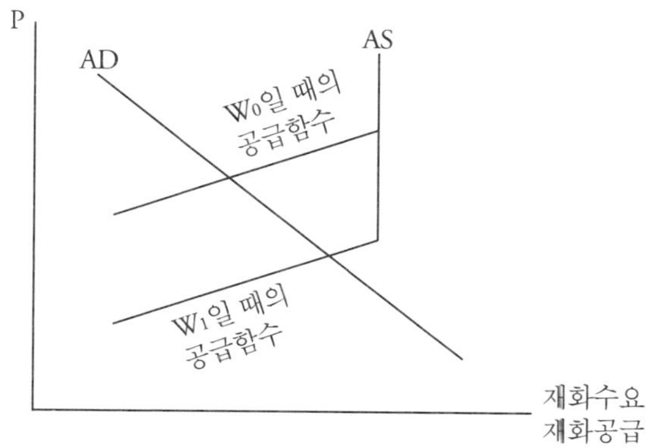

재화공급곡선의 탄력적인 가지 아래로의 평행이동은 하락하는 화폐임금에서 여타 사정 일정불변일 때 점진적으로 상응하여 감소하는 한계비용 때문이다. 이를 통해 새로운 균형에서는 또한 가격수준

의 하락이 이어지며, 이는 화폐임금의 하락보다는 작다. 결과적으로 실질임금이 하락하고 이로써 재화공급의 확장이 새로운 균형수준에서 공급자들에게 이익이 되게 한다. 더 많은 생산은 불변의 재화수요곡선에도 불구하고 또한 판매되는데, 왜냐하면 하락하는 물가수준이 실질화폐량을 증가시키며, 이로써 이자가 하락하고 수요가 자극되기 때문이다(케인스 효과).

케인스학파적 · 신고전학파적인 모형의 이러한 함축은 역시 원칙적으로 케인스학파적인 사고에 근접한 수요조정(정부지출의 변화)과 또한 고전학파적인 및 신고전학파적인 사고에 상응하는 공급지향 정책(임금하락에 의한 비용절감)을 정당화한다.

4 | 수요조정 혹은 임금하락에 의한 완전고용의 가능성

수요증가에 의한 것뿐만이 화폐임금률 하락에 의한 케인스학파적 · 신고전학파적인 모형에 있어서 균형상태의 비교에서 확장적인 효과가 있다. 그러나 새 고전학파적인 거시경제학의 대표자들은 수요조정의 작용을 의문시하였으나 임금역학의 유효성은 강조하였다. 반면 케인스학파적인 경제학자들은 이와는 반대되는 입장을 취하였다. 국가적 지출 증가의 고용 촉진적인 작용에 반대하는 핵심적인 논점으로서 구축효과의 논거의 상이한 양상들이 제기되었다.

우선 직접적 및 간접적 구축효과가 구분된다.

첫째, 직접적 구축효과는 국가가 지출을 함으로써 직접적으로 민간투자를 몰아내는 것이다. 이에 비하여 간접적 구축효과는 국가투자가 민간투자를 몰아냄으로써 이와 연관하여 일어나는 작용들이다.

간접적 구축효과의 첫 번째 형태가 거래 잔고 구축이다. 이는 재정정책을 통해 일어난 확장적인 과정의 진행에서 거래목적을 위해 강화된 화폐수요를 거쳐 이자에 민감한(이자의존적인) 민간투자를 감소시키는 이자상승이 이루어지는 경우이다. 즉 확장재정 정책의 정부지출로 말미암아 이자가 상승함으로써 민간투자가 감소하는 경우이다.

둘째의 간접적 구축형태는 신용금융에 의한 국가지출 증가의 과정에서 일어나는 재산구축(혹은 포트폴리오 구축)이다. 민간부문의 소비와 화폐수요는 경상소득과 이자에 의해서 뿐만이 아니라 또한 당해 부문의 재산에 의해서도 결정된다. 이러한 전제 하에서 민간재산의 변화는 소비- 및 화폐수요의 변화로 이어진다.

그럼 어떻게 민간부문의 재산의 변화가 신용금융에 의한 국가지출 증가의 진행에서 일어나는가 하는 것이다. 민간이 국가에 그의 증가된 지출의 금융으로 신용을 주면 화폐가 민간부문에서 국가로 흘러들어 가고, 국가에 대한 신용채권(대부분이 국채의 형태인 채권)이 민간부문으로 흐른다. 국가의 추가적 지출 이행의 진행에서 화폐재원들이 다시 민간부문의 소유로 되돌아옴으로써(국가의 하청을 실행하는 기업에 되돌아옴으로써) 이는 추가적인 국채를 소유한다.

이러한 추가적인 채권상태를 민간부문의 추가적인 재산으로 파악한다면 이미 언급한 소비- 및 화폐수요의 증가로 이어진다. 만약 소비수요의 확장적인 효과가 증가된 화폐수요에 대하여, 그리고 이로써 야기된 (불변의 화폐량에서) 이자상승에 대해 민간투자의 연관된 감소로 나타나는 축소적인 효과보다 작다면, 그럼 재산구축이 된다. 실재적인 평가에 있어서는 이러한 재산구축에도 불구하고 국가적인 지출정책은 국가적 지출의 증가에 의한 수요의 증가가 일반적으로 재산구축의 수요-몰아냄 효과보다 크기 때문에 확장적으로 작용한다. 다음의 총생산의 결과적인 증가와 고정이자율과 연관된 조세수입의 증가가 일반적으로 국가재정의 적자를 바로 충당할 수는 없기 때문에 계속되는 기간들에는 (불변 혹은 증가한 국가지출의 수준에서) 지속적인 국가채무에로, 그리고 이로써 (가정된) 재산구축을 수반한 민간부문 재산의 지속적인 증가에로 이어진다. 총생산은 여타 사정 일정불변일 때 기간마다 감소하며, 나아가 국가 지출증가 이전의 수준으로 총생산의 감소로 이어진다.

재산구축의 결과와 연관된 핵심적인 가정들은,

- 국가채무로 신용된 지출은 민간부문의 재산을 증가시킨다.
- 재산은 민간소비에, 그리고 민간 화폐수요에 긍정적으로 작용한다.
- 민간소비를 통한 재산증가의 확장적인 수요효과가 화폐수요 증가, 이자상승, 민간투자 감소로 이어지는 작용 고리를 통한 부정적인 수요효과에 의해서 지나치게 상쇄된다.

여기서 두 번째 전제조건은 당연한 것처럼 보이나 재산구축의 실제적인 유효성은 논란의 여지가 있다고 할 수 있다.

셋째의 간접적 구축의 형태는 신용시장 구축이다. 민간부문이 강화하여 국가에 신용을 허용하면 (적자재정이면) 불변의 신용공급에서 이자의 상승을 가져오고, 이로써 여타 사정 일정불변일 때 민간투자의 감소로 이어진다. 여기서 문제시되는 것은 이러한 효과가 국가적 지출증가의 확장적인 승수효과를 무력화시키는지, 혹은 심지어 국가지출 증가가 국민소득을 감소시키는 승수효과를 반대로 작용되게 하느냐 하는 것이다. 이러한 논점은 경제에 있어서의 하청위상의 개선이 국가적 지출의 결과로서 투자자들의 수익기대를 증가시키고, 이로써 투자함수의 우측 평행이동을 가져올 때는 작용하기가 더 어렵다.

투자함수의 다양성은 직접적 및 간접적 구축의 중간위치를 점하는 구축의 형태인 소위 말하는 기대구축을 제시한다. 여기서는 추가적인 국가의 채무가 미래의 임금 및 이윤추구 가능성에 대한 경제단위들의 기대에 부정적으로 영향을 미치며, 이로써 현재의 소비 및 투자수요가 제동되고 재화공급이 감소한다.

이에 비하여 새 고전학파적인 거시경제학은 오히려 임금역학을 신뢰한다. 고전학파적인 사고에 기운 경제학자들은 수요조정 대신에 임금역학의 재활성화를 요구한다 : 화폐임금이 하방으로 유동적이면 저고용을 감소시키고, 이는 다시 재화공급곡선의 탄력적인 부분의 우측(그림에서는 아래로) 평행이동을 지속하여 결국 재화수요곡선과 재화공급곡선의 수직선의 가지(완전고용)가 만나는 점까지 계속되어 이

[그림 43] 융통적인 임금과 전체 경제적 균형

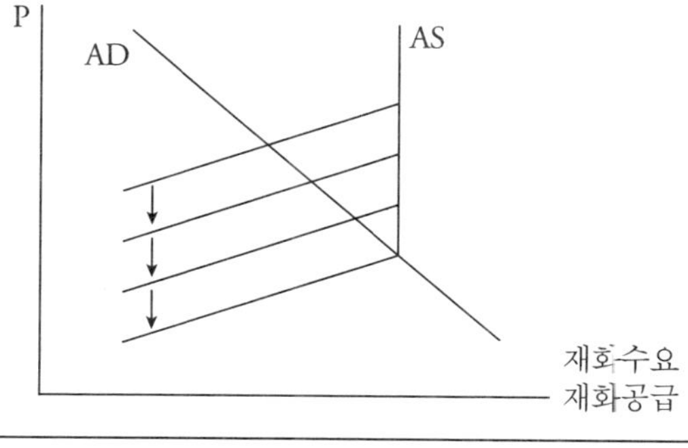

로써 완전고용이 달성된다.

케인스학파들은 임금하락에 의한 고용영향에 대하여 극히 회의적이다. 약한 혹은 아주 제외된 케인스 효과로 인하여 가격역학이 작동하지 않는다는 것이다. 유동성 함정이 유효하거나 투자가 완전히 이자비탄력적일 때는 임금하락의 결과로서 나타나는 물가하락이 수요 측 균형총생산의 상승을 가져오지 않는다는 것이다. 화폐임금 하락이 총생산이나 고용의 증가를 가져오지 않는다.

[그림 44] 케인스 효과가 없는 경우의 화폐임금 하락의 완전한 비효과

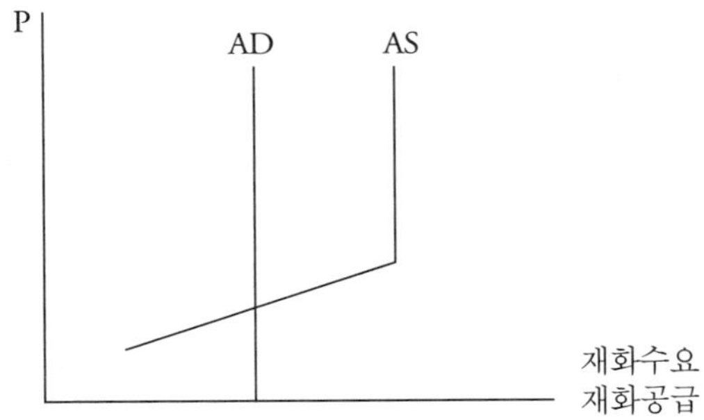

이러한 논점에 반대하여 신고전학파 경제학자들은 피구(A. C. Pigou, 켐브리지에서의 케인스의 반대 축) 효과를 들고 있다. 실질잔고효과라고도 불리는 이 가설에 의하면, 물가하락은 이것이 동반하는 (화폐) 잔고의 실질가치의 증가를 통하여 이자효과를 가질 뿐만 아니라 화폐 소유자의 증가하는 재산을 통하여 소비수요도 증가시킨다. 이러한 가설이 유효한 한 전체 경제적 재화수요곡선은 더 완만해진다. 약한 혹은 결여된 케인스 효과가 보상될 수 있다.

케인스학파가 임금하락에 의한 고용효과에 대하여 회의적으로 생각하는 첫 번째 이유는 약한 혹은 아주 제외되는 케인스 효과이다.

두 번째 이유는 임금하락의 분배작용을 고려하지 않은 것이었다. 가격비탄력적인 재화수요곡선의 논점에 추가적으로 케인스학파에 의해서 분배논점이 덧붙여졌다. 전통적인 케인스학파적인 모형에 있어서는 임금소득 수령자를 위한 소비함수와 (추측되는 상대적으로 높은 한계소비성향으로) 이윤소득 수령자를 위한 소비함수 사이에 (추측되는 상대적으로 낮은 한계소비성향으로) 구분이 없다. 그렇기 때문에 소득재분배가 화폐임금 하락의 결과로 주어질 수 있는 것처럼(구매력 논점) 이 모형에서는 수요의 수준에 아무 영향을 미치지 못한다. 분배논점에서 보면 분배의 수요작용이 소득분배의 투자수요에 영향을 미친다. 결국 임금하락의 총생산과 고용에 대한 이미 제시된 가능한 긍정적인 작용에 대하여 항의되었으며, 모형에서는 단지 두 개의 균형상태들이 서로 비교되었다는 것이다. 스스로 새로운 균형의 안정을 전제로 한다 하여도 얼마나 이러한 길이 지속될 것이며 그를 위한 희생이 얼마일지는 미지수이다.

세 번째 이유는 순환분석의 균형분석에 대한 가능할지도 모를 결과였다. 이러한 상관관계에 있어서는 물가하락 기대의 형성 가능성이 제시된다. 임금- 및 물가하락의 진행에서 경제단위들에 있어서 재화 및 요소가격들이 지속 하락할 것이 기대되면 계획된 수요가 연기되고 디플레이션 국면이 연속된다는 것은 제외할 수가 없다.

케인스학파에 있어서는 임금이 어떠한 적합한 고용정책적 변수도 아니다. 지금까지 전통적 케인스학파적인 모형과 얼마의 기본모형을 수정하는 논점의 보기들을 알았다. 또한 노동공급에 관하여 다소 다른 가정(화폐환상의 존재의 가정)으로 출발하는 비슷한 모형들도 있다. 최근의 케인스학파적인 거시경제학에 있어서는 케인스학파적인 측면에서 사고방향을 발전시켰다 하여도 전통적 모형에 있어서의 케인스적인 사고의 핵심을 전혀 대표하지 아니하든 혹은 극히 부분적으로 대표하고 있는 것을 볼 수 있다. 이러한 최근의 케인스학파적인 거시경제학들이 합리화이론, 후기 케인스학파 및 새 케인스학파이다.

13

소득 및 고용이론에 있어서의 새로운 발전들

1. 케인스학파적인 고용이론의 새로운 발전들

지금까지 제시된 전체 경제적 모형들은 원칙적으로 균형모형들이다. 즉 이들은 내생적 변수들이 그들의 시장청산적인 균형가치들을 이룩했을 때 실현되는 국민경제에 있어서의 상태를 나타낸 것이다. 케인스학파적 · 신고전학파적인 종합의 모형에서는 비록 모든 거시경제적 시장들이 분석에 포함되었지만 화폐임금률은 저고용상황에서의 하나의 핵심적인 가격변수로서 완전히 유동적으로 가정되지 않는다는 것이(극단적인 경우는 일정하다는 것이) 특징이다. 이로써 균형실질임금은 실현되지 않으며, 케인스학파적인 수요조정으로 영향받을 수 있는 저고용"균형"이 모형화될 수 있다. 힉스-한젠식 각인으로 이룩된 IS-LM 모형의 케인스학파는 케인스를 현실적으로 균형

이론가로 보았다 : 노동시장을 제외한 모든 시장들이 균형이다. 완전히 신축적인 가격들에서(화폐임금과 이자를 포함한 완전히 신축적인 가격들에서) 저고용상태에서 출발하는 완전고용은 투자 및 유동성 함정이 존재하는 경우에는 도달되지 않는다.

케인스학파는 최근 여러 가지 방법들로 지속 발전하였으며, 이들에서는 서로 상이한 변수들을 사용하는 표현들이 부분적으로는 중복되는 것을 볼 수 있다.

1 | 합리화이론

파틴킨(Patinkin), 클로우어(Clower) 및 레이욘후드(Leijonhufvud)가 케인스 해석의 기반을 형성하여 합리화이론("불균형이론", "청산되지 않은 시장에서의 거시경제학" 및 "새 거시경제학"으로 알려진 합리화이론)을 발전시켰다.

합리화이론의 특징은,

- 수량은 시장상황에 적응하는 반면 (관찰시점에서) 상대적으로 비신축적인 가격들에서 출발한다.
- 균형가격들이 아닌 상태에서 구매와 판매가 시장들에서 실행되고 단기의 시장 측면이 거래량을 결정하고 장기의 시장 측면이 합리화되는 것을 고려한다.
- 합리화를 한 경제단위들이 상호 의존적인 시장체제에서 전후방 연관효과를 통하여 합리화된, 그리고 다른 시장들에 대하여 그들의 경제계획을 변화한다는 것을 고려한다.

① 기본사상

고려의 배경이 발라(L. Walras)적 각인의 일반균형이다. 완전히 신축적인 가격(재화가격, 임금률 및 이자율)의 시장체제에 있어서는 일정한 조건 하에서 국민경제의 전체 시장의 균형이 지배하는 그러한 가격체제가 있다. 가격들이 아주 신속히 불균형에 대응한다고 하면 (체제가 견고한 한) 균형가격이 바로 주어지고, 경제계획들과 국민경제의 경제단위들의 구매- 및 판매거래들의 상호적인 합일화로 된다. 이것이 발라적 균형의 세계이며, 이에서는 국민경제의 가격들이 하나의 충분한 신호체제이다.

현대 산업사회의 현실에 있어서는 재화, 요소 및 재산의 가격들이 (특히 금융시장을 제외하면) 그들이 비교적 짧은 시간에 그들의 균형가치를 도달할 만큼 그렇게 신축적이지는 않다. 그럼에도 불구하고 경제과정은 계속되며, 즉 불균형에 있는 시장들에서도 구매와 판매가 이루어진다. 다음의 그림은 개별 재화시장에서 형성되는 상황을 보여준다.

[그림 45] 개별 시장에서의 불균형

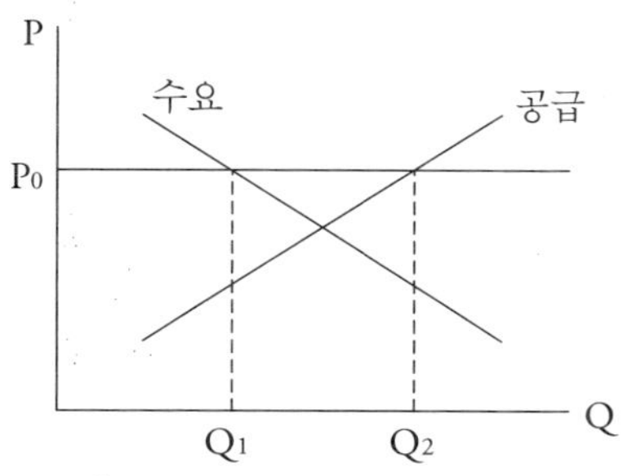

그림에서 보면 시장에서 지배하는 가격 P_0에서 이러한 가격과 여타 재화 및 요소들의 가격의 바탕 위에서 공급량은 Q_2로, 수요량은 Q_1로 계획된다. 이러한 오로지 지배적인 가격의 바탕 위에서 결정된 공급량 및 수요량은 합리화이론에 있어서 발라적 공급 및 수요이론으로 표시된다. 그러나 지배적인 가격에서 시장에서는 Q_1의 수량만이 교환된다. Q_2-Q_1의 계획된 판매는 수요가 공급을 제한하기 때문에 실행될 수 없다. 수요가 공급을 합리화한다. 지배적인 가격이 이러한 상황에서 지속적인 것으로 간주되면 공급자들은 합리화에 대응한다. 비록 가격 P_0가 (국민경제에 있어서의 기타 가격들도) 그들에게 발라적 공급량 Q_2를 신호함에도 불구하고 그들은 판매 가능한 수량 Q_1을 그들의 실재적인 공급행태에서 고려하며, 지속적으로는 시장에서 수량으로 적응된 실재적 양 Q_1만을 공급한다.

재화공급자들의 행태의 이러한 변화는 국민경제의 다른 시장들에도 역작용을 미치지 않는 것은 아니다. 지배적인 가격에서 위의 시장의 공급자들은 발라적 재화공급량 Q_2에 상응하여 결정된 발라적 수요량을 생산요소를 위해 계획한다. 이제 그들이 단지 그들의 실재적인 재화공급 및 재화생산을 수량 Q_1로 감소시키면 그들은 또한 요소시장에 있어서의 그들의 실재적인 수요량을 줄이게 될 것이다. 이로써 생산요소의 공급자들은 그들의 발라적 공급량을 완전한 크기로 판매할 수 없으며, 이는 다시 여타 시장들에서의 실재적인 수요에 역작용을 미친다. 이로써 위에서 관찰한 시장에의 역작용이 온다. 전체적으로 하나의 축소적인 승수과정이 형성된다.

국민경제의 개별 시장들이 불균형에 있고 가격들이 이들 불균형을 신속히 제거할 만큼 신축적이지 못하면 경제주체들은 시장들에 있어서 그들이 장래에 그들의 실재적인 공급 및 수요계획에 관계되는 수량제한을 경험하게 된다. 합리화된 경제단위들의 결정기반이 일반균형의 상황과는 상충하여 변화한다. 이들은 균형에 있어서는 그들의 계획들과 행위들을 단지 가격체제에 바탕을 둘 수 있는 반면, 이러한 가격체제는 불균형에 있어서는 아무런 충분한 계획기반도 제공하지 못하며, 오히려 경험이 있고 기대되는 수량제한을 통하여 보충되어야 한다.

② 수량제한과 연관된 소득 및 고용이론

단순화를 위하여 국민경제적 재화시장과 노동시장만을 고려하며, 나아가 국민경제의 가격수준과 화폐임금률은 고정된 것으로 간주한다.

이러한 가정 하에서 국민경제에서 처음에 완전고용이 지배하고 있다고 가정한다. 그림에서 보면 지배적인 가격수준 P_o와 화폐임금 W_o에서 노동시장에서의 균형실질임금은 W_o/P_o이다. 이때 고용량은 N_o로서 완전고용총생산은 Y_o이고, 또한 이러한 완전고용총생산 Y_o는 수요된다.

이를 테면 수출의 감소로 재화시장에서 공급과잉이 된다. 가격이 가정된 것처럼 이러한 공급과잉에 대응을 하지 않기 때문에 총생산의 공급자들은 그들의 생산을 새로운 수요수준으로 낮추며, 단지 총생산 Y_2만을 공급한다. 낮은 총생산은 그의 생산에 N_o보다 적은 N_2만의 고용량을 요구한다. 비록 실질임금이 균형수준인 W_o/P_o에 있어도 노동시장에서는 노동에 대한 공급과잉, 즉 비자발적 실업이 형성된다. 고용상태/-상황의 결과로 화폐임금이 일정한 물가수준에

[그림 46] 균형된 및 불균형된 재화시장에서의 노동시장

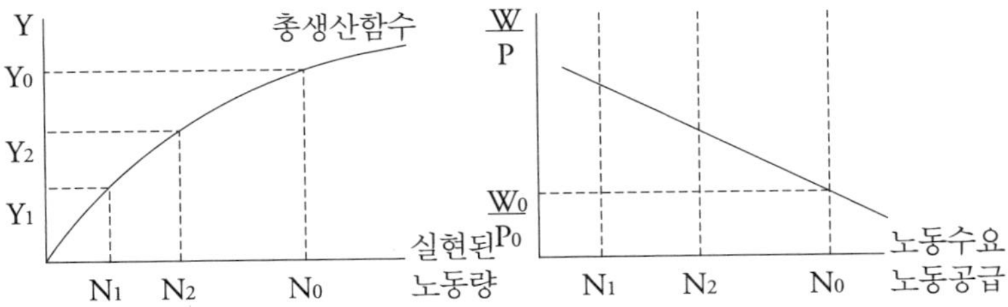

서 하락하는 한 이러한 비자발적 실업은 축소되지 않는다. 실질임금의 하락으로 발라적 노동수요가 증가할 수 있으나 합리화된 재화공급을 통하여 결정된 실재의 유효한 노동수요는 변화하지 않으며, 그림에서처럼 그대로 N_2이다.

노동공급자들은 (지배적인 가격에서) 그들의 계획된 노동공급을 역시 판매할 수 없으며, 즉 그들의 실재 소득은 그들의 발라적 소득보다 적다. 결과적으로 그들은 그들의 재화수요를 제한하며, 이로써 전체 경제적 수요의 지속적인 감소를 가져온다. 즉 그림에서 재화생산은 Y_1로, 노동수요는 N_1로 된다. 이러한 축소적인 승수과정은 재화시장에서 공급된 총생산이 그에서 공급된 총생산이 바로 수요되는 실재적인 소득이 창조되는 노동수요와 연관될 때까지 지속된다. 이러한 합리화 균형은 (고정가격에서) 시장에서의 수량적응을 통하여 이룩된다.

재화공급자들이 합리화하면 그들은 재화공급을 더 적은 재화수요에 적응하고, 또한 그들의 실재적인 노동수요를 감소시킨다. 그러므로 비자발적 실업이 형성된다. 실재의 노동수요는 실질임금과는 독

립적이 된다. 합리화된 노동공급의 결과로 재화수요가 제한된다. 시장에서의 공급- 및 수요량은 합리화 균형에 도달할 때까지 적응해 나간다.

실질임금의 하락은 특정한 시장정세에서는 고용의 증가로 이어지지 않는다. 고용은 단지 전체 경제적 수요수준의 증가에 의해서만 증가될 수 있다.

합리화이론은 이로써 전통적인 발라적 균형분석 이외에 국민경제의 시장들에 있어서의 상이한 불균형상황/-상태의 분석을 가능하게 해주었다.

2 | 후기 케인스학파

후기 케인스학파는 고전학파적인, 케인스학파적 · 신고전학파적인 거시경제학의 형태적 일체성을 가지는 것은 아니다. 이는 특별히 거시경제학의 좁은 의미로 표현될 수 없으며, 일반적으로 역사적 · 제도적 및 경제체제 유형적 조건들의 각인을 통한 경제적 이론의 더 큰 실현에 도달하기를 시도하고 있다. 후기 케인스학파의 핵심은 신고전학파적 균형표상의 거부이며, 오히려 영원한 불균형의 이론으로 이해된다.

특히 데이비드슨(P. Davidson), 칼도우(N. Kaldor), 밀레키(M. Melecki), 크리글(J. A. Kregel), 민스키(H. P. Minsky), 로빈슨(J. Robinson) 및 섀클(G. L. S. Shackle)에 의해서 대표되는 이러한 후기 케인스학파의 이론기반인 핵심적인 요소들은

- 경제적 결정들의 불확실성이다. 특히 기업가적 투자결정들

이며, 이는 이미 케인스에 의해서 강조되었지만 전통적 케인스학파에서 의미가 쇠퇴한 것이다. 그리고 시간의 역할이다.

- 정상비용원칙에 따른 과점적 가격결정자들에 의한 가격형성이다.

① 불확실성과 시간의 역할

생산과 투자는 미래를 위한 것이다. 모든 기업가적 결정은 그들의 계산에서 기대되는 미래의 가격과 미래의 구매 및 판매정세들이 바탕이 된다. 모든 기업가들은 그가 시간에 상응하는 절차를 통하여 생산하려면 그의 기대에 따라 진행되게 하는 것 이외는 어떠한 선택도 하지 않는다. 이러한 역사적 시간에의 얽어맴은 두 가지 평범한, 그러나 계산적인 취급성의 경제적인 모형 때문에 대부분 희생된 결과들을 가진다. 과거는 불가역성으로 주어진 것이고, 그리고 미래는 불확실하다.

시간에서 반대방향의 운동은 가능하지 않기 때문에 이러한 견해에 의하면 그에서 모든 크기들이 동시에 일반적인 상호 의존성의 형태에서 상태, 즉 일반균형은 아무런 의미 있는 현실의 형상은 아니다. 공급자와 수요자에 의한 경제계획들은 대체로 동시에 제시될 수 없으며, 수요가 공급들 사이에서 선택할 수 있기 이전에 재화공급이 이전의 생산을 전제로 하며 투자와 생산에 대한 결정들이 이루어져야 하기 때문이다. 시장체제에 있어서 시간의 불가역성이 훨씬 더 시간적 나열연속의 형태로 상호적인 의존성 종속을 조건짓는다. 이렇게 하여 이를 테면 이자는 투자에 영향을 미치고 투자는 생산에, 생산은 화폐수요에, 그리고 화폐수요가 이자에, 이는 또한 다시 투자에 영향을 미치는 형태에로의 후방 연관이 이루어진다. 이렇게 케인스 또한 적응과정을 하나의 연속과정으로 보았다.

케인스나 후기 케인스학파는 불확실성의 사실을 시간의 불가역성보다도 더 의미가 큰 것으로 보았다. 불확실성은 여기서 위험과 구분할 수 있다. 위험에서는 결과가 수학적으로 형성 가능한 확률분포하에 놓여 있으며, 미래적 결과의 조망이 알려져 있다. 이에 반하여 불확실성에 있어서는 미래의 결과의 조망을 정확히 알지 못하며, 그러하기 때문에 사전적인 확률을 결정할 수가 없다.

또한 불확실성은 신고전학파적 균형표상의 거절을 증명한다. 왜냐하면 균형의 이상은 시장참여자들이 주어진 상황에서 그들을 위한 이상적인 결정을 하는 것에서 출발하기 때문이다. 그러나 그들이 결정의 시점에서 그들의 선택행위들의 결과들을 알지 못한다면 경제계획들의 지속적인 수정이 될 것이다. 그러므로 경제계획에서 기대착각가들과 계획수정가들에 의한 의미에 있어서의 불균형들이 영원히 기대되는 것이다.

불확실성은 결국 미래의 발전의 기대나 평가가 아주 신속하게 변천한다는 것을 결정한다. 이는 특히 쉽게 되돌려놓을 수 없고, 그리고 순환적인 경험으로 지원될 수 없는 먼 미래에 관한 결정들에 있어서, 이를 테면 새로운 생산품에의 투자나 새로운 기술에 관하여와 같은 결정들에 있어서 그러하다. 이로써 후기 케인스학파에서는 특히 투자함수 $I=I(i)$와 그리고 또한 화폐수요함수 $L=L(i)$는 안정적인 것으로 유효하지 않으며, 이자와 투자재(자본재)수요 및 화폐수요 사이의 관계는 비교적 빨리 평행이동을 할 수 있다.

불확실성의 감소를 위하여 무엇보다도 구매가격, 판매가격 및 임금이 봉사될 수 있다. 이러한 관점에서는 공급자들과 수요자들, 노동자들과 기업가들에 의한 이익위상으로부터의 가격- 및 임금경직성이 있다. 이로써 시장에서의 불균형 위상들과 결과적으로 이로 인하여 귀결되는 수량적응들이 일반적이다.

동시에 불확실성은 재화판매가 어렵게 되는 그러한 기간들에 있어서 유동성을 확보하기 위한 화폐의 특별한 역할을 증명한다. 모든 나타나는, 그러나 대부분 확실히 알려지지 않은 부채를 상환할 수 있기 위하여 언제나 화폐를 제공할 수 있어야 한다. 이렇게 증명된 유동성 선호는 일반적인 수요약화의 위기의 기간에는 특히 의미가 크며, 재화나 노동력의 판매를 통한 유동성의 조달이 더 확실하게 보일 때는 의미가 적다.

이로써 금융시장들이 실업과 위기에 대한 설명에 있어서 다시 역할을 수행한다. 경기상승기에는 기업가들은 투자를 강화하며 은행대출로 투자를 하는 경향이 있으며, 신용의 상환은 이러한 경기상승기에는 문제가 없는 것으로 보인다. 나아가 증가하는 타인 자본에 의한 금융과 완만해지는 경기와 더불어 신용상환에서의 신뢰가 사라지기 시작하고 유동성(화폐)에 대한 편애가 증가한다. 이러한 증가하는 화폐에 대한 선호는 점차적으로 구매위축에, 그리고 반대방향으로 판매억압에 영향을 미친다. 반재품과 재고품을 줄이려고 노력한다. 이러한 발전은 신투자에 대한 기대되는 수익률을 감소시키고 이자율을 상승시킨다. 투자활동이 감소한다. 상대적으로 경직된 임금과 가격에 있어서 고전학파의 가격역학이 승수과정의 형태로의 소득역학으로 대체된다.

② 정상비용원칙

케인스 자신도 가격형성원칙에는 별 신경을 안 썼지만 후기 케인스학파는 공급과 수요에 의한 고전학파적 가격형성을 과점에 의한 가격고정 행태로 대체했다. 과점에서의 가격은 이러한 관점에 의하면 정상적인 가동률에서 형성되는 생산의 단가에 이윤첨가가 주어지면서 (정상비용원칙 하에서) 계산된다. 이러한 이윤첨가는 한편으로는 충분한 가동률을 확보하기에 만족할 만큼 낮게, 다른 한편으로는 여유 있는 이윤을 이룩하기에 만족할 만큼 계산된다.

이러한 가격형성원칙은 (불확실성 이외에) 관찰 가능한 가격경직성을 위한 다른 증명을 제시한다. 가격은 현실적으로 "정상적인" 생산비용에 의존적이다. 수요나 수요의 진동은 단지 적은 역할밖에 못한다.

이러한 가격형성원칙에서 물가수준은 현실적으로 일반적인 비용수준에 의존적이며, 비용수준의 가장 중요한 결정기반이 명목임금과 노동생산성 사이의 관계이다. 임금만이 유일한 비용요소라면 생산의 단가는 임금단가로서

$$\text{임금단가} = \text{임금률}/\text{노동생산성}$$

이다.

가격은 임금률, 노동생산성 및 이윤첨가에 의존적이다. 이로써 생산의 기술적인 조건과 임금 및 이윤에 대한 소득의 분배가 가격을 위하여 의미가 있으며, 고전학파적 및 새 고전학파적 거시경제학의 체제에서 가격수준의 결정기반으로 유효한 화폐량 변화와 같은 불특정의 역학이 가격을 위하여 유효한 것은 아니다.

결국 가격결정자에 의해서 고정된 가격은 통상적으로 불균형가격이며, 이러한 가격에서 모든 기업가들에 의해서 갈망된 생산량이 판매될 수는 없다. 훨씬 더 수요가 "희소"하므로 수요가 판매(공급)를 제한한다. 기업가는 그럼 수요에 대한 기대를 형성하고 그의 생산을 수요기대에 맞춘다. 이로써 (기대되는) 수요가 생산과 고용의 크기를 결정한다는 것이 후기 케인스학파의 체제에서 다시 분명해졌다.

후기 케인스학파가 자체로서 단일적인 이론적 체제를 제시하지 못하고 거시경제적 부문에 있어서 건설적 공헌보다는 비판적 공헌들을 함으로써 고용정책에 대한 그들의 결과들이 단일적이 아니다. 불확실성과 시장경제적 체제의 불안정성 강조의 바탕 위에서 자연적으로 시장경제의 이상적인 자체 조정능력의 확신인 고전적인 자유방임은 제외되었다. 그러나 작동하는 고용정책의 형태에 대해서는 단일적이지 않다. 부분적으로 후기 케인스학파는 불안정의 가장 중요한 원천을 제거하기 위하여 민간투자, 금융 및 국제 자본 흐름 분야에 있어서의 막강한 통제를 옹호한다. 또한 부분적으로는 화폐, 재정 및 소득정책의 수단을 포함한 인습적인 케인스학파적인 글로벌 정책을 옹호한다.

3 | 새 케인스주의

특히 블랜차드(O. J. Blanchard), 피셔(St. Fischer), 맨큐(N. G. Mankiw), 로머(D. Romer)로 대표되는 이 이론은 여타의 케인스학파적인 이론의 부문들에서 미시경제적으로 대개 기초를 이루지 않고 있는 경직적인 가격과 임금을 경제단위들의 최적행태로부터 유도해내고, 그리고 전체 경제적 상관관계에 정리하는 것을 시도한다. 여기서 이론들에 공통점은 이들이 완전경쟁의 시장형태에서 탈피하고 이를 테면 독점이나 독점적 경쟁의 형태와 같은 불완전 경쟁의 불완전한 정보나 요소를 분석에 관여시키는 것이다. Insider－Outsider 이론, 메뉴비용 모형, 효율임금이론, 저고용과 그의 지속을 증명하려고 하는 시도들이 이에 속한다.

2. 새 고전학파적 거시경제학(통화주의)

비교적 짧은 기간의 케인스학파적인 사고의 위세가 지나고 1970년대 초 이래 고전학파적 이상들이 다시 경제이론과 나아가 놀랍게도 경제정책의 영역에 자리를 잡았다. 이러한 발전은 통화주의의 형성과 밀접한 관계가 있으며, 어쩌면 이와 동일하게 볼 수 있다. 이에서 통화주의는 아주 단일적인 사고의 구축을 형성한 것이 아니고 여러 가지 가설들의 상이한 유형들이 가능하다. 미국의 노벨상 수상자 토빈(James Tobin)은 통화주의를 유형 I과 유형 II로 구분한다. 통화주의 I은 1960년대와 1970년대의 초기 통화주의로서 시카고의 노벨상 수상자 프리드맨(Milton Friedman)에 의해서 현실적으로 각인되었다. 통화주의 II는 더 엄격하고 더 보수적 이념으로 각인된 통화주의의 틀로서 종종 새 고전학파적 거시경제학으로 불린다.

고전학파적 사고를 연관시키는 통화주의의 전체 체제를 새 고전학파적 거시경제학으로 표현하기로 하면 이제 이들의 핵심적인 구축

물들이

- 경제의 민간부문의 안정성
- 신수량이론 : 화폐량의 변화가 화폐수입 변화의 지배적인 이유이다.
- 필립스 곡선, 결과로서 대부분 가격 비탄력적인 전체 경제적 공급함수를 산출하는 일정한 기대가설(특히 합리적인 기대가설)과 연관된 필립스 곡선
- 경우에 따라 다른 안정화정책의 부인

이다.

1 | 민간부문의 안정성

경제의 민간부문의 안정성에 대한 가설들은 두 가지 주장들로 형성되어 있다.

- 경제의 민간부문은 스스로 강화하여 진동하는 것을 생산하지 않는다.
- 외부로부터 전달된 충격이나 불균형 위상에 대한 민간 경제주체들의 적응행태는 안정적으로 작용한다. 즉 이는 계획된 그리고 실현된 크기 사이의 차이를 줄인다.

여기에 추가될 수 있는 것이 국가부문에서 나오는, 특히 통화적인 자극이 생산의 순환적 진동의 지배적 요인이라는 확신을 가진 가설이다. 이러한 위치를 분명하게 주장하는 통화주의 학자가 브루너(Karl Brunner)이며, 그는 민간부문은 기본적으로 아주 안정적이며, 민

간부문이 충격을 없애고 안정화의 방향으로 변형시킨다고 본다. 경제적 과정의 주요 불안정성과 불확실성은 국가적 브문의 행태에 기인한다. 불확실성은 특히 조세 및 국가지출 계획과 당해 관청의 대책들에서 계산될 수 있다. 불안정성은 특히 화폐, 금융 및 재정정책에서 볼 수 있다. 여기서 안정화 가설이 증명되지 않은 주장으로 보이지만 아래와 같은 얼마의 추가적인 고려로서 기반이 다져질 수 있다.

① 재산제한의 고려 하에서 장기적인 효용극대화

경제주체들은 그들의 행위들을 마지막으로 제한하는 재산의 고려 하에서 (재산제한 하에서) 장기적으로 (기본적으로는 그의 전체의 삶을 통하여 장기적으로) 그들의 경제적인 행위에서 나오는 가장 큰 효용을 이룩하는 것을 시도한다.

재산은 이러한 프리드맨(Friedman)에서 연유하는 관점에 의하면 소득원천의 모든 미래 수익의 현재가치보다도 훨씬 더 넓게 해석되고 있다.

즉 소득원천들은

- 실물자본(기계, 설비, 대지)
- 금융자본(채권과 화폐)
- 인적 자본(사람노동의 현재가치)이다.

현재가치는 미래 수익의 현재에로의 이자를 감한 가치로 이해된다. 위의 인적 자본, 금융자본 및 실물자본의 현재가치를 산출하면 결국 전체 재산을 확인할 수 있다.

인간의 기본적인 경제적 문제는 그의 재산의 사용에 있어서 재산의 전체 효용이 극대화되게 그렇게 구축하고 시간적으로 분할하는 것이다. 이러한 기본 고려에서 노동에 대한 공급과 소비재, 채권, 화폐 및 여가에 대한 수요가 도출될 수 있다.

경제주체는 전체 재산으로 계산하는 대신(계산상의 편의를 위하여) 소위 말하는 영구소득으로 계획할 수 있다. 영구소득은 여기서 장기평균이자율로 계산된 소득이다.

현실적인 분석에서 프리드맨은 영구소득이 장기적으로 기대되는 평균소득으로 해석될 수 있고, 이는 현실적으로 과거에 이룩한 소득의 기반에서 평가될 수 있다고 본다.

인간적 계획의 이러한 (너무나 경제적인) 관점은 자본주의적 시장경제의 안정성과 불안정성에 대한 기본적인 불일치를 위한 결정적인 의미를 갖는다. 또한 수요가 재산에 마찬가지로 영구소득에 의존적인 것으로 간주되기 때문에 경상수입의 변화는 수요행태에 단지 작은 영향밖에 미치지 못한다는 것은 자명하다. 이로써 기간소득에 관여된 한계소비성향은 통화주의적인 체제에서는 케인스학파의 체제에서보다도 현실적으로 작다.

② 높은 가격유동성과 신속한 적응

새 고전학파적 거시경제학은 공급자들과 수요자들에 의한 효용극대화의 행태가 (그들의 이익에 상응하는 행태가) 불균형의 경우의 가격들을 비교적 신속히 변화시키는 것으로 유도한다고 믿는다.

전체적으로 가격들이 수량들보다 더 신속히 적응한다는 것이다. 즉 상대적 가격의 변화가 아주 신속히 균형으로 유도한다고 본다. 가격역학은 적응의 짐을 성공적으로 수행한다고 보며 가격에 의한 시장청산의 개념을 믿는다.

가격관계를 변화시키기 위해서는 관여된 가격들의 성장률만이 종종 서로 상이하게 발전하여야 한다. 새로이 생산된 재화에 대한 관계에서 노동이 싸지기 위해서는 화폐임금이 가격보다 덜 상승하여야 한다. 이로써 바로 이러한 가격관계가 종종 믿었던 것보다 더 유동적이라는 것을 보여준다.

③ 합리적인 기대

합리적인 기대가설은 새 고전학파적 거시경제학의 개념에 있어서 핵심적인 역할을 한다. 합리적 기대는 사람들이 경제적 상관관계를 알고 그러하기 때문에 그들에게 알려진 경제정책적 대책들에 대한 결과들을 예측할 수 있을 때 존재한다. 최소한의 전제가 사람들은 미래의 결과의 옳은 확률분포를 알고 있다는 것이며, 결코 체제적인 어떠한 경우도 우연적인 방황은 제외된다.

자연적 실업의 표상과의 상관관계에서 합리적 기대가설로부터 아주 중요한 정치경제적 결과가 나온다. 여기선 국가적 경제정책이 아무 작용을 못하며, (정책 비효율의 명제로서) 생산과 고용에 대한 실제적 크기에 아무런 영향을 미치지 못한다. 이러한 관점에서는 공급과 수요에 의한 생산과 고용이 노동시장에 의존적이며, 이는 다시 국가적 경제정책에 의해서 영향을 받지 않을 수 있으며, (경제주체들이 이러한 것을 알기 때문에) 또한 실제로 영향을 받지 않는다는 것이다.

새 고전학파적 거시경제학에 있어서는 만약 국가적인 측면에서 이들을 방해하지 않는다면 노동, 재화 및 화폐시장은 그들의 균형위치를 스스로 차지한다는 것이다.

노동시장에서는 계획된 노동공급이 계획된 노동수요에 상응하는 실질임금이 정착하며, 이러한 실질임금에서는 역시 모든 노동의사가 있는 자와 노동능력이 있는 자는 일자리를 발견하며, 단지 결여된 투명성과 결여된 유동성이 얼마의 마찰적 및 구조적 실업을 증명할 수 있다. 이러한 얼마의 크기가 노동시장에서의 구조적 조건을 반영하기 때문에 또한 자연적 실업이라고 불린다. 자연적 실업은 이로써 "자연적으로 주어진 것"이 아니며, 이는 투명성 및 유동성에 대한 촉진의 대책들을 통하여 감소될 수 있다.

2 | 통화적인 자극의 우위(신화폐수량이론)

이 가설의 핵심은 통화량의 변화들은 명목국민소득(총생산)으로 이해되는 경제적 행위의 변화들을 위한 가장 중요한 결정기반들이다. 이러한 서술은 통화량과 명목국민소득 사이에 밀접한 병행 발전이 보인다는 경험적 연구를 통하여 기초되고 있다. 그러나 경험이 인과관계에 대하여 아무런 설명도 하지 않는다. 이를 테면 역시 명목국민소득의 변화가 통화량의 변화의 원인이라든지 혹은 제3의 알려지지 않은 크기가 이들 둘의 병행성에 작용한다는 것과 같은 것이다.

추측되는 인과관계의 방향에로의 서술을 하기 위하여 하나의 이론을 필요로 하고 있다. 이것이 고전학파의 화폐수량이론의 지속 발전인 신화폐수량이론에서 발전되고 있다. 확대된 기반으로 신화폐수량이론에서는 다시 화폐수요가 현실적으로 소득에 의존적인 것으로 간주하며, 통화량의 변화는 전이과정에서(연동역학에서) 결국 명목국민소득을 변화시킨다고 설명한다.

① 통화주의적인 화폐수요이론

프리드맨(M. Friedman)으로 소급되는 이 견해에 있어서 화폐에 대한 수요는 다른 모든 재화에 대한 수요와 마찬가지로 재산을 통한 제한의 고려 하에서 장기적이고 지속적인 최적계산에서 도출된다. 프리드맨에 의한 재산의 종류로는

- 화폐
- 확정이자의 국채(Bonds)
- 주식(국민경제의 존재하는 생산적 실물재산에 대한 권리)
- 내구 소비재(자동차, TV)
- 인적 자본(교육, 건강) 등이 있다.

특정한 방식으로 구조화된 전체 재산이 재산형성 포트폴리오(Portfolio)이다. 경제주체들은 이제 이러한 재산형성 포트폴리오를 최적으로 형성하기를 시도하며, 즉 그들은 그들의 전체 재산을 재산구조가 전체 효용을 더 이상 증가시키지 않을 그러한 개별 재산 종류로 분할하는 것이다. 여기서 고려될 수 있는 것이 모든 설비형태가 자체로써 특수 이익을 가져오며, 특수 위험이 또한 그 자체에 포함되어 있고 동시에 또한 다른 가능한 설비형태의 수익에 대한 포기의 비용(기회비용)이 든다는 것이다.

화폐는 효용의 형태로 이와 연관된 안전, 안락함 및 사회적 인정과 결부된 비금전적 수익을 가져오며, 또한 가능한 방식으로 일반적인 물가하락에서는 금전적인 수익도 가져온다. 인적 자본에 대한 투자도 미래에 있어서의 더 높은 노동소득의 기회를 가져온다.

프리드맨의 화폐수요이론은 원칙적으로 재산유지의 상이한 가능성에 있어서의 수익, 위험 및 선호를 고려하지만 이로써 역시 이 이론은 응용하기가 어렵다. 경험적 연구와의 일치를 위해 프리드맨은 그의 이론의 기반을 단순화하고 실재적-수량적으로 단지 적은 의미만을 가지는 영향 크기들은 제거했다. 남아 있는 것이 고전학파에 아주 가까운 화폐수요이론으로서, 여기서 이자는 화폐수요에서 단지 적은 역할밖에 하지 못한다.

실질화폐수요 L/P는 영구실질소득 Y에 의존적이다.

$$L/P = k \times Y \text{ 혹은}$$

$$L = k \times P \times Y$$

여기서 k는 현금잔고계수이다. 화폐수요는 고정적인 함수로 유효하며, 즉 경제주체들은 적은 변수에 있어서 시간과는 독립적으로 크기에서 분명히 일정한 통화량을 유지하려고 한다. 이로써 화폐수요는 실재적 경제정책의 목적을 위하여 충분히 진단될 수 있는 것으로 간주된다.

② 연동역학

어떠한 방향에서 통화량의 변화가 명목국민소득에 영향을 미치는가를 보여주는 연동역학의 출발점은 모든 경제주체들이 그들의 재산을 최적으로 분할하였는가에 대한 고려이다. 이제 통화량이 증가한다면 이러한 균형은 방해된다. 사람들은 그들이 이전의 모든 수익의 기반 위에서 유지하려고 했던 것보다 더 많은 화폐를 소유하며, 잉여의 화폐잔고로 여타의 재산목적물을 수요하게 된다. 이들은 증가하는 수요로 점점 비싸진다. 이로써 그들의 수익률은 여타 사정 일정불변일 때 감소한다. 새로운 균형에 도달할 때까지 재산설비의 전체 조망에 대한 추가적 수요의 물결이 점점 확산된다.

재산의 대체관계의 고리는 화폐에서 채권, 주식, 내구 소비재로, 다시 이러한 채권, 주식, 내구 소비재는 새로이 생산된 재화로 된다. 이러한 적응과정은 결국 새로이 생산된 재화나 서비스에 대한 강화된 수요를 의미한다. 생산확장은 여유 있는 설비가 존재할 때 가능하며, 그렇지 않으면 물가만 상승시킨다.

적응과정은 추가적인 통화량이 바로 갈망될 때, 즉 가격수준(P)에 현금잔고계수(k)로 곱하여진 실질국민소득(Y)이 통화량과 같은 비율로 증가(dM=dL)하였을 때 종결된다.

$$dM = dL = k \times P \times Y$$

3 | 필립스 곡선

필립스 곡선은 필립스(A. W. Phillips)가 1958년 물가상승률(원래는 임금상승률)과 실업률 사이의 경험적으로 도출된 관계를 발표하면서 논의되었다. 이러한 필립스 곡선에 있어서는 증가하는 물가상승률이 감소하는 실업률에 대응한다.

사무엘슨(Samuelson) 및 솔로우(Solow)를 포함한 당시 대부분의 경제학자들은 필립스 곡선을 고정된 관계로 이해하였으며, 실업과 인플레이션 사이에 선택가능성(역선택)이 있는 것으로 믿었다.

프리드맨(M. Friedman)과 펠프스(E. S. Phelps)의 관점에서 보면 전체 경제적 노동시장은 실질임금 의존적인 노동공급과 실질임금 의존적인 노동수요가 특징적이다. 노동공급과 노동수요는 균형적인 실질

[그림 47] 원래의 필립스 곡선

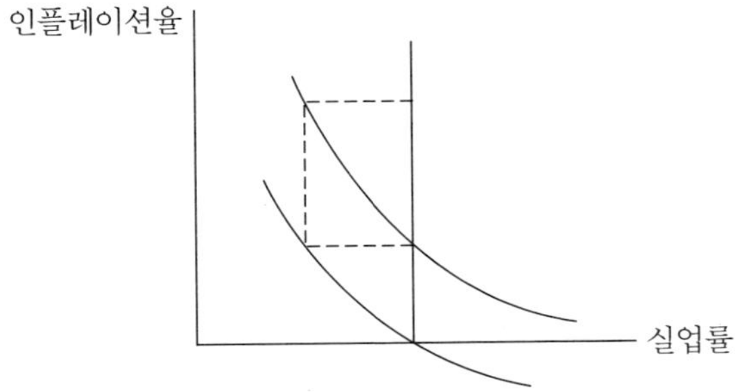

임금(W/P)에서 일치하며, 이에 균형적인 고용량 N_o가 정리되며, 이는 시장불완전성에서 귀결되는 자연적 실업률과 연계되어 있다. 그림에서 이러한 자연적 실업률(Y_o)에 있어서의 인플레이션율을 영이라고 한다면 그럼 필립스 곡선의 첫 점이 주어진다. 정부가 이제 국민경제를 확장적인 수요정책을 통해 통화량 성장률의 상승과 더불어 실업률을 자연적 실업률보다 낮게 하려고 (Y_o점에서 A점에로) 시도한다고 하자. 결과는 (우선 불변의 재화공급에서) 긍정적인 인플레이션율의 형성이다.

인플레이션의 일시적 상승은 단지 단기적으로만 (Y_o점에서 A점에로의 이동을 통하여) 고용 확장을 가져오지만 중장기적으로는 (A점에서 B점에로의 이동을 통하여) 고용과 생산의 실질변수에 있어서는 (원래의 Y_o 값으로써) 아무런 영향을 미치지 못한다. 달리 표현하면 필립스 곡선은 단기적으로는 인플레이션율과 실업률 사이의 상충관계인 우하향의 기울기를 가지지만 장기적으로 필립스 곡선은 (Y_o–B–D를 잇는, 자연실업률 Y_o에서) 수직이다.

[그림 48] 장기 필립스 곡선

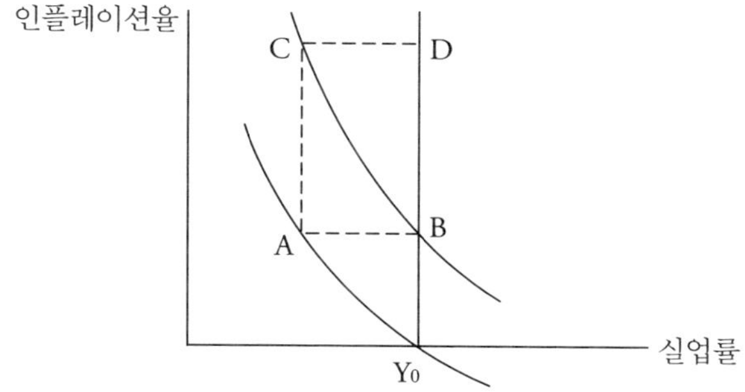

4 | 능동적인 안정화정책으로부터의 회귀

새 고전학파적 거시경제학에서 보인 국가적 경제정책의 결과는 명료하다. 경기와 고용에 대한 안정화를 위한 국가적 경제정책은 단지 필요불가결하지 않은 것일 뿐만 아니라 오히려 해를 끼치며, 합리적 기대에 있어서는 영향력이 없다. 구체적으로 통화정책만이 장기적으로 물가수준 안정화를 보장한다. 이에 의하면 연간 통화량의 증가율은 생산 잠재력의 성장률에 용인되어 유지되는 물가상승률을 합한 크기에 상응하는 것이다.

새 고전학파적 거시경제학의 형성과정에서 공급정책의 개념이 의미를 더하고 있다. 공급정책은 더 많은 시장과 더 많은 이윤을 주장한다. 생산에 있어서의 국가적 개입의 축소와 자본주의적 시장경제의 결정적인 추진력이 생산적인 노력을 통한 훌륭한 이윤을 이룩하는 기회이다. 국가의 재정정책은 단지 재분배와 국가적 지출의 재정에 관한 것으로만 간주하고 있다.

14

국가의 수입과 지출

1. 들어가면서

시장경제에 있어서 경제적 과정 조정에서 여러 가지 과제들이 국가에 주어진다.

국민경제적 전체 계산에서 국가부문으로 이해되는 것이

- 지방자치단체(도, 시, 구, 군, 읍, 면 등)
- 사회보험(특히 연금, 의료, 재해, 수발, 실업보험)이다.

국가부문에 속하지 않는 것이 국영기업이다.

2. 국가수입

국가수입에서는 조세, 한국에서의 주요 조세들, 조세수입의 분할, 조세적인 부담의 정도인 조세율 및 기타 다른 국가적인 수입들이 취급된다.

국가는 그의 과제를 수행하기 위하여 모든 국가적 차원에 있어서 수입들이 있다. 이들이 조세, 신용, 수수료, 기부금, 영업수입, 벌금과 같은 기타 수입들이다.

1 | 조세

조세는 특별한 반대급부가 없는 국가의 강제수입이다. 일반적으로 모든 조세수입은 모든 지출의 재정에 봉사한다. 국가에 의한 조세실행의 주목적은 일반적으로 수입목표(세입목표) 달성이다. 하지만 다른 목표들이 우선적이고 수입목표 달성이 부차적인 경우도 있다. 경기정책적 안정화에 봉사하는 조세정책이나 소득 및 재산 재분배에 대한 조세적인 대책들이 이에 속한다. 국민보건상의 목표를 달성하기 위한 주세에서는 수입목표 달성이 아주 아래에 있다. 즉 이러한 조세에 있어서는 국민건강이 최고의 커다란 목표이다.

① 한국에서의 주요 조세들

조세는 직접세와 간접세로 구분된다. 또한 조세는 조세대상에 따라 구분된다. 한국의 조세체제에서 조세의 종류는 소득세, 재산세, 유통세, 소비세, 수익세, 상속세 및 관세가 있다. 지배적인 조세가 소득세이다.

② 조세수입의 분할

서로 상이한 국가적 차원에 의한 그들의 과제를 실행하기 위한 가능성들이 그들에 제공되는 수단에 의존하기 때문에 개별 조세의 지방자치단체에의 분할은 특별한 의미를 갖는다. 그러므로 조세는 일반적으로 국세(연방세)와 지방세로 분할된다.

③ 조세적인 부담의 정도(조세율)

개별의 조세적인 부담을 계산하는 데에는 조세율과 조세측정기반이 중요한 역할을 한다. 조세율에는 기본적으로 세 가지 유형이 있다.

첫째, 누진세율에서는 증가하는 조세측정기반(예를 들면 조세되는 소득)에서 조세측정기반보다 조세적인 부담이 더 크게 증가하는 경우이다. 즉 평균조세율이 성장하는 측정기반과 더불어 증가하는 경우이다.

둘째, 비례세율은 평균적 조세 부담이 언제나 동일한 크기 일 때이다. 즉 평균조세율이 성장하는 조세 측정기반과 더불어 불변의 일정한 비율이다.

셋째, 아주 드문 역진세율은 성장하는 측정기반에서 조세 부담의 크기가 감소할 때이다. 그의 변화를 위의 유형에서 알아본 평균세율 이외에 조세정책적 문제에 있어서 논의되는 것이 한계세율이다.

이는 측정기반이 한 단위 증가할 때 추가적으로 내야 하는 세금이 얼마인가 하는 것이다.

2 | 다른 국가적 수입들

조세수입과 비교하면 여타 국가적 차원에서의 수입들은 그러나 역시 낮은 의미를 갖는다. 다음으로 영업수입에서는 국가가 독자적인 경제적 활동을 통하여 이룩한 국가의 수입으로서, 국가주권으로서의 그의 기능은 여기서는 무시된다. 이러한 영업소득이 시장경제적 수입을 의미하는 반면 수수료는 강제적 성격을 띤다. 이러한 수수료에 있어서는 조세와 구분되는 것이 국가가 특별한 반대급부를 제공한다는 것이다. 마지막으로 공적 예산의 적자를 충당하기 위한 신용은 중요한 의미를 가지며, 역시 국가적 수입이다.

3. 국가지출

국가지출에서는 국가적 지출의 분할과 국가지출의 발전을 취급한다. 국가는 국가의 행위를 수행하면서 국가지출을 하며, 이러한 국가지출은 부문별로 분할되어 있다. 또한 이러한 국가지출이 증가를 보이는 것이 성장하는 국민경제의 일반적인 특징이다.

1 | 국가적 지출의 분할

국가지출의 크기는 현실적으로 국가적인 차원에서 수용된 과제에 의하여 결정된다. 과제의 분할은 법적으로 규정되어 있다. 여기서 중앙정부에 의한 지출과 지방정부에 의한 지출이 분할되며, 또한 역시 정부활동의 과제별 분할을 볼 수 있다. 즉 과제별 분할의 중요한 부문들이 사회보장, 교육, 국방 등이다.

2 | 국가지출의 발전

국가지출에서는 서로 상이한 지출부문별 국가지출의 발전을 나타낼 수 있다. 이러한 수치의 표현력을 강화하기 위하여 백분율로 옮겨 계산할 수 있다. 비교목표로 인구의 일인당 국가지출과 국가부문의 비중, 즉 국내총생산에서의 국가지출의 몫을 나타낼 수 있다. 이러한 지출은 경상가격으로 도출되며, 수치에는 물가상승으로 유인된 왜곡이 포함되어 있다.

또한 특기할 만한 것이 모든 국가지출이 지속성장한다는 것이다. 국가활동의 성장하는 확장의 법칙은 국가에 사회보장, 국방, 환경보호, 교육개혁, 교육/훈련촉진, 하부구조 개선, 글로벌화/블록화의 재정과 같은 새로운 정부지출 부문의 증가로 인하여 현재에도 상승하는 국가지출의 경향이 계속되고 있다는 것을 보여주고 있다. 비록 지출이 일정하다고 가정하여도 국가가 서비스 영업체로서 합리화를 위한 가능성이 조금밖에 없으며, 그리고 국가에 의한 수요가 특히 막강한 가격상승에 있기 때문에 장기적으로는 지출이 증가하는 것이다.

15

국가예산과 국가부채(사회적 안전의 기반)

1. 국가예산

계획된(기대되는) 수입과 마찬가지로 계획된(기대되는) 지출이 국가예산안에서 대칭된다. 민주주의적 요구들이 충족되기 위해서는 예산안의 제출에는 얼마의 원칙들이 고려되어야 한다. 공중성의 원칙에 따라 예산안 순환의 모든 단계들이 공중의 불빛에 반영됨으로써 모든 관심 있는 국민들이 그에 대한 형상을 가질 수 있어야 한다. 예산순환은 예산에 대해 법률적으로 규정된 길이며, 세 가지 국면으로 구분된다.

- 예산안의 제출
- 실행
- 통제와 결산이 그것이다.

공중성의 원칙 이외에 예산안의 제출에 고려되어야 할 원칙들로는 일반적으로 명료함, 정확함 및 특수성의 원칙을 가져야 한다.

2. 국가부채

국가부채에서는 공적 부채의 발전상황과 국가부채의 한계를 취급한다. 국가도 개인과 마찬가지로 경제적 행위를 하면서 수입보다 지출이 큰 경우 부채를 지게 된다. 즉 재정적자인 경우 부채를 지며, 현실적으로 일반적인 경우이다. 극히 드문 경우인 균형재정을 차치하면 재정흑자인 경우는 국가(거래)의 은행(중앙은행)에 저축(예치)한다.

1 | 공적 부채의 발전

국가수입 및 지출의 계획에 있어서는 아주 드물게 수입과 지출이 균형적인 예산이 된다. 흑자일 때는 국가 자체의 은행인 중앙은행에 들어가고 적자인 경우는 예산을 균형화하기 위하여 국가가 신용을 수용한다. 국가가 중앙은행으로부터 돈을 빌리기도 하고 채권(국채)을 발행하기도 한다. 경우에 따라서는 해외에서 부채를 지고 돈을 빌려오기도 한다. 국가별 경제상황에 따라 공적 부채가 일반적으로 발전하는 것을 볼 수 있다. 이러한 것은 물론 국가지출의 발전에 따른 귀결로 볼 수 있다.

2 | 국가부채의 한계

국가는 그가 수용하려고 하는 모든 신용을 위해 법률적 권능이 필요하다. 국가적 채무는 내적 채무와 외적 채무로 구분되며, 내적 채무는 내국환으로 상환되는 반면 외적 채무는 외국환으로 수용되기 때문에 상환도 외환으로 지불되어야 한다. 이는 수출이나 자본수입을 통하여 얻어질 수 있다.

3. 사회적 안전의 기반들

사회적 안전이나 사회적 능률들은 여러 가지 이유에서 필수적이다. 경제적 생활의 지속요인이 사회적 안전이어야 한다. 질병, 사고, 재해, 출산, 다산, 실업, 노령 및 재산손실 등과 같은 삶의 전환의 경우는 인간다운 삶을 위한 물질적인 기반이 위협된다. 소득원천이 고갈(노령, 실업, 재산손실)되든지 혹은 지출이 금융가능성을 상회(다산의 경우처럼)한다. 다른 경우들(질병, 사고, 재해, 출산)에서는 가계예산의 양 측면에서 해당되며, 여기서는 소득탈락이 있고 추가적인 지출이 있다. 사회적 능률이 이러한 장소에 주어진다. 이는 일반적인 삶의 위기에 대하여 모든 국민부문들의 존재를 보장하는 과제를 가진다.

1 | 사회적 안전의 기본원칙들

비판적인 삶의 위치에서 개별 가계의 욕구충족을 위해서는 대비가 필수적이다. 사회에 있어서 이러한 안전은 기본적으로 개인원칙에 따른 독자대비와 사회원칙에 따른 집단대비에 의해서 조직될 수 있다.

개인원칙은 능률사회에 상응하는 것이며, 이에서는 모든 개인은 자기의 삶의 조건을 스스로 형성하는 자유를 가져야 한다는 것이다.

국가적 강제보험의 특징으로서의 사회원칙은 비보험의 위험뿐만이 아니라 개인적 대비에 대한 불충분한 준비와 결여된 능력을 통하여 주장되고 강조되며 합당화되고 있다. 그러므로 사회적 안전에 있어서는, 이를 테면 보험에 있어서는 사회적 원칙에 따른 집단대비로서 법적 보험이 있고 개인 원칙에 따른 독자대비로서 개인 보험이 있다.

2 | 사회적 안전의 장치들

사회적 안전의 장치들을 보여주는 것은 국가별 연간 사회보고서에서 구조와 제도별 크기를 알 수 있다. 사회적 안전은 자연권에 바탕을 두고 평등주의와 공리주의를 지향하고 분배적 정의를 추구한다. 사회적 안전의 핵심이라 할 수 있는 사회복지제도는 사회보험제도와 공공부조로 이루어진다. 사회보험제도는 국가적 사회보험제도가 원칙이며, 이에서는 법적 연금보험, 법적 의료보험, 법적 재해보험, 실업보험 및 법적 수발보험을 볼 수 있다.

① 법적 연금보험

법적 연금보험은 의무보험으로서 경제적으로 비자영의 노동수용자들이 노령이나 산업재해에 대해 보험을 든다.

보험의 재정은 원칙적으로 피보험자의 보험금, 사용자의 임금부대비용 및 국가의 지원으로 이루어진다.

법적 연금보험의 과제와 능률은 현실적으로,

- 재해, 노령, 사망에 있어서 피보험자나 유족에 대한 연금보장
- 피보험자의 영업능력의 유지, 개선, 재활
- 피보험자의 보건상에 있어서의 관계의 가선에 대한 대책의 촉진이다.

② 법적 의료보험

의료보험체제는 법적 의료보험과 민간 의료보험으로 구분될 수 있다. 의료보험의 능률에는 물적 능률(원칙적으로 의료 및 치과치료, 의약품, 보조도구, 간병)과 금전적 능률(의료수당, 출산수당, 사망시의 지불금)이 있다. 대부분의 능률이 정상적인 능률이고, 의료보험회사에 따라서는 이를 넘어 자의적인 추가 능률들이 있다.

보험의 재정은 피보험자와 사용자가 절반씩 부담하는 보험금으로 이루어진다. 이에 보험 수혜시에의 자기 부담은 나라에 따라서 극히 상이하다.

③ 법적 재해보험

법적 재해보험은 노동자가 노동 불능, 출퇴근길 사고 및 직업병에 대하여 가입하는 보험이다.

보험의 재정은 사용자의 부담 없이 오로지 기업의 부담금에 의하는 것이 원칙이다. 이러한 부담금의 크기는 당해 기업의 당해 산업 분야에 있어서의 재해 위험의 정도에 따라, 그리고 개별 기업의 임금의 합계에 따라 상이한 것이 원칙이다.

법적 재해보험의 능률은,

- 산업재해 및 직업병의 결과의 제거 및 감소를 위한 치료
- 재해시의 지불금
- 피보험자의 직업적 전환에 대한 도움
- 피보험자 및 유족연금에 대한 보장이다.

④ 실업보험

실업보험은 실업의 위기를 전보하기 위하여 설립된다. 실업보험은 일반적으로 강제보험으로서 모든 노동자들이 이에 포함된다.

보험의 재정은 노동자와 사용자의 부담금에 의한다.

실업보험의 과제부문에 속하는 것이 일반적으로,

- 실업(실업수당, 실업보조금, 악천후 보조금), 사용자의 지불불능(파산탈락 보조금) 및 단기취업 (단기취업보조금)의 경우에 임금보상의 지불을 통한 생계유지의 확보
- 사용자에 대한 임금비용 추가지원과 노동자에 대한 유동성 보조(지원비용, 여행경비, 이사비용, 노동장비보조)를 통한 노동수

용의 촉진과 노동창출 대책에 대한 촉진(공공의 관심에 있어서 추가적인 노동을 위한 임금비용 추가지원) 및 건축업에서의 연간(계절적인 비수기의 극복을 위한) 고용의 촉진

- 직업적 교육의 촉진 및 장애인의 노동 및 직업 촉진(직업적 재활)
- 노동 및 직업상담, 그리고 노동 및 교육의 중계이다.

⑤ 법적 수발보험

사회적 안전체제에 있어서의 국가적인 사회보험제도의 다섯 번째 기둥이 될 수 있는 것이 수발보험이다.

보험의 재정은 노동자와 사용자가 절반씩 부담하는 부담금으로 이루어지며, 이에 국가에 의한 보조와 같은 기타 수입에 의한 재정수단이 있다.

이러한 법적 수발보험은 일부 선진국에서는 정착된 국가적인 사회보험제도의 중요한 받침대가 되고 있지만 한국에서는 아직 구축되지 않았으며, 현재 연구단계에 있다.

3 | 사회적 안전의 문제들

사회적 안전의 문제들은 우선 일반적으로 사회적 안전의 체제의 높은 비용을 들 수 있다. 이러한 비용은 사회의 발전과 더불어 증가하는 것이 일반적인 추세이다. 인구발전과 고용위상 및 고용발전이 여기서 또한 문제일 수도 있다.

효율을 중요시하는 개인윤리적인 자유의 강조와 공평을 중요시

하는 사회윤리적 정의의 강조 사이의 이념적인 문제가 여기에 있다. 사회의 발전속도의 가속화는 국민들 사이의 빈부 격차를 심화시킬 수도 있다. 이러한 발전의 공헌에서 제외되면 사회적인 추락을 의미한다. 그러나 사회발전이 정체하면 빈곤층이 증가한다.

여기서 이러한 사회적 안전을 위한 기본원칙들로서는 개인원칙에 따른 사적인 보험체계와 같은 독자대비와 사회원칙에 따른 국가 전체의 법적인 집단대비의 문제가 대두된다. 이러한 양자 사이의 조합을 어떻게 하느냐 하는 것은 국가에 따라서 논란의 정도가 다르며, 현실적인 비중 또한 지극히 상이하다.

16

국가적 수입과 지출의 안정지향적인 투입(재정정책)

1. 재정정책의 의의

재정정책은 국가수입과 국가지출의 변화를 통하여 안정적으로 경제 흐름에 특히 완전고용과 물가안정이 되게 작동하는 그러한 국가의 노력이다.

경기적인 흐름에 있어서 침체기에 확장대책들(국가지출 증가, 조세감축)을 하고 호경기에는 긴축대책들(국가지출 감소, 조세 증가)을 시행함으로써 반순환적 재정정책이라 한다. 이와 같은 국가재정을 통한 확장적 혹은 긴축적 대책들에 화폐 및 신용정책(금융정책)을 포함하면 반순환적 경제정책이 된다.

국가가 정부지출 및 조세징수액의 수단을 통하여 국민경제의 안정적 성장을 이룩하려는 이러한 재정정책은 국민경제의 핵심과제인 실업과 인플레이션을 억제하고 실질소득을 증대하여 안정적 성장을 이룩하기 위함이다. 안정적 성장을 위해서는 국민경제의 잠재산출량 수준이 확대됨으로써 총생산이 성장하여야 한다. 그러나 일반적으로 침체기에는 총수요의 부족으로 실업이 발생하며, 호경기에는 총수요가 잠재산출량 수준을 초과함으로써 인플레이션이 나타난다.

재정정책은 정부의 예산변화 실행으로서 정부의 세입과 세출의 관계에서 볼 때 정부지출, 조세 및 이전지출의 변화에 관한 것이다. 예산적자의 경우에 있어서의 적자의 전보는 중앙은행에서 차입하는 형태인 통화증발이나 국공채 발행, 개방경제 하에서는 해외차입을 들 수 있다. 케인스학파의 재정정책의 효과에서는 가격과 임금이 고정되어 있고 유휴자원이 존재한다는 가정 하에서 저고용 국민소득 수준에서 완전고용 국민소득 수준으로의 신축적인 가격기구가 존재하지 않는다고 보고 있다. 나아가 케인스학파의 가정처럼 투자의 이자율 탄력도가 작기 때문에 귀결되는 가파른 IS곡선과, 화폐수요의 이자율 탄력도가 크기 때문에 귀결되는 완만한 LM곡선으로 말미암아 정부가 정부지출 증가, 이전지출 증가 및 조세감소와 같은 확대재정정책을 실행함으로써 총수요를 증가시키고 총수요의 증가는 승수배만큼 산출량을 증가하여 완전고용에 접근하며 실업이 흡수된다는 것이다.

케인스학파에 있어서의 이러한 재정정책의 효과는 이와 같이 물가가 고정이라고 가정함으로써 정부지출 증가가 민간소비수요나 민간투자수요에 영향을 미치지 않는다고 가정한 것이다. 그러나 총공급곡선이 우상향하는 한 정부지출 증가에 의한 총수요의 증가는 어느 정도 물가상승을 야기한다. 즉 재정정책의 예산제약식에서는 통화량의 고정 하에서 확대재정정책의 실행은 국공채 발행으로 귀결되며, 국공채 발행의 증가는 국공채 가격의 하락과 이로 인한 이자율의 상승을 가져옴으로써 이러한 이자율 상승은 또한 민간소비수요와 민간투자수요를 감소시키는 구축효과를 가져온다.

투자의 이자율 탄력도가 큰 것으로, 또한 역시 화폐수요의 이자율 탄력도가 작은 것으로 가정하는 통화주의 학파는 재정정책의 효과가 미미하다고 본다. 그들에 의하면 정부지출의 증가는 국공채 가격의 하락과 이자율의 상승을 가져오며, 이러한 이자율 상승은 다시 화폐수요 감소로, 그리고 화폐수요 감소는 화폐 유통속도의 상승으로, 그리고 유통속도의 상승은 역수인 마샬의 k를 하락시켜 결국 명목국민소득을 증가시킬 수 있으나 화폐수요의 이자율 탄력도가 작고 구축효과로 인하여 재정정책의 효과는 미미하다는 것이다.

2. 세입정책적인 수단들

재정정책의 이론적 기반은 국가수입의 도움으로 가능하다. 조세의 변화는 가계의 가처분소득을 변화시키며, 이는 다시 민간소비와 민간투자에 영향을 미친다. 조세변화는 그러나 수요에 간접적인 영향만 미친다. 서로 상이한 조세들은 역시 상이한 영향을 미친다. 나아가 조세변화는 정치적 저항에 부딪칠 수 있다. 여타의 세입정책적 수단들은 감가상각의 변화와 투자 프레미엄이 있다.

3. 지출정책적인 수단들

국가지출의 다양성으로 경기적인 작용을 목표로 하는 것과 같은 국가적 가능성의 과대평가는 경고되어야 한다. 국가적 지출은 법률적으로 그의 다양성이 제한되어 있으며, 국가지출에 의한 투자의 대부분은 지방자치단체에 의하여 이루어진다. 이러한 투자는 물론 성장효과를 가져온다.

4. 자동적 안정장치들

국가가 경제 흐름에서 반순환적으로 작용하는 반복되는 개입을 회피하려 한다면 조세 및 지출체제에 있어서 자동적 안정장치들을 구축할 수 있다. 이들도 또한 반순환적 대책에 대한 지원에 봉사할 수 있다.

조세에 있어서도 조세수익이 조세율에 의해 총생산의 진동에 대응할 때는 이러한 안정화 영향이 존재한다. 또한 국가지출에 있어서도 이에 대한 특별한 법률적 대책들이 요구되지 아니하면서도 호경기에는 국가지출이 감소하고 경기하강의 시기에는 국가지출이 증가함으로써 자동적 안정화 영향들이 가능하다.

그러나 이러한 자동적 안정화 장치들을 과대평가하지 말아야 한다. 케인스학파적인 견해에 따르면, 오로지 이들만으로 시장경제적 체제의 경기진행에 있어서의 역발전을 방해할 수는 없기 때문이다. 그러므로 이에는 화폐 및 신용정책과 같은 여타의 수단들이 투입되어야 한다.

자동적 안정장치는 국가가 국민경제의 재정제도의 틀 가운데에서 의도적으로 정책을 실행하지 않더라도 호경기에는 자동적으로 총수요의 증가를 억제하여 경기의 과열을 막아주고, 침체기에는 총수요의 감소를 억제하여 경기를 자동적으로 안정화시켜 주는 국민경제의 역학인 장치들이다.

이러한 자동적 안정장치들로는 누진세율의 소득세나 법인세, 그리고 사회보장지출과 실업보험이 있다. 누진세율의 소득세 체제에 있어서는 호경기에 조세수입의 증가율은 국민소득의 상승률을 상회하게 되고, 이로써 가처분소득의 증가율은 국민소득의 상승률보다 작다.

이와 같이 누진세율에 의한 소득세의 체제에서는 호경기에 국민소득이 증가할 때에는 자동적으로 조세수입을 증가시켜 민간소비수요의 증가를 억제하여 경기의 과열을 막아주고, 침체기에는 반대로 조세수입을 감소시켜 민간소비수요의 감소를 억제함으로써 경기하강을 막아주고 경기를 자동으로 안정화시키는 역할을 한다.

사회보장지출과 실업보험도 호경기에는 이들의 지출들이 감소하고, 침체기에는 이들의 지출들이 증가함으로써 역시 또한 자동적 안정장치들의 기능을 수행한다. 자동적 안정장치들은 국민경제가 완전고용 국민소득수준에 도달하면 그러한 상태를 유지시키는 데 도움이 되지만, 당해 경제가 불완전고용 국민소득 수준에서는 그러한 상태가 계속되도록 하여 완전고용 국민소득 수준으로의 국민소득의 증가를 억제한다. 이를 테면 불완전고용 국민소득 수준에서 정부지출이 증가하게 되면 국민소득도 증가하고 동시에 조세수입도 증가하여 총수요가 억제됨으로써 국민소득은 다시 완전고용 국민소득 수준에 미치지 못하게 될 수도 있다. 이와 같이 완전고용을 이룩하기 위해 필요한 총수요의 증가는 국가의 조세수입의 증가로 견제되는 것을 재정적 견인이라 한다.

5. 안정화 법률들

안정화 법률에서는 우선 기본사항, 그리고 안정화 법률의 수단들, 중기적인 재정계획 및 조정부서들을 볼 수 있다. 조정부서들에서는 국민경제 전체의 경기를 위한 위원회와 국가적인 주요 기구들의 (경기를 위한) 통일되고 협약된 (동일한 마인드의) 행위들을 볼 수 있다.

1 | 기본사항

경제 흐름이 특정한 경제정책적 목표의 의미에 있어서 국가수입과 -지출의 변화를 통하여 영향받을 수 있다고 하는 케인스학파 이론의 기반 위에서 얻어진 인식에서 국가의 안정화 법률이 제정될 수 있다.

2 | 안정화 법률의 수단들

안정화를 이룩하기 위한 경제정책적 수단들은 첫째 긴축적인 대책을 위해서는 조세, 감가상각, 국가지출, 경기안정적 적립금, 신용수용가능성의 제한 등이 있다. 다음으로 확장적인 대책을 위해서는 조세, 투자 보너스, 국가적 지출이 있다.

3 | 중기적 재정계획

중앙정부 및 지방자치단체들의 예산경제를 일상의 정책적 고려뿐만이 아니라 몇 년에 걸친 것으로 파악하면 중기적 재정계획이 필요하다. 이에서는 중기적으로 예상되는 지출의 범위와 형성 및 그를 위한 재정이 전체 경제적 능률재산의 고려 하에서 제시되어야 한다.

4 | 조정부서들

조정부서들에서는 경기를 위한 위원회와 국민경제의 운영을 위한 국민경제의 단체들의 협약과 행위를 볼 수 있다. 이들 위원회와 단체들의 협약과 행위들은 국민경제의 흐름에 대한 일반적인 인식을 같이 함으로써 조정기능을 수행한다.

① 경기를 위한 위원회

전체 경제적인 차원에서 요구되는 경기정책적 대책의 목표들을 이룩하기 위하여, 그리고 공적 예산의 신용을 확보하기 위한 가능성을 위하여 국가적인 차원의 법적 기구가 필요하다. 그러므로 이러한 국민경제의 전체적인 위상을 위한 위원회가 국민경제를 위한 안정화 법률에 정착되어야 할 조정부서이다.

② 협약된 행위

협약된 행위란 지방자치단체, 노동조합, 경제인연합회의 국민경제를 위한 동시적으로 서로 일치된 행위를 표현한다. 이에서는 국민경제의 모든 주어진 상황의 관점에서 전체 경제적 상관관계의 조망(동일한 마인드에 기반을 둔 조망)을 유지하는 것이다. 여기서 협약된 행위의 기본사상(기본 이상, 경제관)은 참가한 그룹들이 그들의 상호적인 종속을 인식하고 그들의 목표들을 논의하며 그들의 가격 및 임금정책적 행태를 조정하는 의도에 기인하고 있다.

6. 재정정책의 문제들

재정정책은 상이한 이유들로부터 드물지 않게 회의적으로 평가되고 있다.

첫째, 국민경제의 민간부문의 안정성을 믿고 국가적 개입은 탈안정화만을 기대하게 한다고 할 경우는 재정정책을 근본적으로 거부한다.

둘째, 구축효과의 가설을 수용하는 경우, 즉 추가적 국채로 재정이 이루어지는 국가지출 증가를 통하여 결국 총생산을 의미 있게 증가시킬 수도 없고, 심지어 감소시키는 경우에는 재정정책이 의미가 없다.

셋째, 반순환적 재정정책도 정치적인 이유에서 이러한 정책의 대칭적인 실행이 불가능하거나 최적이 아닐 때는 문제가 된다.

넷째, 정책의 시간적 지체를 들 수 있다. 정책의 시간적 지체에는 내적 지체와 외적 지체로 구분하며, 내적 지체는 인식지체, 행동지체, 실행지체가 있고 외적 지체는 반응지체와 수행지체가 있다.

다섯째, 반순환적 재정정책의 거부는 중장기적 재정정책의 공간을 마련해 준다.

17

국민경제의 화폐적 부문

1. 화폐의 기능들

화폐의 기능들에서는 화폐의 계산단위로서의 기능, 일반적으로 통용되는 교환수단으로서의 기능, 가치저장 수단으로서의 기능을 다룬다.

1| 계산단위

일반적인 계산단위로서의 화폐의 기능은 국민경제의 전체 가치들을 화폐단위들로 표현함으로써 합산하고 직접 비교되게 할 수 있는 데에 있다. 그러므로 화폐는 국민경제의 가치들을 합하고 또한 직접 비교하게 한다.

현대의 선진화한 국민경제에 있어서는 화폐를 통한 거래관행이 일반적이며, 화폐는 거래에 널리 통용되는 지불수단이다. 이러한 화폐를 매개로 한 국민경제에서와는 반대로 물물교환 경제에서는 자원의 효율적인 배분이 되지 않으며, 쌍방 간의 교환에 있어서도 교환 쌍방 간의 욕구의 일치를 보기 어렵다. 이와는 달리 화폐를 매개로 한 교환경제에서는 모든 거래는 화폐로 결재되며, 가치가 화폐의 단위로 표시, 합산 및 직접 비교됨으로써 거래의 기준이 된다.

2 | 일반적 교환수단

화폐의 제공으로 어떠한 재화나 서비스라도 획득할 수 있다. 화폐는 분업을 촉진하고 시장거래를 용이하고 신속하게 한다.

교환수단으로서의 화폐기능은 고도의 노동분업적인 국민경제에서는 필요불가결하다. 화폐의 사용을 통하여 교환거래가 결정적으로 단순화된다.

화폐는 재화와의 교환을 전재로 그 가치가 인정되므로 교환경제를 기본으로 하는 자본주의적 시장경제에 있어서 화폐의 본질은 일정한 사회에서의 일반적 용인성을 갖는 것이라고 할 수 있다.

3 | 가치저장 수단

재화에 대한 재화의 자연교환의 자리가 화폐경제에서는 재화–화폐–재화의 연결고리로 된 관계로 나타난다. 이에서 재화의 판매와 구매 사이에 이론적으로 임의의 긴 시간이 주어질 수 있다. 사람들이 그의 재화를 위해서 유지하려고 하는 화폐는 실재적으로 화폐 그 자체의 실행되는 능력을 미래의 갈망되는 시점까지 저장할 수 있다. 화폐는 그 자체가 재화의 소비를 위한 가치의 저장을 의한 기능을 한다. 즉 화폐는 가치저장 수단이다. 여기서 화폐의 가치저장 수단을 위한 전제가 되는 것이 화폐가 그의 가치를 유지하는 것이며, 즉 가격수준의 상승을 통한 구매력을 지속적으로 잃지 않는다는 것이다.

한 나라 국민경제의 건강한 (화폐가치가 안정된) 화폐제도에서 화폐는 계산단위, 교환수단 및 가치저장 수단으로서의 기능들을 동시에 수행한다.

2. 화폐의 출현형태들

화폐의 출현형태들을 시간적으로 보면 상이한 대상들이 화폐로 사용되었다. 화폐에 대한 요구는 기술적인 요구가 있고, 여기에 또한 경제적인 요구가 있다.

첫째, 기술적인 요구는 가분성, 지속성, 교환성, 희소성, 위조의 어려움이다. 기술적인 측면에서 화폐의 조건들을 나눌 수 있고, 오래 지속하며, 고착되지 않고 유동적이어야 하고, 드물게 존재하며 위조하기가 어려워야 한다.

둘째, 경제적인 요구는 가치안정이다. 화폐의 가치안정 없이는 화폐가 그의 기능들을 상실한다.

나아가 화폐는 물질화폐와 신용화폐가 있으며, 신용화폐의 전형적인 출현형태가 지폐(은행권), 동전 및 예금(요구불 예금)이다.

3. 화폐의 개념

화폐의 개념을 위한 필요불가결의 시금석이 무엇보다도 교환수단 기능이다. 화폐에 포함될 수 있는 것은 국가적 지불거래의 범주 내에서 일반적으로 채무의 실행으로 수용되는 그러한 재산부분이다. 이러한 정의에 따라 화폐는 오늘날 지폐(은행권), 동전, 예금(요구불 예금)을 포함한다.

4. 통화량

화폐수량인 통화량은 물가, 임금, 이자율에 영향을 미치며, 이들은 또한 투자, 고용, 생산에 영향을 미침으로써 통화량은 결국 경제성장에 영향을 미친다.

통화량은 국민경제 전체의 경제단위들에 있어서의 화폐에 대한 전체 상태에 상응하는 것은 아니다. 화폐이론의 과제와 통화량의 개념 사이의 상관관계에서 볼 때 화폐의 영향은 중요한 전체 경제적 크기에 따라 나타내져야 한다.

통화량은 일반적으로 금융자산의 구성내용에 따라 구분된다.

첫째, 통화량(M_1, 협의통화)은 현금통화와 예금통화의 합계이며, 즉 개별 가계들, 생산기업들 및 국가의 은행권, 동전 및 예금에 대한 크기의 합계에서 국가의 중앙은행에의 예금을 제외한 것이다.

둘째, 총통화량(M_2, 광의통화)은 통화량에 장단기 저축성 예금과 거주자 외화예금을 포함한 개념인 이러한 준통화를 합한 크기이다.

셋째, 총유동성(M_3, 금융기관 유동성)은 총통화량에 금융기관이 발행/매도하는 각종 채권의 크기와 제2금융권인 비통화금융기관의 여러 저축수단을 합한 크기이다. 이들에 속하는 것들이 은행이 발행하는 채권인 금융채권과 만기 3-9개월의 정기예금을 무기명으로 발행하여 중도해약을 허용하지 않는 대신 타인에게 양도할 수 있는 예금증서인 양도성 예금증서, 그리고 은행, 증권회사 및 우체국 등이 보유하고 있는 채권을 고객에게 판매한 후 고객이 원할 때 언제든지 일정한 수익을 가산하여 다시 사들이는 채권인 환매조건부채권, 비통화금융권이 기업으로부터 사들인 어음을 일반에게 판 금액인 상업어음 매출액, 비통화금융권이 어음발행, 출자금, 기금, 보험료 등의 형태로 받아들인 비통화금융기관의 예수금이다.

넷째, 광의유동성의 개념이 사용되기도 한다. 광의유동성은 금융기관 유동성인 총유동성에 기업과 정부가 발행하는 어음(기업어음) 및 채권(회사채, 국채 등)과 같은 유가증권까지 포함한 개념이다.

5. 한국에서의 통화부문의 경제단위들과 시장들

1 | 경제단위들

국민경제의 통화부문의 경제단위들에는 중앙은행 이외에 그들의 주요 활동이 신용의 수용과 보장에 있는 모든 그러한 경제단위들을 포함한다. 이러한 금융적인 기업들에 속하는 것들이 특히 국민경제의 통화부문에서 두드러진 의미를 가지는 예금은행이다.

① 한국은행

한국은행은 한국의 중앙은행이며, 한국에서의 통화정책의 중추이다. 한국은행은 환정책적 권능으로서 환을 안정시키는 목표로서 화폐유통과 경제의 신용공급을 규정하며, 또한 국내외에 있어서의 지불거래의 은행업무적인 실행을 유지한다. 환의 안정은 국내에 있어서의 화폐가치 안정의 확보와 환의 대외가치 안정의 확보이다. 즉 환의 안정은 국내적으로는 물가에 반영되는 화폐의 가치안정을 이룩하는 것이고, 대외적으로는 외국환들에 대한 자국 화폐의 교환비율에 반영되는 자국 화폐의 가치안정을 이룩하는 것이다. 자국 화폐에 대한 대내외적 가치의 안정을 확보하는 것이 중앙은행의 우선적 과제이다.

한국은행의 기능은

첫째, 발권은행으로서 은행권 및 동전을 발행하는 기능

둘째, 통화정책 주체로서 통화조절 및 통화금융정책을 집행하는

기능

셋째, 국가의 은행으로서 국고금의 출납 및 정부발행의 국채인수를 통하여 정부에 자금을 제공하는 기능

넷째, 은행의 은행으로서 타금융기관에 여신 및 수신의 기능들을 가지고 있다.

② 예금은행

예금은행은 일반은행과 특수은행으로 나뉜다.

첫째, 일반은행은 은행법에 의하여 설립 및 규제되는 금융기관으로서 시중은행, 지방은행, 외국은행 국내지점 등이 이에 속하며, 업무는 상업금융, 장기금융, 지급보증, 유가증권 투자, 외환업무, 국고대리 등이다.

둘째, 특수은행은 특별법에 의하여 설립된 금융기관으로서 업무는 은행업무와 동일하나 특정부문에 대출이 집중되어 있다.

2 | 통화부문의 시장들

이러한 중앙은행과 예금은행을 제외한 여타 통화부문의 시장들은 제2금융권인 비통화금융기관으로서 자금의 중개기능을 할 뿐 요구불 예금을 취급할 수 없기 때문에 예금통화의 공급에 따르는 신용창조를 할 수 없다.

비통화금융기관은 출자금, 기금, 보험료, 신탁예금, 채권발행, 부금 등의 형태로 자금을 조달하여 자금의 이전적인 공급기능을 담당하고 있다. 따라서 이러한 비통화금융기관의 금융적인 중요성은 자

금이 남는 부문에서 자금이 부족한 부문으로 이전시켜 공급해 줌으로써 자금의 효율성을 제고하는 데에 있다.

비통화금융기관은 개발기관, 투자기관, 저축기관, 보험기관으로 구분된다.

18

경제의 통화조달

1. 통화창조와 통화폐기

지금까지 화폐로 이해되는 것이 무엇이며 수행하는 기능들이 어떤 것이고 통화량의 구분들은 어떠하고 통화부문에서의 구축은 어떠한가를 보았다. 다음으로 통화가 어떻게 유통되나 하는 것은, 즉 어떻게 국민경제의 순환에 들어오고 또한 국민경제의 순환에서 빠져 나가는가 하는 것이 통화창조와 통화폐기이다.

1 | 본원통화

중앙은행에 의한 본원통화 창조는 중앙은행이 그의 재산부분인 채권이나 외환을 다른 경제단위들로부터 매입하거나 혹은 신용을 보장하거나 그리고 화폐로 나타나는 채무를 지불할 때이다.

중앙은행은 본원통화를 여러 경로를 통하여 공급한다.

첫째, 국가는 재정적자가 발생하면 국채를 발행하여 중앙은행에 인수하게 하든가 중앙은행으로부터 직접적인 대출을 통하여 재정적자를 보전하게 된다. 따라서 재정적자만큼 본원통화가 국가부문을 통하여 창조된다.

둘째, 중앙은행은 예금은행이 보유하고 있는 상업어음을 재할인하여 주든가 유가증권을 매입함으로써 예금은행을 통하여 또한 본원통화를 창조한다.

셋째, 통화안정 채권 등 이미 발행된 채권의 상환이 있으면 본원통화는 창조된다.

넷째, 수출증가 및 외자도입으로 인한 외화의 국내유입이 늘어나면 본원통화가 창조된다.

중앙은행에 의한 통화폐기는 중앙은행이 그의 재산부분을 다른 경제단위들에 판매하거나 혹은 신용을 수용할 때이다.

2 | 예금통화

예금통화에는 본원적 예금(수동적 예금)과 파생적 예금(능동적 예금)이 있다.

첫째 형태의 예금통화는 은행조직의 밖에 있던 현금통화가 은행조직으로 처음 예금되는 본원적 예금 혹은 수동적 예금이다. 이 예금 가운데 일부는 은행의 법정지불준비금(법정지급준비금, 법정지준금)이 되고, 이를 제외한 나머지는 초과지불준비금(초과지급준비금, 초과지준금)의 증가를 가져온다. 이렇게 초과지준금이 증가된 은행은 이를 대출할 것이며, 이러한 대출된 돈은 다시 다른 은행으로 예금된다. 이와 같이 초과지준금을 바탕으로 하여서 연쇄적인 대출과 예금과정을 거쳐서 은행조직에 의하여 창조된 요구불 예금이 예금통화의 두 번째 형태인 파생적 예금 혹은 능동적 예금이다.

2. 통화창조의 한계

통화창조의 한계에서는 중앙은행의 통화창조의 잠재력과 예금은행의 통화창조 잠재력을 취급한다.

1 | 중앙은행의 통화창조 잠재력

통화창조의 한계에 있어서는 일반적으로 본원통화량을 위한 어떠한 직접적인 법률적 한계는 없다. 경제적인 한계가 있을 수 있다. 중앙은행의 법률적 과제인 국민경제에 있어서의 가격안정을 위하여 단지 중앙은행의 통화창조를 위한 간접적인 한계가 있다. (중앙은행에 의해서 이루어지는) 통화공급은 (중앙은행의 우선적 도표인) 물가수준의 안정화를 지향하여야 한다.

2 | 예금은행의 통화창조 잠재력

예금은행의 통화창조 잠재력에서는 첫째, 국민경제의 금융부문의 개별 은행들의 통화창조의 한계를 볼 수 있고, 둘째, 국민경제 전체의 일반은행제도에서의 통화창조의 한계를 볼 수 있다.

① 개별 은행의 통화창조의 한계

본원적 예금인 수동적 예금통화 창조에 대한 한계는 없다. 개별 은행의 파생적 예금인 능동적 예금통화 창조의 직접적 · 경제적인 한계는 그들 개별 은행들의 가용 가능한 본원통화에 의하여 결정된다. 자유로운 본원통화에 대한 잔고와 단기적으로 본원통화를 조달할 수 있는 가능성에 따라 국민경제의 일반은행제도에서의 개별 은행의 파생적/능동적 통화창조 가능성이 한정된다.

② 일반은행제도에서의 통화창조의 한계

국민경제에 있어서 일반은행제도에서의 총예금창조액은 본원적 예금을 초항으로 하고 법정지급준비율(법정지불준비율, 법정지준율)을 공비로 하는 무한등비급수의 합과 같다.

총예금창조액 = 본원적 예금 × 1/법정지급준비율

여기서 법정지급준비율의 역수 1/법정지급준비율을 신용승수라 하고, 이는 현금누출이 없고 초과지급준비금이 없을 때 국민경제의 전체 일반은행제도에 있어서의 이러한 본원적 예금이 그의 몇 배에 해당하는 요구불 예금을 창조하느냐의 그 배수를 나타낸다. 즉 본원적 예금은 법정지준율의 역수인 신용승수만큼 총예금창조액을 증가시킨다.

3. 통화공급, 통화수요 및 통화량

통화공급, 통화수요 및 통화량에서는 국민경제의 일반은행제도에서의 통화의 공급 및 수요와 통화량을 다룬다.

1 | 통화공급

예금은행의 통화공급은 여타 사정 일정불변이고 은행의 신용보장 가능성의 범주에서 볼 때 보장한 신용의 이자가 상승하거나, 여타 대체설비의 이자가 하락하거나, 중앙은행에서의 재금융의 비용이 감소하거나 혹은 중앙은행에서의 채무 가능성이 증가할 때 이러한 예금은행의 통화공급은 증가한다.

채권의 가격, 은행의 재금융의 규모와 비용, 예금은행의 가용수단들(고객예치금과 중앙은행의 신용과 같은 수단들)이 주어진 것으로 가정하면 은행의 통화공급은 다음의 그림에서처럼 통화창조 잠재력을 통하여 주어진 한계의 범위 안에서 보장된 신용의 이자에 의존한다. 따라서 이에 상응하는 재화의 공급곡선인 통화공급곡선을 그릴 수 있다.

[그림 49] 통화공급

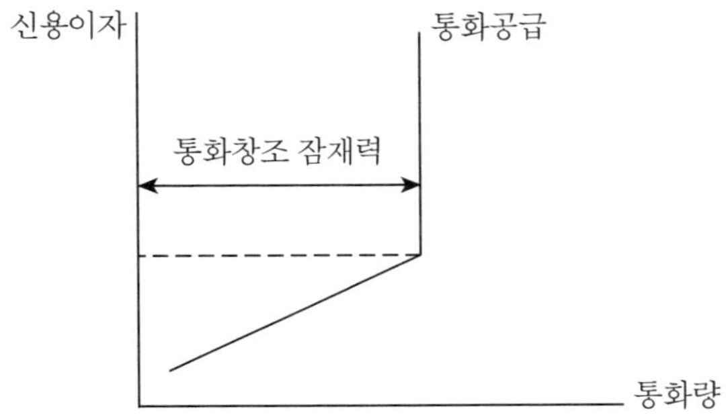

2 | 통화수요

화폐유지의 동인으로 우선되는 것이

- 다가오는 지불의무를 수행하기 위하여 (교환매개 기능으로서) 화폐가 수요되며,
- 재산설비의 형태(가치저장 기능)로 화폐가 수요된다.

교환목적(교환매개 기능)을 위한 화폐수요는 소득과 재산 및 이자에 의존적이다.

재산유지의 목적(가치저장 기능)을 위한 화폐수요는 이자에 의존적이다.

전체적으로 화폐수요는 이자에 의존적이다. 주어진 소득과 재산에서 그림에서처럼 증가하는 이자에 화폐수요는 감소한다. 소득과 재산이 증가하면 통화수요곡선은 우측 평행이동하고 소득과 재산이 감소하면 이는 좌측 평행이동한다. 즉 소득과 재산이 증가하면 각각

[그림 50] 통화수요

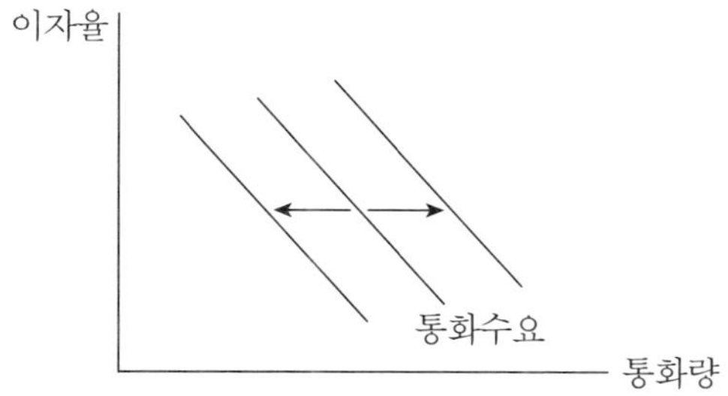

의 이자율 수준에서 화폐수요가 증가하며, 반대로 화폐수요에 영향을 미치는, 그러나 불변이라고 가정한 이러한 소득과 재산이 감소하면 각각의 이자율 수준에서 화폐수요가 감소하여 화폐수요곡선이 좌측 평행이동한다.

3 | 통화량

통화의 공급 및 수요의 정세에 따라 통화량이 결정된다. 통화량(M)은 고려되는 국민경제에서 예금은행의 주어진 전체 수단의 크기(특히 국민경제에 있어서의 주어진 본원통화 잔고)와 비은행권의 주어진 소득과 재산에서 유지되는 통화량이다. 이러한 통화량은 화폐에 대한 수요와 공급이 서로 일치하는 이자율(i)에서 유지된다.

[그림 51] 통화의 공급과 수요

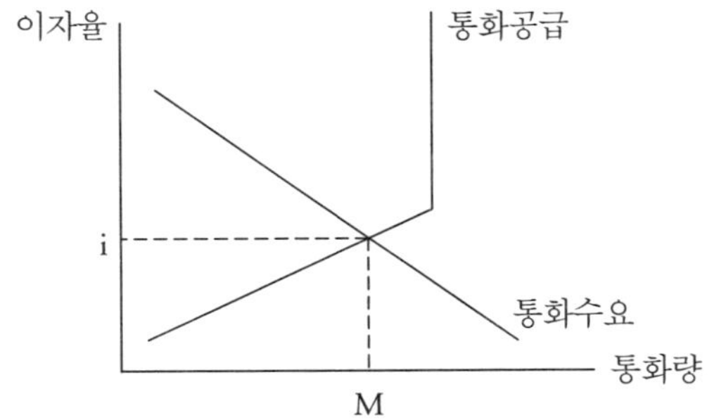

4. 통화의 영향들

국민경제에 있어서의 통화의 영향에 있어서는 우선 통화의 생산성에 관한 문제를 볼 수 있다. 개별 경제단위와 전체 국민경제를 위하여 통화 사용의 장점이 경제적 합리성의 계산에서 유도될 수 있다. 통화의 영향에 관한 두 번째 양상은 국민경제적 사실을 위한 통화량의 크기의 의미이다.

19

한국은행의 통화정책적인 수단들

1. 전제조건들

케인스학파나 통화주의 학파는 근본적으로 실물경제적 현상을 위한 화폐의 중요성을 인식한다. (이윤극대화를 목표로 한 민간경제적 기업들이 대부분인) 예금은행도 또한 통화를 창조할 수 있기 때문에 케인스학파나 통화주의 학파는 중앙은행을 통한 통화량의 통제를 옹호하고 있다. 그럼에도 케인스학파나 통화주의 학파의 특수한 입장으로 말미암아 중앙은행의 역할에 대한 상이한 견해와 그에 따른 수단들이 주어진다. 예금은행의 통화창조 능력은 중앙은행을 통한 통화량 조정을 필수적으로 만든다.

통화주의 (학파)는 중앙은행의 통화량 조정을 기대되는 실질 경제성장의 백분율 혹은 실질 성장잠재력 성장의 백분율에 피할 수 없이 유지된 물가상승률을 합한 만큼의 통화기반의 소위 말하는 자동적이고 상대적으로 일정한 증가를 주장하고 있다. 이를 넘어선 경기정책적 결과들을 추구하는 통화정책을 허용하는 중앙은행의 수단을 이들은 근본적으로 거절한다.

케인스학파는 이에 반하여 경기조정의 목적을 위한 통화정책을 투입하며, 이에 상응하는 중앙은행의 수단들을 요구한다. 이들에 있어서 통화정책은 우선 조정의 크기로서 이자율에 맞추어져 있다.

일반적으로 중앙은행의 일차적인 과제는 환의 안정이다. 이외에 중앙은행은 완전고용, 대외경제적 균형, 적당한 경제성장의 달성을 위해 정부를 지원하여야 한다.

이러한 과제들을 수행하기 위하여 중앙은행에는 일련의 수단들이 제공되어 있다.

- 할인정책
- 공개시장정책
- 최저준비금정책이 그것이다.

2. 할인정책과 저당정책

중앙은행은 은행의 은행으로서 예금은행들에 할인신용 및 일반적으로 산업국들에서 실행되는 저당신용(한국에서는 아직까지 형성되어 있지 않음)과 같은 일정한 신용을 보장한다. 이러한 모든 금융신용의 보장을 위한 전제조건과 비용의 확정은 중앙은행의 여러 금융정책의 부분들을 형성하고 있다.

모든 금융정책은 예금은행에 대한 중앙은행 신용의 범위와 조건의 확정으로 구성되어 있다.

1 | 할인정책의 개념과 형성

할인정책의 핵심 개념은 할인신용이다. 예금은행은 고객에게 어음을 할인해 줌으로써 할인신용을 보장한다. 어음할인을 한 예금은행은 다시 중앙은행에서 재할인을 한다. 중앙은행이 어음할인을 위해 제공하는 조건의 전체가 중앙은행의 할인율정책이다.

할인정책의 구성은 일반적으로,

- 할인율의 확정이다. 즉 중앙은행이 할인에 있어서 예금은행에 적용하는 이자율의 확정이다.
- 중앙은행이 그가 재할인하는 어음에 제시하는 질적 요구의 규정이다. 즉 재할인 가능한 어음의 제한이다.
- 재할인 할당액의 확정, 즉 중앙은행이 개별 은행들의 어음을 재할인해 주는 상한액(상한선)의 확정이다.

① 할인율

할인율은 일반적으로 국민경제의 일반적인 은행체제에 있어서의 제일의 기준금리로서 중앙은행이 어음할인의 범위에서 감하는 금액의 계산에서 바탕이 되는 연간으로 계산된 이자율이다. 즉 할인율은 할인신용의 비용으로서 나라에 따라 상한율과 하한율이 정해져 있으며, 국민경제의 위상에 따라서 상 · 하방으로 변화한다.

② 재할인 가능한 어음

중앙은행은 그에게 공급되는 모든 어음을 구매/매입하는 것은 아니다. 중앙은행이 구매/매입하는 어음은 중앙은행법에 따라 만기 3개월 미만의 상업어음이며 기업들 사이의 서비스나 상품거래로 이루어진 어음이다. 이러한 재할인 가능한 어음은 신용의 질적 전제조건에 관한 것이다.

③ 재할인 할당액

재할인 할당액은 신용의 범위를 나타내는 것으로서, 중앙은행은 재할인 가능한 어음을 무제한 구매/매입하는 것이 아니고 일정한 상한선인 재할인 할당액을 설정한다. 일반적으로 중앙은행의 일반적인 은행체제에 대한 전체 재할인 할당액이 설정되고, 이는 다시 일정한 기준(이를 테면 은행별 자기 자본 비율과 같은 기준)에 따라 개별 예금은행들로 분할되며, 또한 이들 개별 예금은행들에 고지된다.

2 | 저당신용의 개념과 형성

중앙은행은 예금은행에 할인신용 이외에 나라에 따라서는 일정한 채권을 담보로 이자가 주어지는 신용, 소위 말하는 저당신용(한국의 금융체제에서는 형성되어 있지 않음)을 보장한다.

저당정책은 채권담보신용을 위한 규모와 조건의 확정 및 변화로 이루어져 있다. 할인정책에 있어서와 같이 저당정책의 구성도 다음으로 이루어져 있다.

- 이러한 이자율로 신용이 보장되는 이자율인 저당률의 확정
- 차용 가능한 채권 종류의 제한
- 저당신용이 주어지는 상한선의 확정이다.

할인신용과 저당신용 사이의 중요한 차이는 이 양 신용에 제공하는 중앙은행의 기능에 있다. 할인신용은 은행들에 전적으로 신용확장을 가능하게 하는 과제를 가지는 반면, 저당신용은 예금은행들에 단지 단기적인 유동성 적응을 해결하는 데에 도움을 주기 위함이다.

① 저당률

저당률은 국민경제의 일반적인 은행체제에 있어서 (저당정책이 실행되는 나라에 있어서는) 제2의 기준금리로서, 이러한 신용의 강한 예외적 성격을 강조하기 위하여 항상 할인율보다 높은 것이 일반적이다.

② 차용 가능한 채권의 제한

중앙은행법이 중앙은행이 근본적으로 저당신용을 위하여 차용할 수 있는 채권의 종류를 제한한다. 그러므로 저당신용을 위하여 차용 가능한 채권은 당해 나라의 중앙은행법으로 결정/제한된다.

③ 저당 할당액

은행의 저당신용을 유지할 수 있는 상한액이 존재하지 않는 것이 일반적일 수도 있으나 현실적으로 재할인 상한액의 백분율(이를 테면 재할인 상한액의 20%)로 소위 말하는 "경고한계"가 있다. 기준이 되는 이러한 한계를 넘어선 저당신용은 중앙은행의 특별한 감시를 받

으며, 그러나 당해 나라의 국민경제에 있어서의 특별한 유동성의 적응 시기에는 이러한 한계를 넘어서 중앙은행이 신용을 보장한다.

3 | 할인 및 저당정책의 영향방식

할인신용과 마찬가지로 저당신용도 중앙은행에 있어서의 예금은행의 재금융신용이기 때문에 그의 비용과 조건의 변화는 원칙적으로 같은 방향으로 작용한다.

그러나 중앙은행의 고전적인(또한 오래 동안 유일한) 수단이 할인율의 변화이다. 할인율 인상의 영향은 그의 영향을 넘어 국민경제의 여타의 이자율에 영향을 미친다. 할인정책은 즉 이자율정책이다.

3. 공개시장정책

공개시장정책에서는 공개시장정책의 개념과 형성 및 공개시장정책의 영향방식을 취급한다.

1 | 공개시장정책의 개념과 형성

중앙은행의 공개시장정책은 중앙은행에 의한 본원통화에 대한 채권의 매입 및 매각이다. 중앙은행의 공개시장매입 및 매각은 본원통화의 창조 및 폐기로 이어진다.

공개시장은 본래 영국에서 장기국채를 매입 혹은 매각하는 "개방된" 시장으로서, 공개시장정책은 중앙은행이 불특정 다수인이 거래하는 공개시장에서 국공채 등의 유가증권을 매입하거나 혹은 매각함으로써 통화량을 조정하고, 나아가 이자율에 영향을 미치는 정책수단으로서 통화량 규제에 있어서 가장 중요하며 적극적인 수단이다.

중앙은행이 공개시장에서 유가증권을 매입하는 것을 매입조작이라 하고, 중앙은행이 보유하고 있는 유가증권을 공개시장에서 매각하는 것을 매각조작이라 한다. 매입조작에서는 중앙은행이 유가증권을 매입하므로 그만큼 현금통화가 중앙은행 창구 밖으로 나가게 되므로 이에 따라 일반은행의 지준금이 증가하게 되고, 지준금이 증가한 그 승수(신용승수)배수만큼 통화량이 증가한다. 또한 매입조작에서는 유가증권에 대한 수요가 증가하여 가격이 오르기 때문에 이자율이 하락한다.

매출조작/매각조작에서는 이와는 반대로 통화량은 감소하고 이자율은 상승한다. 이러한 공개시장정책은 국공채 등과 같은 유가증권의 유통시장이 발달되어 있어야 하며, 조작대상의 유가증권이 충분하지 못하면 공개시장정책이 본격화할 수 없다. 한국에서 재정증권과 통화안정증권의 발행규모가 확대됨으로써 공개시장정책이 활성화할 수 있다.

2 | 공개시장정책의 영향방식

긴축 공개시장정책의 경우는 국민경제의 이자율의 일반적인 상승이 관찰된다. 본원통화의 감소는 예금은행의 통화공급(신용)을 감소시키며 대출금리를 상승시킨다. 공개시장정책은 나아가 화폐시장, 은행예금, 자본시장에서의 이자율에 영향을 미친다. 본원통화의 증가는 예금은행의 통화공급을 증가시키며 대출금리를 하락시킨다.

4. 최저준비금정책

1 | 최저준비금정책의 개념과 형성

중앙은행법에 따르면 일반적으로 예금은행은 그들의 예금의 일정한 백분율을 이자 없이 지불준비금으로 유지하도록 되어 있다. 중앙은행의 이러한 법률의 실행이 최저준비금정책의 대상이다. 최저준비금정책의 핵심적인 행위의 크기가 최저지급률이다. 지급준비율인 최저지급률은 단일적이 아니며, 금융상품의 종류에 따라 상이하다.

최저준비금정책의 과제는 예금은행의 지불능력을 보장하기 위한 것이 아니라 (일정한 한계에서 실재적으로 이를 자연스럽게 수행하지만) 중앙은행의 목표의 의미에서 국민경제의 통화부문에서의 영향을 미칠 수 있게 하기 위함이다. 즉 최저준비금정책은, 예금은행은 예금액의 일정한 비율을 시재금으로 보유하거나 중앙은행에 예치하도록 법령으로 규정되어 있는데 이러한 시재금으로 보유하거나 중앙은행에 이자 없이 예치하는 이러한 비율을 변경하는 정책을 말한다. 즉 최저준비금정책은 예금은행의 지준율(지급준비율, 지불준비율)을 변화시켜 통화승수를 변화시키고 나아가 통화량을 조정하는 정책이다.

법정지준율을 낮추면 예금은행은 초과지준금의 증가로 대출능력이 증대되고 통화승수가 증대하여 예금창조 능력이 커져서 통화량이 증가하게 된다. 이와는 반대로 법정지준율을 인상하게 되면 통화량은 감소하게 된다.

최저준비금정책은 본래 은행고객의 예금인출 요구에 대비하기 위하여 예금의 일정 비율에 해당하는 현금통화를 중앙은행에 예치하는 예금자보호제도로서 출발하였으나 금융정책의 중요한 수단이 되었다. 최저준비금정책의 특징은 국민경제 전체에 동시효과가 있으며 정책의 반응속도가 빠르다. 지준금이 많은 은행들에는 효과가 적으며, 또한 높은 비율의 지준율은 은행의 수입을 감소시킨다.

2 | 최저준비금정책의 영향방식

예금은행의 통화창조 잠재력에 대한 영향력을 생각하면 최저지급률 변화의 영향방식을 짐작할 수 있다. 통화창조 잠재력은 최저지급률의 상승에 감소하고 최저지급률의 하락에 증가한다. 즉 최저지급률이 상승하면 통화량이 감소하고 최저지급률이 하락하면 통화량이 증가한다. 지급률 변화에 있어서는 통화창조 잠재력 이외에 통화기반은 불변인 상태에서 예금은행의 자유로운 유동성 보유액이 변한다.

최저준비금정책은 우선 예금은행들 사이에 있어서 최저준비금의 변화로 나타난 추가적인 통화의 수요나 공급이 변화함으로써 본원통화 잉여의 시장에서 이자율의 변화를 가져온다. 그들의 본원통화의 변화로 말미암아 은행들은 추가적인 예금에 관심이 있으며, 이는 다시 예금이자율에 영향을 미친다. 은행들은 또한 자본시장에 있어서의 그들의 활동을 변화시킬 것이며, 가계와 기업들에 의해 자본시장에 투자되었던 자본에 대한 변화가 일어난다. 이로써 채권가격이 변화하며, 채권가격의 변화는 실재로 채권의 이자율의 변화를 가져온다.

최저준비금(정책)은 이로써 중앙은행이 예금은행의 통화창조와 신용보장을 통제할 수 있는 핵심적인 지렛대이다.

5. 통화주의적 관점에서의 통화정책

지금까지의 케인스학파의 통화정책적 수단들에 대하여 통화주의 학파들은 극도의 회의를 한다. 그들은 케인스학파적인 통화정책적 대책들이 통제할 수 없는 작용을 한다고 본다. 작용의 지체로 인하여 계산하기가 어려운 생산요소 노동과 자본의 가동 정도에 대한 잠정적인 작용을 제외하더라도 통화창조는 재화생산의 성장을 지나 오로지 인플레이션적인 작용만을 한다는 것이다. 그러므로 통화주의는 재량적인 통화정책의 포기를 강조한다.

통화주의의 비판은 여기서 특히 예금은행이나 신용을 찾는 경제를 위한 그들의 상당한 영향을 가지는 최저준비금정책에 대한 것이다. 통화주의는 국민경제의 위기가 없는 것으로 평가되는 민간부문에서의 가능한 적은 혼란을 가져오는 경제에 있어서 사전에 인식할 수 있는 통화정책을 옹호한다. 그들은 중앙은행에 의한 본원통화량의 조정에 의한 통화량 조정을 구체적으로 선호한다.

통화량 조정상의 문제에 있어서 통화공급함수에 영향을 미치는 것은 본원통화공급과 법정지급준비율을 규정하는 중앙은행, 초과지급준비율을 결정하는 일반은행 및 현금통화비율(현금소유의 비율)을 결정하는 일반대중이다.

6. 통화정책적 수단을 통한 재화수요의 영향

생산과 고용에 대한 통화정책적 전이의 역학이 케인스학파에서는 중단되는 것으로 본다. 통화정책적 대책에 있어서 이는 결국 전체경제적 목표의 관점에서는 영향을 미칠 수 없다는 것을 의미한다. 경기상승기에 재화에 대한 수요가 특히 이자변화에 대하여 거의 대응하지 않을 때에는 긴축적 할인 및 공개시장정책의 범주에서의 이자상승은 생산과 고용에 아무런 영향을 미치지 못한다.

20

국제적 교역의 의미와 결정기반들

1. 한국에서의 국제적 교역의 의미

한국의 일부 산업분야들은 강한 수출의존도를 보이고 있다. 그러므로 세계무역에서 차지하는 한국의 비중도 증가하는 추세이다. 한국은 특히 미국 및 일본과 같은 산업국들과의 교역의 얽힘이 강하다. 한국은 고가의 산업제품을 수출하며, 에너지를 포함한 원자재 수입의존적인 경제구조를 가지고 있다.

2. 국제적 교역의 논증과 설명

비교우위이론의 기반 위에서 자유로운 국제적인 교역은 무역의 이점을 보여준다. 개방경제에선 우선 수출, 수입, 무역수지 및 환율이 연구의 대상이다. 국가 간 경제교류에 있어서는 재화/서비스의 교류와 자산교류가 있다. 수출과 수입에 있어서 순수출은 무역수지이고, 무역수지는 흑자(수출>수입), 적자(수출<수입) 및 균형(수출=수입)이 있다. 무역수지 설명의 요인들로는 국내외 소비자들의 취향, 국내외 소비자들의 소득, 국내외의 가격, 환율, 운송비용 및 각국의 무역정책 등이 있다.

국제무역 증가의 요인으로는 교통발달, 통신발달, 기술진보 및 무역정책을 들 수 있으며, 국제금융 증가의 요인으로는 합병, 민영화 및 금융자본을 들 수 있다. 국제 자본이동에 있어서는 순수출이 순자본유출과 같고, 순자본유출이 순해외투자와 같다. 무역수지의 잉여로 나타나는 수출한 재화의 순가치인 순수출이 국제 자본이동에서 취득한 자산의 순가치인 순해외투자와 같다. 순해외투자(순자본유출)는 해외직접투자와 해외포트폴리오 투자의 합이다. 순해외투자(순자본유출)를 위한 요인들은 국내외의 실질이자율, 상대방 국가의 경제적 및 정치적 위험, 상대방 국가의 정부정책으로 설명할 수 있다. 자본의 이동에서 보면 순해외투자는,

순해외투자 = 내국인의 외국자산 취득액 – 외국인의 국내자산 취득액

이다.

저축과 투자에서 보면,

$$Y = C + I + G + NX(\text{순수출})\text{이고}$$

$$Y - C - G = I + NX$$

이다.

여기서 (Y − C − G)는 국민저축(S, 민간저축 + 정부저축)이므로

$$S = I + NX$$

이다. 즉 국민저축(S)은 국내투자(I)와 해외투자(순수출)의 합이다.

1 | 세계적 노동분업의 장점들

국제적 교역은 노동분업의 장점을 통하여 논증된다. 국제적 교역은 스미스(A. Smith)가 인식한 것처럼 세계적인 노동분업의 장점을 실현한다.

국제적 교역의 장점을 위한 결정적인 이유가 개별 국가들에 있어서의 재화들의 생산비용의 차이, 그리고 나아가 가격의 차이이다. 정확하게 말하면 절대적 가격장점이 아니라 상대적 가격장점이다.

2 | 국제적 교역 흐름의 원인으로서의 가격 차이

상대적 가격 차이의 원인으로서는 세 가지 결정요인들을 들 수 있다.

- 생산절차의 차이
- 생산요소 장비에서의 차이

• 수요행태에서의 차이가 그것이다.

① 생산절차에서의 차이

생산절차에서의 차이는 상이한 유용성, 상이한 자연적 생산조건, 기술적 간격, 생산의 크기에 의한 절약이다.

상이한 유용성에 있어서는 토질, 기후, 원료와 같은 자연적 자원으로 결정된 나라들의 서로 다른 유용성이 얼마의 생산품들은 스스로 생산할 수 없고 수입에 의존해야 한다는 것을 보여준다. 전형적인 예가 커피나 바나나와 같은 열대 농업생산품과 마찬가지로 크롬, 니켈, 주석과 같은 광물성 자원과 석유이다.

상이한 자연적 생산조건은 동일한 생산품들을 생산할 수 있다 하더라도 역시 자원의 서로 다른 효율이 생산에 있어서의 비용차이를 보여준다. 이를 테면 북유럽에 위치한 노르웨이에서 곡류를 생산하는 것은 중부유럽에 위치한 프랑스에서 곡류를 생산하는 것보다 확실히 더 비쌀 것이다.

기술적 간격은 상이한 기술적 효율이다. 모든 나라들이 그들에게 기술적으로 고도의 생산품들을 스스로 생산하는 것을 허락하는 기술적인 발전수준을 가지고 있는 것은 아니다. 이러한 것들은 필요한 경우에는 수입되어야 한다.

생산의 크기에 의한 절약은 무역이 시장들을 확장하고 더 큰 시장들을 창조할 때 이러한 확장이 대량생산의 장점, 즉 규모의 경제를 강화하여 이용하는 가능성을 제공하는 것이다. 이에서는 일반적으로 특정한 품목에 전문화하여 대량생산하는 특화의 장점들이 인정된다.

② 요소장비에서의 차이

상이한 요소비율이 희소가격을 바탕으로 상이한 요소가격비율을 가져오며, 이로써 또한 요소투입을 통한 생산/판매에서 상이한 재화가격비율을 가져온다.

③ 수요행태에서의 차이

동일한 생산절차나 동일한 요소장비라 할지라도 여러 나라들에 있어서의 소비자들의 상이한 수요행태로 인한 가격차이를 도출할 수 있다.

3 | 국제적 교역 흐름의 결정기반으로서의 생산품 차이

문화, 1인당 국민소득, 지리적 근접성 등이 비슷한 두 국민경제의 무역을 보면 동일한 재화군에 속하는 재화의 국제적 흐름을 볼 수 있다. 동일한 재화군에 속하는 재화라도 생산품에서의 차이를 볼 수 있으며, 이러한 차이는 서로 다른 수요자들에게 상이한 편애(선호)를 보여준다. 이와 같이 국제적 교역은 가격 차이뿐만이 아니라 생산품 차이에 의해서도 결정된다.

4 | 상대적 비용의 정리(리카도의 비교우위이론)

상대적 비용정리의 설명을 위하여 극도로 단순화한 예를 든다. 이제 한국과 미국 두 나라가 각각 철강과 소고기만을 생산한다고 가

[그림 52] 한국과 미국의 생산가능곡선

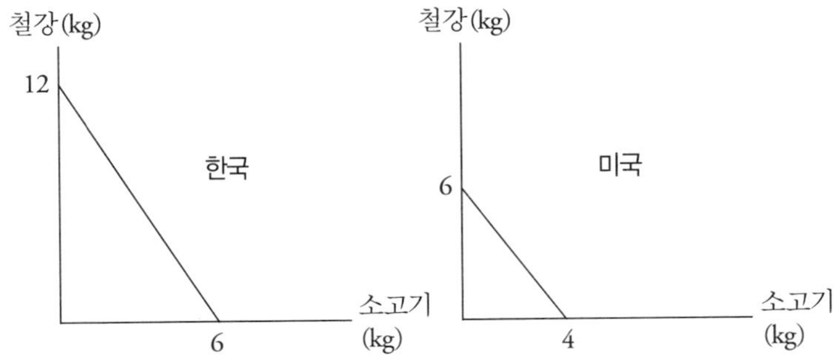

정하고 생산비용은 오로지 노동시간에 의해서 결정된다. 노동은 두 나라 모두 12시간뿐이고, 노동의 질은 동일하고 양국 간의 생산비 관계가 서로 상이하다. 보험 및 운송 등 무역에 따른 여타의 모든 비용은 무시한다.

이제 양국의 생산가능곡선이 위와 같다고 가정하자.

한국은 철강 1kg에 1시간, 소고기 1kg에 2시간의 비용(노동시간)이 든다. 반면 미국은 철강 1kg에 2시간, 소고기 1kg에 3시간이 필요하다. 절대비용(노동시간)에 있어서는 한국이 양자 모두 저렴하다.

한국은 철강 1kg를 생산하기 위하여 소고기 0.5kg(의 기회비용)이 포기되어야 하며, 소고기 1kg을 위해서는 철강 2kg이 포기되어야 한다. 반면 미국은 철강 1kg의 기회비용인 (미국 내의) 내부교역조건은 소고기 0.67(2/3)kg이고, 소고기 1kg의 기회비용인 내부교역조건은 철강 1.5kg이다.

상대적 비용인 비교우위에서 보면 철강 1kg을 생산하기 위하여 한국은 소고기 0.5kg을 포기하면 가능한 반면, 미국은 소고기 0.67kg

의 기회비용이 든다. 즉 한국이 철강생산에 있어서 미국보다 비교우위(기회비용이 낮음)에 있는 것이다. 다음 소고기 1kg을 생산하기 위하여 한국은 철강 2kg을 포기하여야 하지만 미국은 철강 1.5kg의 기회비용이 든다. 즉 미국은 소고기 생산에 있어서 한국보다 비교우위에 있다. 그러므로 한국은 철강만을, 미국은 소고기만을 생산하여 (특화하여) 철강과 소고기의 무역의 교환비율을 양국의 국내거래(기회비용, 내부 교역조건)의 범위 안에서 교역하면 양국이 모두 구역의 이점을 누린다.

이제 철강과 소고기의 무역거래를 양국의 국내거래비율인 1대 1.5와 1대 2.0 사이인 1대 1.75로 교환한다고 가정하자. 한국은 철강만을 (특화하여) 12kg 생산하여 이를 테면 이 중 3.5kg은 미국에 수출하여 소고기 2kg과 교환함으로써 한국은 소비점인 철강 8.5kg과 소고기 2kg을 가진다. 미국은 소고기만을 (특화하여) 4kg 생산하여 이 중 2kg은 한국에 수출하여 철강 3.5kg과 교환함으로써 미국 역시 소비점인 철강 3.5kg과 소고기 2kg을 가진다.

이러한 양국의 교역 후의 소비점은 당해 나라의 생산가능곡선(무역을 하지 않을 자체 생산일 때의 생산가능한 곡선) 밖의 점(생산불가능 점)이기 때문에 특화하여 무역을 하면 양국이 모두 무역의 이점을 누린다.

이제 다음으로 생산에 투입된 노동시간을 각국의 화폐단위로 표시하면 각 생산품의 비용이 노동의 양이 아닌 자국의 화폐단위로 나타난다.

한국은 노동 1시간에 1,500원이라 하면 한국은 철강 1kg이 1,500원(1시간의 노동비용)이고 소고기 1kg은 3,000원(2시간의 노동비용)이다.

미국의 노동 1시간에는 1달러라고 하면 철강 1kg에 2달러이고 소고기 1kg에 3달러이다. 여기에 환율을 개입시키면 양국 간의 물가수준이 비교된다. 원과 달러의 환율이 이를 테면 1,500원 대 1달러라고 한다면 미국은 철강 1kg이 3,000원이고 소고기 1kg이 4,500원으로서 한국이 양자 모두 저렴하다. 그러므로 원의 가치가 높아지고 원의 수요가 증가함으로써 달러에 대하여 원이 평가절상된다. 원과 달러의 환율이 900원 대 1달러라고 한다면 미국은 철강 1kg에 1,800원이고 소고기 1kg이 2,700원으로서 미국이 소고기에서 저렴하고 한국이 철강에서 저렴하다. 즉 한국과 미국은 그들의 기회비용이 적은 특화한 상품이 상대적으로 저렴하게 된다.

5 | 국제적 교역의 장점

국제적 교역은 실재로 모든 나라들을 위하여 생산 및 소비가능성의 확장을 가능하게 한다. 이는 현실적으로 절대적 및 상대적 생산비용장점의 실현에서 그리고 대량생산의 장점의 실현에서 논증된다.

자유로운 국제무역은 공급자들 사이의 경쟁을 강화하고 성장역학에 동인을 제공한다. 또한 독점이윤은 없어지며 생산품 및 생산과정혁신의 경향이 강화된다. 소비자들의 구매가능성이 증가하는 생산품의 종류로 확장된다. 이러한 모든 것들이 자유무역으로 논증되지만 이에 대한 단점들도 가능한 방식으로 연관되어 있다.

3. 자유무역과 보호주의

자유무역은 완전히 방해받지 않는 국제적 재화교환을 이해/의미한다. 또한 보호주의는 자국생산의 보호와 지원을 위한 수입제한 및 수출촉진정책이다. 이들의 대표적인 수단들이 관세, 비관세적 통상장애이다.

자유무역의 이상은 고전적 경제자유주의를 실현한다. 세계적인 노동분업의 이점은 독립적인 생산자/소비자의 자유로운 경쟁에서 실현된다. 세계의 생산요소의 주어진 조건에서의 세계 총생산의 극대화가 이루어진다. 또한 자유무역은 심리적인 장점이 있다.

그러나 자유무역은 각국들의 생산구조의 최적 발전을 보장하지 않으며, 잉여의 정당한 분배를 보장하지도 않는다. 전시 생존/방어력을 위한 경제분야(농업 및 에너지 분야)에서는 논란의 여지가 있으며, 장기적 안정을 위해 경제구조의 극도의 전문화가 또한 회피된다. 개도국들의 사치재화의 수입도 또한 자유무역의 비판이 된다. 관세는 자국산업의 보호를 위한 것이며, 보호관세는 특히 저개발국가들을 위한 것이다.

4. 무역정책의 수단들

무역정책의 수단들로는 재정-/보호관세, 수량제한, 통상조약, 비관세장벽, 수입할당제, 구상무역, 국영무역이 있다. 재정관세는 재정수단의 조달을 위한 것이고, 보호관세는 자국의 산업보호를 위한 것이다.

5. 국제수지 형성의 역학들

1 | 환율과 무역(환율역학)

환율은 자국과 외국 사이의 가격들을 연계시킨다. 명목환율은 서로 상이한 나라들에서 생산된 재화나 서비스의 각각의 자국 환으로 표시된 가격을 연계시킨다. 즉 명목환율은 가격을 국제적으로 비교한다. 환율변동은 국제적 가격관계를 바꿔놓는다. 참가한 나라들 사이에 있어서의 가격관계의 변동과 이로써 야기된 국제 재화 흐름의 변화가 환율변동의 현실적인 영향이다.

자국 화폐의 환이 평가절상되면 상대방 외국의 재화가 자국 화폐로 계산되어 싸진다. 달리 표현하면 자국의 재화가 상대방 외국의 화폐로 계산되어 비싸진다. 평가절상이 되면 평가절상된 나라의 수입량은 증가하고 수출량은 감소한다. 일반적으로는 자국 화폐의 평가절상에 있어서는 자국의 수출가치는 감소하고 자국 수입의 자국 화폐가치는 증가한다.

이제 반대로 평가절하에 있어서는 평가절하 자국의 수입량은 감소하고 수출량은 증가한다. 평가절하에 있어서는 자국의 수출 가치는 증가하고 자국의 수입의 자국 화폐가치는 감소한다.

즉 첫째, 환율은 기본적으로 외국과의 무역을 통하여 변동하게 된다. 어느 한 국가의 수출이 증가하여 외국 화폐를 많이 벌어들이게 되면 외국 화폐를 당해 수출국의 화폐로 바꾸려는 당해 수출국 화폐에 대한 수요가 증가하여 당해 수출국 화폐의 가치가 상승한다. 반대로 외국 화폐가 어느 한 국가에서 많이 빠져나가면 반대의 현상이 일어난다.

둘째, 경제성장률이나 물가도 환율에 영향을 미친다. 물가가 안정되고 수출상품의 가격이 하락하여 국제경쟁력이 생기면 수출이 증가하여 경제성장률에 봉사하고 외국인 투자가 증가한다. 외국인 투자가 증가하는 것만큼 외국 화폐가 유입됨으로써 당해국의 화폐가치가 상승한다.

셋째, 금리/이자도 환율에 영향을 미치는데, 이를 테면 여타 국들의 금리는 그대로인데 어느 한 국가의 금리가 상승하면 외국 화폐가 당해 국가로 유입되어 당해 국가의 화폐가치가 상승한다.

국민경제에서 유통/지불거래가 있는 것처럼 국제경제에서도 유통/지불거래가 있으며, 이로써 경제질서, 나아가 화폐질서가 요구된다. 국민경제의 이러한 유통/지불거래가 국내시장가격을 바탕으로 하고 있는 것처럼 국제경제의 유통/지불거래도 국제가격을 바탕으로 하고 있다. 소비자가 장기적으로 소득보다 더 많이 지출할 수 없는 것처럼 나라도 장기적으로는 수출보다 더 많이 수입할 수 없다.

이러한 국제가격들의 비교가 환율제도이며, 환율제도에는 고정/단계적 변동/관리변동/자유변동환율제도가 있다. 국제가격은 또한 역시 명목환율과 실질환율로 매길 수 있다. 명목환율은 한 나라의 화폐와 다른 나라의 화폐의 교환비율이며, 외환시장에서의 외환의 수요와 공급에 의하여 결정된다. 이를 테면 원화의 대 미국의 달러에 대한 명목환율이 하락하면(원이 평가절상이면), (달러의 가격이 하락하였으므로) 달러의 수요가 증가하고 달러의 공급은 감소한다.

이와 달리 실질환율은,

실질환율 = 명목환율 × (국내가격/외국가격)

이다.

즉 실질환율=명목환율(e) × [국내물가지수(p)/해외물가지수(p')]이고, 그러므로 실질환율=(ep)/p'이다.

이로써 실질환율이 하락하면 국내물가지수(p)가 하락하든지 해외물가지수(p')가 상승하여야 한다. 그러므로 실질환율이 하락하면 국내 재화가격이 싸지고, 그럼으로써 국내수요와 수출이 증가하며, 수출증가와 수입감소로 나아가 역시 순수출이 증가한다.

이제 구매력평가설에 의한 환율결정이론을 보자. 구매력평가설은 한 나라의 화폐는 모든 나라에서 동일 수량의 재화를 구입한다는 것이며, 명목환율의 변동은 양국의 인플레이션의 차이에서 온다. 즉 양국의 명목환율(e)은 양국의 물가수준(p'/p)에 의하여 결정 된다.

명목환율 $e = p'/p$

구매력평가설에 의하면 자국에서의 자국의 단위화폐에 대한 구매력(1/p)은 해외에서의 자국의 단위화폐에 대한 구매력(e/p')과 같아야 한다.

$$즉\ 1/p = e/p'$$

$$이는\ 다시\ 1 = (ep)/p'\ 혹은\ e = p'/p$$

이다.

위 식에서 명목환율(e)은 양국의 물가수준의 차이(P'/P)이며, 물가수준이 변화하면 명목환율이 변하고, 이로써 명목환율은 양국의 화폐의 수요와 공급에 의하여 영향을 받는다. 이를 테면 통화량이 증가하면 물가가 상승하며, 물가상승은 명목환율을 평가절하시킨다.

여기서 다시

실질환율 = 명목환율 × (국내물가지수/해외물가지수)

이므로 이를 다시 변화율로 조정하면

실질환율변동률= 명목환율변동률 +

국내 인플레이션율 – 해외 인플레이션율

이다.

2 | 가격변동과 무역(가격역학)

명목환율의 변동을 통한 가격관계의 변동이 국제적 통상에 영향을 미친다고 한다면 이는 또한 역시 국가적 가격의 변동을 위해서도 유효하다. 이를 테면 미국에는 인플레이션적인 가격상승이 있고 한국에는 가격안정이라고 하자. 이는 한국 재화의 원화 가격의 고정에서 미국 재화의 일반적인 달러화 가격의 상승을 의미한다. 그러므로 주어진 일정한 환율에 있어서 원으로 표시된 미국 재화가 비싸지며, 미국 재화의 수요량이 감소한다.

이제 만약 미국 재화에 대한 한국의 수요탄력도가 1보다 크다고 한다면 한국의 수입가치는 달러로 계산하든 원으로 계산하든 감소한다. 미국을 위해서는 이는 반대로 그들의 수출가치의 감소를 의미한다.

한국의 재화들은 (가격안정 때문에) 달러로 계산하여 미국의 재화들보다도 상대적으로 저렴하다. 미국에 있어서의 한국 재화들에 대한 수량적인 수요가 증가하며, 가격은 달러로나 원으로 계산하여도 일정하다. 한국의 수출은 (마찬가지로 미국의 수입은) 증가한다.

한 나라의 가격수준이 다른 한 나라의 가격수준보다도 더 빨리 상승한다면 가격 안정적인 나라의 수출은 증가하고 수입은 이에 반하여 감소하며, 상대적으로 인플레이션적인 나라의 수출은 감소하고 수입은 이에 반하여 증가한다.

3 | 국민소득 변화와 무역(소득역학)

수출은 전체 경제적 수요의 모든 여타 요인들과 마찬가지로 국민소득의 크기에 영향을 미친다.

수입은 전체 경제적 수요의 외국에로의 흐름을 의미한다.

환율역학, 가격역학 및 소득역학은 외국무역에 영향을 미친다.

6. 실질교환관계(terms of trade)

terms of trade는 수출 재화의 단위에 대한 교환으로 얼마의 수입량이 얻어질 수 있는가를 보여주는 것이다. 재화기반에서의 terms of trade인 commodity terms of trade는 자국 환으로의 수입의 가격지수와 수출의 가격지수의 계수로서 계산된다.

terms of trade = 수출 가격지수/수입 가격지수

수출품의 가격이 수입품의 가격보다 더 강하게 상승하면 terms of trade의 개선이라 한다. 개도국들은 종종 산업국들에 대하여 terms of trade의 감소를 당한다. 그럼 개도국들은 그들의 생산품을 위해 점점 더 적은 산업적 재화를 취한다.

21 상이한 환율체제들의 기능방식들

1. 환율정책적인 다양성

환율정책에 있어서는 환의 자유 태환성의 환율체제와 외환관리체제가 있다. 환의 자유 태환성의 환율체제에서는 다시 고정환율의(불변의 고정된 환율의) 환율체제, 단계적 · 유동적 환율의 환율체제(환율은 근본적으로 고정적이나 경우에 따라서는 변동될 수 있는 환율체제), 금융관청이 개입된 유동적 환율체제 및 자유유동적 환율체제가 있다.

2. 변동환율에서의 환율체제

변동환율에서의 환율체제에서는 외환시장, 국제수지의 자동적 안정화, 변동환율의 결정요인들을 취급한다.

1 | 외환시장

환율은 외환시장에서의 공급과 수요에 의해서 결정된다. 수입업자들은 달러를 수요하고 수출업자들은 달러를 공급한다. 하락하는 환율에서는 달러수요가 증가하고 달러공급은 감소한다.

수요와 공급이 만나는 점에서는 매일 외환시장에서 조정되는 명목적 균형환율이 주어진다.

[그림 53] 외환시장에서의 공급과 수요

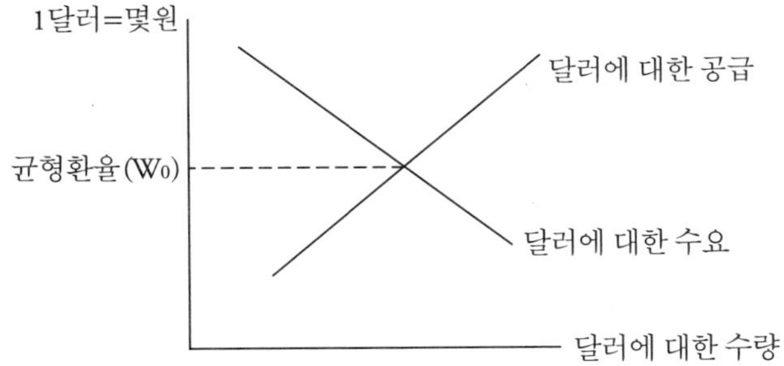

2 | 국제수지의 자동적 안정화

한국이 이를 테면 흉년이나 강한 국내의 물가상승으로 인하여 그들의 수입을 확장한다고 하자. 이러한 수입의 지불을 위해 달러에 대한 수요가 상승하며, 즉 수요곡선이 우측 평행이동한다. 그러면 외환시장에서의 균형이 이러한 일정불변이라 가정한 요인의 변화에 의하여 이동함으로써 결과적으로는 균형환율은 상승한다. 즉 원이 평가절하된다. 이러한 (원이 싸진) 평가절하에 있어서는 한국 재화에 대한 외국의 수요가 증가하고 한국의 수출가치가 상승한다. 다른 한편으로는 달러가 비싸지며, 한국은 그들의 수입의 가치를 제한한다. 이러한 방식으로 상승한 환율이 다시 공급과 수요의 자동적 안정화 지향의 균형을 유지하게 한다.

3 | 변동환율의 결정요인들

외환시장에서의 시장행태의 영향요인들을 볼 수 있다.

환율이식매매는 달러-원의 환율이 싼 곳에서 구매하여 비싼 곳에서 판매하는 것이다.

이자이식매매는 시장참가자가 국내외의 이자 차이를 이용하는 것이다. 높은 이자가 있는 곳에 저축하는 것이며, 환율위험을 고려하여야 한다.

환투기는 시장참가자가 기대되는 환율변동으로 이윤을 실현하기 위하여 외환을 구매 혹은 판매하는 것을 말한다. 환투기의 기반은 주관적인 환율예상이다.

이식매매 및 투기업무는 현물거래시장과 선물거래시장에서 이루어진다.

구매력평가설에 있어서 명목환율의 변동은 양국의 인플레이션율의 차이에 의해서 결정된다.

실질환율은 양국의 환들의 실질적 구매력의 비교에서 형성된다.

실질환율변동 = 명목환율변동 +

자국의 인플레이션율 − 상대국의 인플레이션율

이자율평가설에서는 환율은 (미래의 환율에 대한 주어진 기대 하에서) 양국 간의 이자 차이에 의존한다. 외국의 이자율이 국내에서의 이자율에 비하여 상대적으로 상승하면 자본은 외국으로 흘러가고 자국환이 평가절하된다.

3. 고정환율에서의 환율체제

고정환율에서의 환율체제에서는 국제수지불균형의 재정, 국제수지불균형의 수정, 금본위를 취급한다.

1 | 국제수지불균형의 재정

고정환율의 나라에 있어서는 국제수지불균형의 재정문제, 즉 유동성 문제와 국제수지불균형의 수정문제가 있다.

외환에 대한 수요가 증가하면 국가에 의해서 고정된 환율체제에서 외환수요 잉여가 나타나며, 이는 국제수지적자이다.

[그림 54] 외환시장에서의 국제수지적자

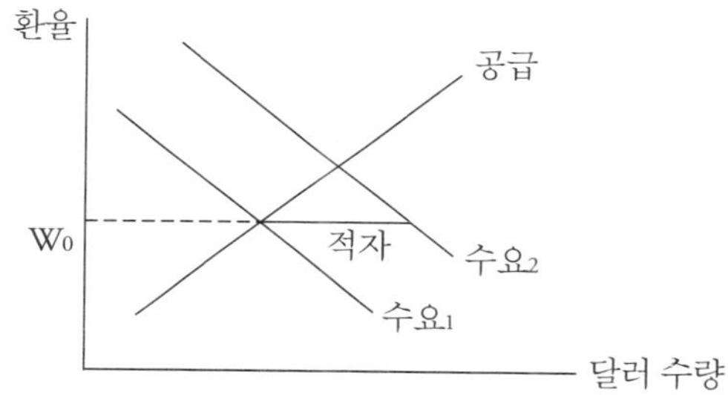

외환의 초과수요에서는 외환공급이 증가되어야 하며, 중앙은행이 외환을 공급하여야 한다. 그러나 지속하여 외환을 공급할 수 없기 때문에 유동성 문제가 있다.

외국이 더 많은 자국의 재화를 수요하거나 자국에 강화하여 투자를 할 경우 외환시장에 있어서 고정환율 하에서 공급잉여가 되며, 이를 국제수지흑자라 한다. 이러한 경우는 중앙은행이 외환을 구매함으로써 국제수지불균형을 재정한다.

2 | 국제수지불균형의 수정

국제수지적자국은 수출을 촉진하고 수입을 제한해야 한다. 수

[그림 55] 외환시장에서의 국제수지흑자

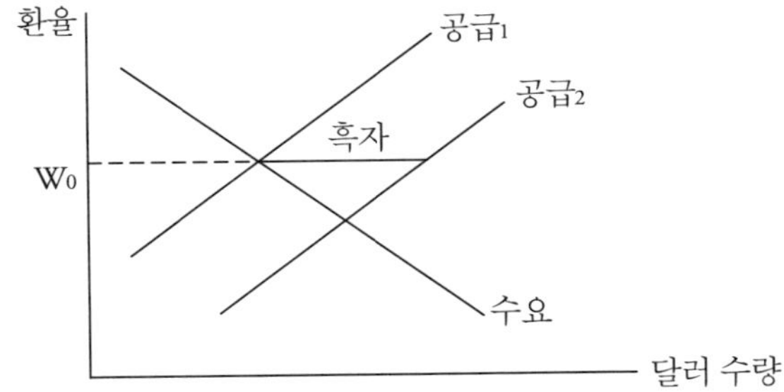

출을 촉진하기 위하여 국내 물가수준을 상대적으로 하락하여야 하며, 국민소득 의존적인 수입을 억제하기 위하여 국민소득을 상대적으로 감축하여야 한다. 그밖에 국제수지적자국은 긴축통화정책으로 이자율을 상승시키고, 이로써 자본수입을 자극해야 한다. 또한 국제수지적자국은 통화- 및 재정정책의 수단으로 긴축경제정책을 수행하여야 하며, 이러한 통화- 및 재정정책의 수단을 통한 긴축경제정책들로는 통화량 감축, 이자율 상승, 국가지출 감축, 조세증가가 있다.

이에 비하여 국제수지흑자국은 수출을 감축하고 수입을 증가하여야 한다. 수출을 감축하기 위하여 국내 물가수준을 상승시키고, 수입을 증가하기 위하여 국내 국민소득을 증가하여야 한다. 자본수출을 자극하기 위하여 또한 이자율을 하락하여야 한다.

국제수지흑자국은 통화- 및 재정정책의 수단으로 확장적인 경제정책을 수행하여야 하며, 이러한 통화- 및 재정정책의 수단을 통한 확대경제정책들로는 통화량 증가, 이자율 하락, 국가지출 증가, 조세감소가 있다.

3 | 금본위

고정환율의 환율체제로서 금본위는 제1차 세계대전 이전의, 그리고 부분적으로는 제1차 세계대전 이후의 국제 환율질서였다.

불균형의 경우는 국제수지 적자국은 평가절하, 그리고 국제수지 흑자국은 평가절상과 같은 환율변동이나 외환관리의 수단으로 수출입을 통제함으로써 계산상으로는 수지균형을 이룰 수 있다.

4. 고정- 혹은 변동환율

변동환율에서는 항상 수지균형이 이루어지므로 국제수지적자를 위한 재정의 문제나 국제수지적자를 위한 수정의 문제가 없다. 변동환율에 있어서의 국내 경제정책이 일반적으로 더욱 독자적이고 효과적이다. 또한 변동환율체제에서는 외국의 인플레이션의 전이가 단지 부분적으로 혹은 전적으로 회피되며, 환율경쟁이 가격안정의 기회를 제공한다.

변동환율의 단점으로는 국제적 거래(무역 및 투자)에 있어서의 불안정한 계산의 기반과 수출산업에 있어서의 고용의 진동이다.

5. 환 연합

환 연합은 단일 환을 의미하며, 시장은 이를 위한 정책의 균형을 위해 노력한다. 환 연합은 다양한 확산적인 목표들의 달성을 어렵게 한다.

환 연합은 장점만이 있는 것은 아니고 환 연합이 만족할 만한 결과를 이룩하려면 일정한 조건을 충족시켜야 하는데, 이 중 핵심이 환 지역이다. 그러나 어느 정도 크기의 환 지역이 환 연합을 위한 최적의 환 지역인가에 대해서는 논란의 여지가 있다.

6. 이상적 환 지역

원칙적으로 최적의 환 지역은 환율에 의한 균형이 필요불가결하지 않게 하는 상대적으로 동등한 경쟁력과 환율적응을 대체할 수 있는 다른 균형역학이 존재하는 나라 사이의 환 연합이다. 환 연합은 또한 정치적으로 평가될 수 있다. 환 연합은 독자적인 국가적 경제정책의 포기를 강요하기 때문에 이러한 것들이 긍정적으로 평가되어야 하며, 또한 정치적 연합이 갈망되어야 한다. 현실적으로 환 연합의 실례를 유럽의 유러화에서 볼 수 있다.

22

국제환율질서

1. 국제통화기금(IMF)의 환율체제

국제통화기금의 환율체제에서는 전제조건들, 국제통화기금체제에서의 신용가능성, 금의 역할, 국제통화기금체제에서의 예비 환들, 한국은행의 환 비축, 경상수지적자의 재정을 볼 수 있다.

1 | 전제조건들

국제통화기금은 미국의 워싱턴 D. C.에 있는 국제적 기구로서 브래튼우즈(1944년)에서의 국제회의에서 설립되었으므로 브래튼우즈 체제라고도 한다.

국제통화기금은 원칙적으로 고정환율체제였으며, 처음에는 상하방 1%, 나중은 상 하방 2.25%의 작은 진동폭을 가진 고정환율체제였다. 이러한 환율규정은 1973년에 해제되었으며, 그 이후 회원국들은 환율규정을 자유로이 하고 있다.

2 | 국제통화기금(IMF) 체제에서의 신용가능성

국제통화기금체제에서의 신용가능성에서는 우선 할당, 기금의 환 잔고 채움, 특별인출권한, 추가적 금융혜택을 볼 수 있다.

① 할당

각 회원국들의 신용보장은 할당의 범주에서 이루어진다. 모든 회원국들에게는 할당이 있으며, 회원 가입시에 국내총생산, 세계무역에서의 비중, 외환보유고와 같은 경제적 크기에 따라 계산된다. 이러한 할당은 또한 회원국들의 의결권을 결정하며, 늦어도 5년에 한 번씩 회원국들의 변화한 경제적 비중과 변화한 재정수요를 바탕으로 조사/적응된다.

② 기금의 환 잔고 채움

기금이 그의 신용보장을 위해 회원국들에 의한 금융수단을 넘어설 경우 모든 회원국들은 일정한 한계 안에서 특별인출권한에 대한 대칭으로 국제통화기금(IMF)에 금융수단을 제공할 의무가 있다. 나아가 기금은 회원국들의 금융신용을 수용할 수 있으며, 국제금융시장과 같은 다른 출처에 의한 금융신용을 수용할 수 있다.

③ 특별인출권한

국내의 통화량과 마찬가지로 국제적인 유동성의 잔고나 분배를 통제하기 위함이라는 인식 하에서 국제통화기금(IMF) 회원국들은 1967년 리오 데 자네이로에서 국제적 유동성의 새로운 종류인 특별인출권한을 창조할 것을 합의하였다.

특별인출권한은 국제유동성의 새로운 형태의 창조이다. 회원국들은 기금에 의해서 국제적인 대체자금을 창조하고, 이러한 화폐를 서로 분배하고 또한 이러한 화폐를 채무의 상환을 수용하도록 의무지워져 있다.

모든 나라들은 인출권한을 가지고 있으며, 이러한 범주 내에서 다른 나라로부터 필요한 외환을 취득할 수 있다. 한국은 이를 테면 특별인출권한을 가지고 있으며, 이로써 필요한 경우 달러를 취득할 수 있다. 미국도 특별인출권한을 가지고 있으며, 이로써 필요한 경우 엔이나 유러를 취득할 수 있다. 즉 특별인출권한은 외환과 똑같은 것이다.

④ 추가적 금융혜택

추가적인 금융혜택으로는 1974년 이래의 확대기금 금융혜택이 있다. 추가적인 금융혜택은 추가적인 신용보장의 차등화된 가능성들이다. 1963년부터는 수출액 탈락에 대한 보상금융에 대한 금융혜택이 있다. 1969년부터는 자원지원에 대한 금융에 대한 금융혜택이 있다. 기타 산업구조 적응 금융혜택과 경제체제 전환 금융혜택이 있다.

국제통화기금(IMF)은 종종 엄격한 안정화 계획들로서 적자국들의 경제생활에 개입한다.

3 | 금의 역할

금은 오랫동안 전통적으로 중앙은행들 사이에서 지불수단이었고 계산단위였다. 그러나 금은 오늘날 중앙은행들에 의해서 단지 가치저장 수단만을 수행한다. 즉 금은 오늘날 기축통화로서의 의미를 상실하고 국제통화질서에 있어서 오로지 가치저장 수단만을 가지고 있다.

4 | 국제통화기금(IMF)체제에서의 예비 환들

달러가 지배적인 위치를 차지하고 있으며, 그러나 유러가 또한 중요한 역할을 하고 있다. 국제적 거래를 위한 기축통화의 과제는 우선 가치안정과 충분한 유동성이다.

예비 환으로서의 역할을 하는 이러한 유러의 역할의 중요성은 유러 환 연합 지역의 그러한 국민경제적인 활동의 성과에 달려 있다.

5 | 한국은행의 환 비축

한국은행의 환 비축의 대부분이 달러와 유러를 중심으로 한 외환과 금으로 이루어져 있다. 기타의 환 비축은 유가증권, 예치금, 국제통화기금의 현금인출권한, 특별인출권한 등이다.

6 | 경상수지적자의 재정

경상수지적자의 대부분이 국민경제의 일반은행제도에 있어서의 일반은행의 금융에 의해서 이루어진다.

7 | 환율체제

한국의 환율제도는 1945년 10월부터 1964년 5월까지 고정환율제도로서 1달러가 15원에 고정되어 있었다. 1964년 5월부터 1980년 2월까지는 달러에 대한 미세변동이 허용되는 단일통화변동제도였다. 1980년 2월부터 1990년 3월까지는 특별인출권한 및 5대 주요 교역국들의 통화에 연동된 복수통화 바스켓 제도였다. 1990년 3월부터 1997년 12월까지는 전날 외환시장의 거래평균을 한국은행이 고시하며, 한국은행이 외환시장의 변동 제한폭을 통제하는 시장평균 환율제도였다. 1997년 12월 이래 변동 제한폭을 철폐하는 완전 자유변동 환율제도이다.

23

인플레이션적 과정들의 원인들과 작용들 및 그들의 극복을 위한 가능성들

1. 인플레이션의 개념

인플레이션은 일반적으로 상당한 기간 동안 관찰되는 물가수준의 증가이다. 인플레이션은 이러한 지속적인 물가수준의 상승이다. 생계를 위한 가격지수가 인플레이션의 척도이다.

자본주의적 역사에서의 경제활동에 있어서는 시간이 흐름에 따라 물가상승이 관찰되며, 일반적인 지속적 물가상승이 인플레이션이다.

화폐수량설에 의하면 인플레이션은 재화가치보다 화폐가치와 연관된 현상이며, 경제 전체에 관한 현상이고, 교환의 매개수단인 화폐에 관한 것이다. 전반적인 물가수준이 상승하면 화폐가치가 하락한다. 화폐가치는 화폐시장에서의 수요와 공급에 의하여 결정되며, 화폐공급은 단순화하여 중앙은행이 공급하고, 화폐수요는 주요 변수가 일반 물가수준과 이자율이다. 물가가 높을수록(화폐가치가 낮을수록) 화폐수요가 증가한다. 화폐의 수요와 공급에 의하여 화폐시장의 균형이 이루어지며, 또한 화폐시장의 균형에서 물가수준이 결정된다.

또한 화폐수량설에 의하면 통화량이 증가하면 물가가 상승하고 화폐가치가 하락한다. 즉 통화량이 증가하면 인플레이션이 되고, 그러므로 통화량이 화폐가치를 결정한다. 이제 화폐시장에서의 균형에서 통화량이 증가하면 초과공급이 되고, 초과공급은 재화와 서비스의 수요를 증가시키며, 이는 또한 물가상승, 나아가 화폐수요의 증가를 가져온다. 고전학파의 이분법은 명목변수와 실질변수를 구분하고 있으며, 화폐의 중립성에서 화폐는 명목변수에만 영향을 미치고 실질변수에는 영향을 미치지 않는다. 화폐수량방정식 [혹은 (피셔의) 교환방정식] M=(1/v)PY에서 화폐의 유통속도(v)는 관습적으로 일정하므로 통화량(M)의 증가는 명목국민소득(PY)의 증가로 귀결되지만, 화폐의 중립성으로 통화량의 증가는 실질국민소득(Y)에 영향을 미치지 않고 오직 명목변수인 물가(P)에만 영향을 미친다.

나아가 이러한 물가상승을 위하여 우선 물가지수를 본다. 이제 한 나라의 국민경제에서 거래되는 모든 재화와 서비스들에 있는 가격들을 모아서 평균화하면 물가수준이 된다. 이와 같은 물가수준은 물가지수를 통하여 계산되며, 일반적으로 대표적인 물가지수로서는 소비자물가지수가 있다. 이러한 소비자물가지수는 소비생활에 필요한 재화들과 서비스들의 가격들의 변동을 측정하기 위하여 작성된다. 즉 일정 연도를 기준으로 해서 이러한 당해 연도와 동일한 대표적인 가계의 상품 바구니의 지출을 위한 화폐액을 표시한다.

소비자물가지수 이외에 생산자물가지수가 있으며, 이의 조사대상이 되는 것들은 대표적 생산주체들인 기업들이 구매하는 재화들이나 서비스들이다. 생산자물가가 상승하면 당해 재화의 가격에 반영되기 때문에 생산자물가지수는 소비자물가지수를 예측하는 데에 도움이 된다.

다음으로 물가지수 가운데 GDP 환가지수(혹은 GDP 디플레이터)는 명목 GDP를 실질 GDP로 나눈 값을 백분율 한 것으로서(100으로 곱한 것으로서) 인플레이션 요소들을 제거한 실질적인 GDP의 증가분을 나타낸다. 이러한 GDP 환가지수는 한 국민경제 내에서 생산된 모든 최종 생산물의 평균가격을 나타내는 가장 포괄적인 물가지수이다.

2. 인플레이션의 종류

인플레이션의 종류에 있어서는 우선 가격상승의 강도인 인플레이션의 정도에 따라 서행 인플레이션과 질주 인플레이션(연간 10%이상)으로 구분한다. 또한 인플레이션은 가격상승의 지속에 따라 잠정 인플레이션과 항구 인플레이션으로 구분하고, 그 원인에 따라 수요 및 공급 인플레이션으로 구분한다. 인플레이션을 나타내지만 인플레이션율이 점점 하락하는 것을 디스인플레이션이라 한다.

3. 인플레이션의 설명

수요 인플레이션과 공급 인플레이션을 구분하기는 매우 어렵다. 수요 인플레이션은 가격상승의 첫 자극이 수요 측에서 온 경우이며, 공급 인플레이션은 가격상승의 요인이 공급 측, 특히 임금이나 이윤으로부터 온 경우이다. 그러나 국민경제의 과정들이 서로 연관되어 있으므로 이를 구분하기는 현실적으로 어렵다.

1 | 수요 인플레이션

수요 인플레이션은 현대적 인플레이션 설명의 가장 오래된 형태의 것이다. 이는 완전고용에서 공급을 초과하는 잉여의 재화수요와 같은 인플레이션적인 간극에 나타나는 것이며, 이러한 수요의 초과로부터의 가격수준 상승에 대한 자극을 설명하고 있다.

한 국민경제의 완전고용에 있어서는 단기적으로 생산의 확장이 불가능하므로 잉여의 재화수요가 전적으로 가격상승에 작용한다. 수요자들은 그들의 증가된 지출에도 불구하고 이전과 동일한 재화만을 유지할 수 있으며, 가격상승은 추가적인 화폐적 수요를 가져온다. 수요 측 요인의 가격상승은 완전고용 이전에도 가능하며, 산업부문별 생산애로의 결과로 나타난다.

재화에 대한 초과수요로 생산이 확장되면 노동시장에서의 수요억압이 이루어진다. 이러한 국민경제의 과정으로 인플레이션 과정이

[그림 56] 수요 인플레이션에 있어서의 인플레이션 자극

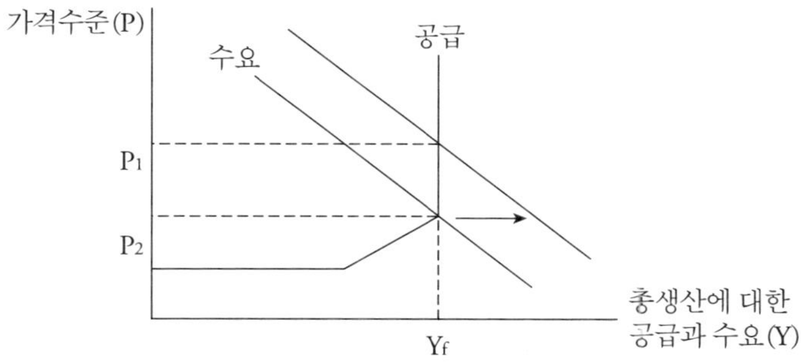

진행된다. 재화시장의 초과수요-가격상승-이윤상승-임금상승-(다시) 초과수요-가격상승의 연결고리이다.

이러한 수요 인플레이션은 정부의 개입 없이 중단될 수 있다. 국민경제의 일부 무리들(가격상승을 따라가지 못하는 연금수혜자, 이자소득 수령자, 장학금 수령자들)은 가격상승만큼 그들의 소득이 같은 정도로 증가할 수 없게 된다. 이 무리들은 그들의 재화수요를 제한하여야 한다.

재화수요의 감소는 지속 상승하는 가격과 고정된 환율에서 또한 외국으로부터도 기대될 수 있다. 물론 정부도 가격상승의 과정을 경제정책적인 이유들에서 정부의 수요를 결국 총생산(재화공급)과 재화수요 사이의 균형이 이루어질 수 있는 그러한 상황으로 제한함으로써 중단시킬 수 있다.

중앙은행이 또한 통화량이 상응하여 확장될 수 없게 본원통화를 증가하지 않거나 필요한 정도로 만큼 증가하지 않을 경우는 인플레이션 과정의 몰락이 이루어진다. 본원통화의 증가가 수요 인플레

이션의 장기적인 과정을 위한 필요불가결한 조건이다.

2 | 공급 인플레이션

가격상승은 수요 측으로부터 뿐만이 아니라 공급 측으로부터도 가능하다. 비용상승이 가격을 통하여 수요에게 건너갈 수 있으며, 공급자들이 추가이윤을 실행할 수도 있다. 이로써 공급 인플레이션의 기본형은 요소비용의 인상에서 출발하는 비용억압 인플레이션과 이윤인상에서 출발하는 이윤억압 인플레이션이다. 경제적 침체에 있어서의 가격상승일 경우는 스태그플레이션이다.

① 비용억압 인플레이션

전체 경제적인 측면에서 비용상승의 원인들은 생산성 증가의 백분율을 초과하는 임금률 증가, 수입된 반제품의 가격상승, 자본생산성의 증가를 넘어서는 자본비용의 증가, 비용조세들의 증가, 감소하는 가동률에 있어서의 증가하는 단가이다. 즉 공급을 위한 생산에 있어서의 생산비용 인상의 요인들에 의한 인플레이션이다.

② 이윤억압 인플레이션

기업가들이 시장의 힘을 이용하여 국민소득에서 이윤의 비중을 증가할 목적으로 추가이윤을 이룩하는 경우이다. 즉 생산비용에서는 인플레이션적인 요인이 없음에도 불구하고 기업들이 이윤을 가격에 추가함으로써 일반적인 물가가 상승하는 경우가 이윤억압 인플레이션이다.

3 | 수요 및 공급 인플레이션의 중첩

수요 및 공급 인플레이션은 이론적으로는 발생하는 자극에 따라 서로 분명히 구분될 수 있으나 실재적으로는 발생하는 자극이 분명하게 구분되기는 어렵다. 인플레이션은 거시경제적 균형에서 총수요와 총공급에 영향을 미치는 일정하다고 가정한 요인들의 변화에서 비롯된 지속적인 물가상승으로서, 총수요 측 요인의 변화와 총공급 측 요인의 변화로 구분할 수 있으나 현실적으로는 물가상승을 가져오는 이들의 동시적 현상으로 나타나는 경우도 있다.

4 | 통화주의적 인플레이션의 설명

통화주의자들은 통화량의 과도한 증가가 인플레이션 본래의 원인이라고 본다. 인플레이션은 실질생산의 성장률을 극도로 초과하는 통화공급의 증가율에 결국 원인적으로 의존되어 있다고 본다. 즉 통화량의 증가가 명목국민소득을 증가시키지만 화폐의 중립성으로 말미암아 통화량의 크기가 직접적으로 물가에 영향을 미친다는 것이다.

5 | 분배논쟁으로서의 인플레이션

수요 인플레이션에 있어서는 총생산의 사용에 증가된 지출로 이루어지며, 총생산에 대한 지출의 합계는 총생산 자체보다도 크다. 즉 동일한 재화의 크기에 더 많이 지출한다는 것이다. 이와 같이 수요

인플레이션에 있어서는 물가가 먼저 오르고 나중에 이를 의식한 노동자들이 임금인상을 실현하기 때문에 “물가-임금 나사(선형)”라 한다. 물가-임금 나사에서는 노동자들이 손해를 본다.

공급 인플레이션에 있어서는 임금상승 및 가격상승에 의한 소득형성 측면을 통하여 이루어진다. 특히 공급 인플레이션의 원인이 (노동조합의 조직률이 높은 사회에서 일어나는 것과 같이) 노동생산성을 넘어서는 임금상승에 의한 것이면 “임금-물가 나사(선형)”로 볼 수 있으며, 이러한 경우는 먼저 임금이 상승하고 이러한 임금상승이 물가에 반영되기 때문에 노동자들이 손해를 보지 않는다.

4. 인플레이션의 작용들

인플레이션의 작용들에서는 고용작용들, 소득 및 재산분배에 대한 작용들, 성장에 대한 작용들을 볼 수 있다.

1 | 고용작용들

실업에 있어서는 정부가 승수작용을 통해 더 높은 총생산과 더 높은 고용을 달성하기 위해 정부의 수요를 증가시킨다. 완전고용에 가까울수록 산업의 개별 분야에서는 생산의 병목현상이 나타나며, 이로써 비용이 상승하고 비용은 물가를 상승시킨다. 결국 고용위상의 미세한 개선은 단지 강하게 증가하는 인플레이션율에 의해서 사들여

질 수 있다. 즉 실업과 인플레이션율 사이에 역선택의 가능성이 존재한다. 이러한 것은 논란의 여지가 있으나 필립스 곡선에서 다룬다.

2 | 소득- 및 재산분배에 대한 작용들

인플레이션 과정에서 소득수령자가 불리한 경우는 그들의 소득이 그들이 지불하여야 할 가격보다도 덜 증가하는 수령자들이다.

인플레이션 과정에서 재산소유자들이 불리한 경우는 그들의 명목 순재산이 물가수준보다도 더 천천히 증가하는 경우이다.

가격상승에 있어서 채무자는 이익이며 채권자는 손해이다.

실물자산 소유자는 금융자산 소유자에 비하여 이익이다.

3 | 성장에 대한 작용들

긍정적인 성장작용들은 인플레이션의 분배작용들로부터 주어질 수 있다. 인플레이션 과정에 있어서는 이윤증가의 결과로 투자가 증가하거나 기업부채가 실질적으로 감소한다.

부정적인 성장작용들은 시장경제에서 가격이 제 기능을 발휘하지 못하므로 가격관계가 허물어질 수 있으며, 실물가치에로의 도피가 일어난다.

5. 대인플레이션 정책

대인플레이션 정책에서는 수요 측 요인들의 변화에 의한 수요 인플레이션의 대책과 공급 측 요인들의 변화에 의한 비용 인플레이션의 대책을 볼 수 있다.

1 | 수요 인플레이션의 대책

수요 인플레이션으로 보아지는 가격상승 과정에 있어서는 자연적으로 국가적 경제정책의 수단을 통한 전체 경제적 수요의 제한이 추구된다. 일반적으로 긴축 재정- 및 금융정책이 요구된다. 통화주의자들은 통화량 성장률의 축소에 비중을 두는 반면 케인스학파들은 국가지출의 감소와 소득 의존적인 조세의 증가에 비중을 둔다.

2 | 비용 인플레이션의 대책

장기적인 관점에서 보면 인플레이션은 초기 단계에서 대책이 수립되어야 하며, 항구적인 대인플레이션 대책으로서는 가격상승을 어렵게 하는 소비자들의 시장위치의 강화, 공급자들 사이에 진정한 경쟁을 (가격경쟁을 포함한) 보장하며 공급자에 의한 시장 힘의 형성을 방해하는 경쟁정책 촉진, 분배갈등의 첨예화를 약화시켜 주는 분배정책의 추구가 있다.

24

소득- 및 재산분배

1. 전제조건

국민경제적 생산과정에서는 일정한 사람이나 무리들이 소유하는 생산요소 자본과 노동이 투입된다. 이러한 투입되는 생산요소의 상호작용을 통하여 재화들이 생산된다. 동시에 생산에 참가했던 요소들을 통하여 그들의 소유자들은 소득을 달성하며 이는 소득 수령자들에게 소비재를 구매하거나 (저축을 통하여) 재산을 형성하는 것을 허용한다.

2. 소득분배의 기본개념들

소득분배의 기본 개념들에서는 소득형성, 소득분배의 종류들로서 일차/이차 소득분배와 기능적(기능별)/개별적(계층별) 소득분배, 그리고 국민경제에서 중요한 의미를 가지는 임금배당과 그의 분배정책적 귀결을 볼 수 있다.

1 | 소득형성

요소능률의 제공으로 생산과정에 대한 실행에서 요소 소유자들의 소득이 형성된다. 소득의 크기는 제공된 요소능률의 양과 요소가격으로부터의 산물로 주어진다.

판매된 (투입된) 요소량과 그들의 가격은 시장경제에서 시장들에 의하여 결정된다. 한 요소가 시장적으로 주어진 기반 위에서 대량으로 수요되고 공급된다면 이 요소의 많은 양이 생산과정에 투입된다. 요소공급이 요소수요에 비하여 더 희소하다면 요소의 가격은 점점 더 상승한다.

2 | 일차 및 이차 소득분배

국민경제의 생산과정에서 형성되는 소득분배는 우선 일차 소득분배와 정부에 의한 재분배인 이차 소득분배로 구분한다.

일차 소득분배는 생산과정으로부터 직접적으로 형성되며, 이차 소득분배는 정부에 의한 재분배 이후에 주어진다. 일차 및 이차 소득분배 사이의 구분은 개별 경제적 부문에 있어서는 총액소득과 가처분소득 사이의 구분에 상응한다.

3 | 기능적 및 개별적 소득분배

국민경제에 있어서는 총생산의 산출에는 상이한 생산요소들이 참가한다. 이러한 각 생산요소들의 생산과정에서의 그들의 기능(노동, 자본, 토지)에 따라 형성되는 생산요소들에 대한 국민소득의 분배(임금, 이자, 지대)가 기능적(기능별) 소득분배이다. 기능적 소득분배는 생산요소들에 대한 소득의 분배를 나타낸다.

다음으로 생산요소들은 거래하는 경제단위들의 소유이다. 여기서는 (기능적인) 어떠한 생산요소들의 투입에 의해서 이러한 소득이 형성되었는가 하는 것과는 무관하게 자본주의적인 경제체제에서는 이러한 경제주체 혹은 경제주체들의 무리에 따른 국민소득의 분배가 개별적(계층별) 소득분배이다. 즉 개별적 소득분배는 개별 가계들의 요소의 기능에 따른 구분이 아니라 그들의 소득수준에 따른 소득분배의 구분이다.

4 | 임금배당과 그의 분배정책적 의미

임금배당은 전체 국민소득에서 임금이 차지하는 비중이다. 국민경제적 요소를 단순화하여 노동과 자본으로 파악하면 임금배당에 국민경제에서 이윤의 비중인 이윤배당이 대치된다. 국민소득이 임금과 이윤으로 이루어져 있다면 임금배당과 이윤배당의 합은 1이다.

국민소득/국민소득 = 임금/국민소득 + 이윤/국민소득

임금과 이윤에로의 국민소득의 구분은 국민경제적 총체계산에서는 이러한 방식으로 사용되지 않는다. 국민소득은 비자영업 소득과 기업가 활동 및 재산소득(이자-/임대소득, 계산상의 기업가 임금, 자영업자의 노동능률을 위한 가상적인 임금 그리고 좁은 의미의 이윤)으로 구분된다. 이러한 이분화는 비자영업 소득자들과 기업가 활동 및 재산 소득자들 내에서의 소득격차를 인식하지 못하게 한다.

3. 공정한 소득분배

공정한 소득분배에서는 분배규범들로서 능률공정성, 욕구공정성, 그리고 나아가 분배공정성을 취급한다.

1 | 분배규범들

분배를 위해 인정된 규범이 분배규범이다. 그러나 더 근접한 규정 없이 이는 공허한 개념이다. 공정함은 같은 것을 같게 취급하는 것이다. 그러나 같게 보이는 것이 무엇인가는 논란의 여지가 있다. 대부분의 경우는 일차적으로 능률공정성과 욕구공정성의 상이한 구상들이 논의된다.

① 능률공정성

현대 산업사회의 대부분의 연관생산에 있어서는 생산결과에 따른 일정한 능률의 공헌을 분리하여 측정한다는 것이 불가능하다. 즉 능률은 연관생산에 있어서는 측정할 수 없다. 능률과 시장에서의 반대급부를 동등하게 취급할 수 없는 또 다른 이유들은 시장을 통하여 결정되지 않는 수많은 사회촉진적인 능률들, 외부효과와 같은 사회봉사적 시금석에 의하지 않은 능률들, 결여된 혹은 불만족스런 경쟁이 반영된 시장의 결과로서 나타나는 경제력보다 약하게 반추되는 능률들이다.

능률결정은 종종 요구의 시금석으로 논의되기도 한다.

② 욕구공정성

이 개념에 따라 분배공정성이 존재하는 경우는 모든 개인들이 동등한 복지위치에 도달할 때이다. 복지는 사회적 및 경제적 요소들을 통한 충족/채워지기를 바라는 결핍의 감정인 욕구의 채움이다. 이러한 규범은 단순한 방식으로 모든 사람들의 동등권으로 논증된다. 모든 사람들은 동등하기 때문에 그들에게 또한 복지수준이 동등하여야 한다는 것이다.

이 규범은 모든 사람들을 위한 복지수준이 소득의 동등한 방식으로 의존적이 되는 동등한 소득분배이다. 만약 다를 수가 있다면 인간의 요구의 상이한 절박감을 고려하는 것이다. 이는 주관적인 결핍의 감정인 욕구나 주관적인 만족의 정도인 효용을 사람 사이에 객관적으로 비교하는 것이 실재적으로 불가능한 것이다. 주관적인 것을 객관화 할 수는 없다.

2 | 분배공정성

자본주의적 시장경제에서는 다른 경제체제에서와 마찬가지로 소득차이는 능률자극체계로서 또는 조정수단으로서 기능적으로 필요불가결하다.

4. 한국에서의 소득분배

한국에서의 소득분배에서는 역시 국민경제에서 중요한 의미를 갖는 임금배당과 나아가 개별적 소득분배를 볼 수 있다.

1 | 임금배당

임금배당은 정치적 논쟁에 있어서 중요한 역할을 한다. 임금배당은 다른 분배수치와 비교하여서 빠른 통계적 근접이 가능하다. 임금배당은 분배논쟁을 유일한, 그리고 쉽게 이해할 수 있는 크기로 인도하는 편리함이 있다.

한국의 연도별 임금배당을 총액 크기로, 그리고 기준 연도의 물가로 반영한 가격으로 표시할 수 있다. 또한 이에 전체 경제인구에서비자영업의 취업자수를 비교할 수 있다.

2 | 개별적 소득분배

개별적(계층별) 소득분배는 소득과 소비에 대한 임의추출 견본에 따라 할 수 있다. 전체 가구의 아주 적은 백분율을 몇 년 단위로 시행할 수 있다. 그밖에 경제연구소에서 국민경제적인 총체계산이나 조세 통계를 통하여 분석할 수 있다.

또한 사회적 무리에 따른 소득계층을 구분할 수 있다. 월 소득을 일정한 간격으로 구분하고 농업 이외의 자영업, 자영농업, 제조업, 공무원, 연금수혜자, 사회보장 수혜자, 실업자 무리를 월 소득수준으로 나열하고 각 무리들의 합계는 백분율로 할 수 있다. 또한 각각의 월 소득수준에 따른 백분율을 도출할 수 있다.

모든 가구들을 사회적 소득수준에 따라 구분하는 방법도 있다.

첫째, 10분위 분배율은 소득수준이 낮은 계층부터 10백분율씩 구분하는 것이다. 이들 분위 분배율의 소득이 전체의 소득에서 차지하는 비중을 나타낸다.

둘째, 로렌츠 곡선은 소득수준이 낮은 계층부터 나열하여 각 소득 계층까지의 누적 소득액을 나타낸다. 로렌츠 곡선이 대각선에 가까울수록 균등분배이다.

셋째, 지니계수는 로렌츠 곡선의 다음 그림의 삼각형에 대한 음영부분의 비중으로 나타난다. 음영부분이 작을수록 균등분배이고 지니계수가 작을수록 균등분배이다.

[그림 57] 소득분배의 로렌츠 곡선

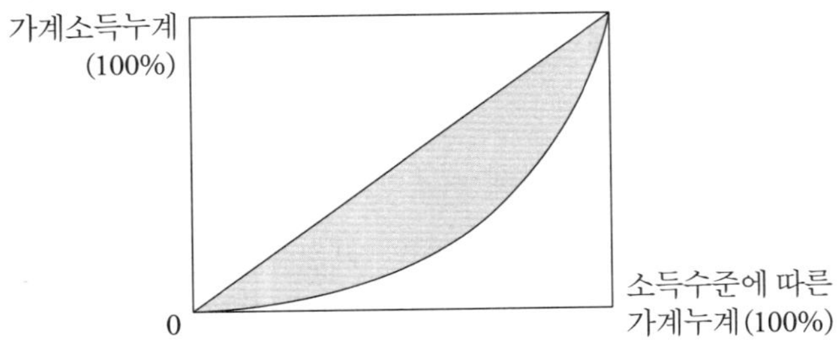

5. 소득분배의 변동에 대한 전략

소득분배의 변동에 대한 전략에서는 제도적 조건들, 노동조합의 확장적인 임금정책, 국가적 재분배, 생산재산에 대한 소유의 재분배를 통한 소득재분배를 볼 수 있다.

1 | 제도적 조건들 : 임금률 계약, 임금률 쌍방 및 노동쟁의

임금률 계약은 노동자들의 대표(노동조합)와 사용자들의 연합 사이의 계약이다. 노동 및 경제조건들의 보호 및 촉진에 대하여 연합체들을 형성할 권리는 각자들을 위하여, 또한 모든 직업무리들을 위하여 보장되어야 한다. 임금률 계약은 노동자들을 위한 보호적 성격을 띤다. 노동쟁의의 법적 타당성은 논란의 여지가 있다. 노동조합은 산업별 조직체인 산업연합체가 있고 직업별 구성인 직업연합체가 있다.

2 | 노동조합의 확장적(공격적)인 임금정책

노동조합의 확장적(공격적)인 임금정책에 있어서 확장적 · 공격적 · 능동적이라는 표현은 노동조합의 임금정책이(노동조합의 조직률이 높고 막강한 힘을 발휘하는 사회에서) 평균 노동생산성에 인플레이션율을 더한 증가를 넘어서는 임금상승을 (노동쟁의와 파업을 통하여) 실행할 것을 시도하고 이로써 임금배당의 증가를 목표로 할 때를 표현하는 말이다.

3 | 국가적 재분배

국가적 재분배에서는 국민경제에 있어서의 조세들과 이전지출들 및 공공재들을 볼 수 있다.

① 조세들과 이전지출들

직접세, 특히 누진적 소득세와 이전지출을 통한 국가적 재분배는 가처분 소득의 분배(이차 소득분배)를 총액 소득분배(일차 소득분배)보다도 더 균등하게 형성하는 것을 목표로 하고 있다. 즉 국가는 조세와 대가계 이전지출과 같은 국가에 의한 재분배를 통하여 생산과정에서 형성된 일차 분배를 더 균등하게 한다.

② 공공재들

소득분배를 위한, 나아가 하나의 중요한 결정기반이 국민의 상이한 무리들에 의해서 서로 다른 정도로 청구/요구되는 공공재이다. 공공재가 이차 분배에 있어서의 차이를 감소하거나 증가하느냐 하는 것이다. 소비자들은 공공재의 소비에 있어서 그들의 선호를 나타내지 않기 때문에 그들의 개인적인 소비를 위한 척도가 여기서는 결여되어 있다.

4 | 생산재산에 대한 소유의 재분배를 통한 소득재분배

시장경제에 있어서의 소득분배를 위해 척도가 되는 요소들인 지성, 재산, 교육, 관계, 육체적 및 정신적 강건함과 융통성 등은 소득관계자들에게 불균등하게 분배되어 있다. 중요한 요소 중의 하나로 유효한 것이 재산, 특히 생산재산이다. 재산 및 재산증가의 얼마의 재분배는 이로써 개인적 소득분배가 변동될 수 있기 때문에 소득재분배의 전략 가운데에서 하나의 중요한 역할을 한다.

6. 재산분배

재산분배에서는 한국에서의 재산분배와 재산분배의 변동에 대한 대책들을 취급한다.

1 | 한국에서의 재산분배

재산계산의 기본적인 문제는 재산 개념과 재산부분의 가치평가이다. 국민경제의 재산의 크기 이외에 상이한 재산 종류에의 분배, 그리고 가계, 국가 및 외국에의 부문별 분배, 또한 개별 가계 내에서의 분배가 중요한 의미를 갖는다.

한국에 있어서의 가계별 상이한 유형(자영업, 제조업, 농업, 실업)의 절대적 및 백분율의 재산상태가 조사/통계될 수 있다. 개별 가계의 (직업별, 연령별, 월 가계소득별) 금융자산의 크기와 구조도 표현될 수 있다.

2 | 재산분배의 변동에 대한 대책들

재산정책은 현실적으로 개인적인 물질적 자유를 균등하게 분배하는 것을 목표로 하고 있다. 바로 자유주의자들이 개인적 자유의 기반으로서의 사적 소유의 의미를 강조하고 있다. 더 균등한 분배는 개인적인 전개 놀이공간과 삶의 기회를 사회적으로 더 정의롭게 분배하여야 한다. 이외에 재산정책은 경제적 힘의 탈집중화에로 인도하여야 하며, 자본주의적 시장경제에 있어서의 사적 소유의 체제를 합당하게 하여야 한다. 여기에 특히 생산재산의 분배가 중요한 역할을 한다. 재산의 균등한 분배는 상응하여 작용하는 조세, 특히 재산세 및 상속세를 통하여 실행될 수 있다.

재산분배의 변동에 대한 대책들에는 기존 소유권 관계에의 개입과 재산증가의 재분배가 있다.

① 기존 소유권관계에의 개입

재산재분배정책의 수단으로 국가에 의한 직접적인 몰수가 인정되지 않는다면 기존 재산을 위한 재분배의 대책들로는 재산세와 상속세가 있다. 재산세와 상속세는 재산에 관여하는 것이며, 재산세가 재산의 본질에 관한 것이라면 상속세는 사망에 의한 재산의 이전을 제시한다.

사적 소유를 긍정하는 자본주의적인 시장경제에서는 이러한 경제질서의 틀 내에서 재산의 재분배를 목표로 하는 정책은 사적 재산의 기능을 고려하여야 한다. 이로써 조세를 통한 재산재분배의 한계가 주어지며, 재산세 및 상속세는 사적 소유에서 기대되는 국민경제의 경제활동에 있어서의 자극영향을 결코 제거하지 말아야 한다.

② 재산증가의 재분배

재산증가의 재분배는 가계의 총액 요소소득인 일차 소득분배는 변동 없이 두며 저축촉진대책들을 통한 재산증가의 재분배이다. 여기서는 나라에 따라서 현실화된 노동자(원칙적으로 노동 이외에 대체적인 생산수단을 소유하지 않는 생산요소 노동의 소유자)들의 재산형성저축의 촉진을 볼 수 있다.

25

경기와 위기

1. 경기의 출현형상들

경제는 정지하는 적이 결코 없다. 실재로 모든 경제적 크기는 시간의 흐름과 더불어 변동을 경험한다. 총생산의 크기 또한 그의 요인들인 민간소비, 민간투자, 정부지출, 수출과 함께 변동한다.

다소간의 규칙성으로 나타나는 (그러므로 순환적이라고 불리는) 그들의 장기적인 추세를 위한 생산의 진동들이나 생산잠재력의 가동정도에서의 진동들을 경기순환이라 한다. 어떠한 경기순환도 다른 경기순환과 비슷하지 않지만 그러나 경기 흐름의 기본모형을 제시할 수 있다.

경기순환의 국면들은 위기(침체), 상승(확장), 호황(붐), 하강(후퇴)으로 나타난다.

첫째, 위기(침체)는 강한 실업과 낮은 가동률로 특징되며, 경제적 발전에 대한 신뢰와 투자를 할 준비가 적다.

둘째, 상승(확장)은 처음에는 완만한, 그리고 다음으로는 가속적인 생산, 판매 및 이윤의 증가가 선언된다. 실업은 일반적으로 감소하며, 경제적 발전에 대한 신뢰가 상승한다. 증가하는 가동률로 투자활동 또한 증가한다.

셋째, 호황(붐)은 상이한 산업들에 있어서의 시작하는 병목현상과 막강한 투자활동 및 증가하는 가격상승으로 특징된다.

넷째, 하강(후퇴)은 시작하는, 그리고 스스로 점차 강화되는 경제적 활동의 후퇴로 나타난다. 수요, 생산, 투자, 이윤 및 고용이 감소한다.

다시 정리하여 표현하면 경기순환은 상승국면과 하강국면으로 나뉘며, 저점에서 회복기를 지나 확장기를 거쳐 정점까지를 상승국면이라 하고, 이와는 반대로 정점에서 후퇴기를 지나 수축기를 거쳐 새로운 저점까지를 하강국면이라 하며, 상승국면과 하강국면을 합하여 순환주기라 한다.

호경기에서는 기업의 생산과 투자가 활발한 확장기, 경기의 정점 그리고 정점을 지나면서 경제활동이 위축되는 후퇴기가 있다. 이에 반하여 불경기에서는 경제활동이 가장 침체되는 수축기, 경기의 저점 그리고 다시 경제활동이 활기를 보이는 회복기를 반복하면서 경기의 장기적인 추세에서는 성장한다.

이로써 경기순환은 호경기와 불경기를 반복하게 되며, 확장기에서 정점을 지나 후퇴기까지를 호경기라 하고, 수축기에서 저점을 지나 회복기까지를 불경기라 한다. 호경기에는 생산주체들인 기업들에 의하여 고용 및 생산, 그리고 투자가 증가하고 가계들의 소비들이 늘어나는 반면, 불경기에는 고용과 생산이 줄고 소득도 감소한다.

이와 같이 경기는 기업들의 고용, 생산- 및 투자활동이나 가계들의 소비 및 해외에로의 수출 등의 여러 가지 요인들에 의하여 영향을 받는다. 요소들의 가격도 경기에 영향을 미치며, 기술개발이나 통화량도 경기를 변화시킨다.

2. 경기지표들

경기순환의 개별 국면은 경제적 크기의 다발의 변동들에 의해서 반영되고 있다.

경기순환은 정의적으로 총생산의 진동들과 그의 발전추세에 의해서 서술된다. 총생산은 경기를 직접, 즉 시간적 지체 없이 측정하기 때문에 현행지표라 한다. 전형적인 현행지표들은 산업적 생산이나 가동률이다.

다음의 경기지표로는 노동시장에 있어서의 상황을 볼 수 있다. 어쨌든 노동시장은 분명히 시간적인 지체로서 대응하는, 즉 후행지표이다. 중요한 후행지표가 경기발전을 단지 아주 지체하여 따라오는 가격들이다.

수요의 크기가 총생산의 크기를 결정하기 때문에 수요의 변동이 경기의 흐름을 결정하여야 한다. 계획된 수요가 통계적으로 직접 도출되지 않기 때문에 수요지표로서 주문재고의 크기가 선택된다. 이러한 주문지표가 전형적인 선행지표로서 유효하다.

또한 경기지표들에 있어서는 미래의 경기 흐름을 예측하거나 현재의 경기동향을 알기 위하여 경기와 밀접한 연관이 있는 경제지표들을 분석하기도 하고, 또한 기업이나 가계에 경기전망에 대한 설문조사를 하기도 한다. 경기종합지수(CI, Composite Index)는 국민경제의 개별 부문의 동향을 잘 나타내 주는 개별 경제지표를 선택하여 이를 분석하는 방법이다. 기업경기조사(BSI, Business Survey Index)는 기업들에 대하여 미래의 경기를 파악하기 위하여 실행하는 설문조사이며, 소비자태도조사(CSI, Consumer Survey Index)도 가계들에 대한 경기동향을 파악하기 위한 설문조사이다.

3. 경기순환의 설명

경기순환의 설명에서는 설명의 기본모형, 경제성장, 승수원칙의 연계, 소비지출, 이윤의 진동, 슘페터적인 경기설명, 국가적 경제정책을 볼 수 있다.

1 | 설명의 기본모형

관찰되는 경기진동들은 성장하는 경제, 즉 생산의 도구(자본 스톡)가 순투자를 통하여 지속적으로 개선되고 확대되는 경제의 틀에서 이루어진다. 경제적 활동의 진동들은 대부분 성장을 동하여 이루어진다. 생각할 수 있는 것이 국민경제는 방해를 받지 않고 발전할 수 있으며, 연간 일정한 성장을 할 수 있다. 이러한 균등한 성장은 투자의 불안정한 기반 위에서 어쨌든 아주 불확실하다. 같은 비중의 성장경로가 형성되면서 이러한 표상에서 측정된다. 이 가운데에서 경제적 활동의 진동들은 강화되기도 하고 반대를 경험하기도 한다. 후자의 경우는 탈안정적인 요소들이 안정적인 요소들을 능가하는 경우이다.

기업의 생산활동은 한편으로는 민간부문의 전체 경제적 수요에, 그리고 다른 한편으로는 임금들, 이자들, 가격들에 의존적이다. 국가의 경제활동 또한 경제과정의 흐름에 커다란 영향을 미친다. 이러한 크기들이 왜 순환적으로 진동하느냐도 설명되어야 한다.

2 | 성장

국민소득의 크기와 나아가 기계와 설비에 대한 그의 생산에 필요불가결한 재고, 즉 자본 스톡 사이에는 비교적 고정된 상관관계가 있다. 공장의 기계재고가 평균 연간 생산량에 의존적인 것처럼 한 나라의 자본 스톡은 평균적인 연간 전체 생산에 의존적이다. 자본 스톡의 연간 생산량에 대한 관계를 자본계수라 한다.

자본계수(k) = 자본 스톡(K)/국민소득(Y)

이에서 자본 스톡은 실재적으로 항상 연간 생산보다 더 크다.

투자는 자본 스톡과 수요를 증가시킨다. 투자는 생산능력효과와 수요효과를 가진다. 경기적인 발전을 위한 결정적인 문제가 생산능력효과와 수요효과가 일반적으로 같은 시기에 같은 크기로 전개되지 않는다는 것이다.

3 | 승수원칙의 연계

순투자는 국민소득의 변동에 의존적이다. 국민소득의 변동이 증가하면 순투자가 증가하고, 반대로 국민소득의 변동이 감소하면 순투자가 감소한다. 승수원칙과 가속도원칙이 경제적 활동의 순환적 진동들을 설명할 수 있다. 국민소득이 상승국면에서 증가한다면 승수원칙에 따라 소비지출의 증가를 가져왔던 자본재 수요의 증가를 이룩한다.

이러한 과정은 다음으로 상승작용을 일으킨다. 왜냐하면 투자의 증가는 소비지출을 상승시키며, 그러면 이는 다시 투자활동의 증가로 인도한다. 그러나 승수원칙은 감소하는 가속으로 기능하기 때문에 투자지출은 가속도원칙에 의하여 언젠가는 감소된다. 투자지출의 감소는 그럼 승수원칙에 따라 국민소득의 감소로 이어지고, 이는 다시 투자의 추가적인 감소로 결국 부정적인 순투자에 영향 미친다.

4 | 소비지출

동등한 비중의 성장경로로부터의 편차가 작아지는 것은 상승기에는 국민소득보다 더 늦게 성장하고 하강기에는 국민소득보다 더 늦게 감소하는 지출이 있을 때이다. 경우에 따라서는 수출이 이러한 방식으로 대응하며, 개별 가계의 소비지출은 아주 종종 이러한 방식이다. 경직적인 소비관행은 안정화의 작용을 한다.

5 | 이윤의 진동

투자는 이윤의존적이다. 아주 많은 회사들이 설비능력 확장을 계획하는 상승기에 있어서는 자본재 가격들이 소비재 가격들보다도 강하게 상승한다(물론 소비지출은 어느 정도 부동의 능력을 보여주지만). 이로써 소비재 산업에 있어서의 이윤이 감소하고(혹은 덜 급진적으로 상승하고), 국민경제의 이 부문에 있어서의 투자들이 제동될 수 있다.

다른 한편으로는 상승기에는 이자들이 강한 신용수요의 바탕에서 상승하고 금융비용은 증가한다. 그리고 높은 이자비용이 물가들에 계속 이전되어질 수 없다면 이윤이 압력을 받는다. 여기에 또한 투자에 대한 부정적인 영향들이 주어질 수 있다.

마지막으로 상승기의 끝에서는 노동력이 희소하게 되고 노동조합은 임금상승을 쉽게 관철할 수 있다. 그러므로 이윤증가는 완만해지고 이로써 투자준비는 감소한다. 처음 상승국면의 이윤상승이(이로써 또한 투자들도) 완만함을 경험한다는 일련의 요인들이 이로써 논증될 수 있다. 일단 이러한 완만함이 처음으로 나타나면 그럼 아주 쉽게 스스로 강화될 수 있다. 지속상승하는 이자들과 임금들이 이윤폭을 감소시키고 결국 이윤의존적인 투자활동이 제한되며 하강기에 들어선다.

하강기에서는 발전이 원칙적으로 반대로 진행된다. 자본재 가격들은 비교적 경직적인 소비재 가격들과의 관계에서 하락하며, 이자들도 하락하고 임금상승은 결국 어렵게 관철될 수 있다. 이러한 발전은 하강을 제동할 수 있으며, 위기 극복 후에는 다시 상승으로 인도할 수 있다.

6 | 슘페터적인 경기설명

슘페터는 발명(발명, 새로운 재화의 발견 및 개발, 새로운 과정, 새로운 방법)과 혁신(기업들에 있어서의 발명들의 상업적 사용)을 구분하고 있다. 발명은 바로 수행되는 반면 혁신들은 경기순환적 진동들에서 확장된다. 이를 위한 이유는 사람들은 자연적으로 보수적이며, 새로운 방법들이 시험되지 않는 한 이를 바로 즉시 수용하는 것을 지체한다는 것이다.

이에 비하여 얼마의 용감한 "개척자 기업가"들이 새로운 발명들을 시험해 보고 발전들에 새로운 길을 제시하는 준비가 되어 있다. 그러면 보수로서 그들에게 높은 "개척자 이윤"이 손짓한다. 이에 유혹되어 여타의 기업들이 이에 따른다. 이로써 승수과정을 거쳐 호경기에까지 이르는 증가하는 투자활동이 시작된다.

상승기의 끝에는 새로운 설비들이 마감되고 투자활동들이 다시 후퇴한다. 그러면 수요가 감소한다. 새로운 설비들로부터의 가격들과 이윤들이 후퇴한다. 일반적인 비관적인 흐름이 확산되며, 경제는 하강기와 침체로 빠져든다. 경제적 발전과 기술적 혁신의 엔진은 동시에 시장경제들에서 경제적 활동의 순환적인 진동들을 형성하게 하는 원천적인 힘들이다.

7 | 국가적 경제정책

새 고전학파적인 거시경제학은 민간부문의 안정성을 강조한다. 이러한 견해에 따르면 현실에서 관찰되는 순환들은 우선 경제과정에의 국가 개입(개입순환)으로 돌리고 있다.

케인스학파적인 수요조정과 공급정책이 실현될지라도 경기적인 문제점은 여전히 관찰되고 있으며, 실업이 그의 일부는 구조적 본성이 있다 하여도 높은 수준으로 상존한다.

26

성장의 의미와 안정

1. 경제적 성장의 개념

일반적으로 경제적 성장은 전체 경제적 생산잠재력의 지속적인 증가이다. 생산잠재력은 노동, 자본, 기술적인 지식, 토지와 같은 생산요소들의 현존하는 재고를 통하여 제한되며, 형상으로는 생산가능곡선으로서 파악된다. 여기에서 성장은 생산가능곡선의 동북방으로의 이동이다.

실재적인 생산은 경기적인 위기를 제외하고는 장기적으로 생산가능성들에 상응하기 때문에 총생산의 증가를 성장의 척도로 볼 수 있다. 총생산 척도의 사용에 있어서 현재 가격들로 평가된 총생산의 증가인 명목적 성장, 그리고 기준 연도의 고정가격으로 평가된 총생산의 증가인 실질성장, 나아가 실질 총생산의 고정인 제로성장이 있다.

추가적으로 국민 1인당 총생산의 변동을 계산할 수 있으며, 1인당 총생산의 증가인 내포적인 성장과 총생산의 증가이지만 1인당 총생산의 증가는 아닌 외연적 성장이 있다.

2. 성장의 논증과 비판

성장의 논증과 비판에서는 성장목표의 논증, 성장비판을 볼 수 있다.

1 | 성장목표의 논증

성장목표는 경제의 성장과 안정의 촉진이다. 경제적 성장은 일반적으로 민간 및 공적 소비의 형태로 인간의 경제적 복지의 증가, 노동장소 공급의 안정 및 증가, 소득 및 재산 재분배의 용이함, 자본주의적 시장경제의 불균등의 합당화로서 논증된다.

성장은 생활의 표준을 증가시키고 노동장소들을 안정시킨다.

2 | 성장비판

성장비판은 성장의 척도로서의 총생산에 대한 비판과 가능한 방식으로 옳게 측정된 성장의 개념에 대한 비판이 있다. 총생산은 복지지표로서 결함을 제시하며, 산업주의에 대한 성장비판, 소비에 대한 성장비판 및 노동분업에 대한 성장비판이 있다.

성장의 구상/개념에 대한 비판은 현실적으로 산업주의적 생산방식에 대한 비판이다. 자본주의이든 사회주의이든 목표는 최대의 물질적인 복지이다. 이러한 목표는 극도로 축소된 물질주의적 복지개념에서 나온다. 존재함만이 인간적인 능력의 본래의 전개에로 인도한다는 그러한 존재함이 아니라 가짐이 사회의 지배적 존립방식이다. 최대의 물질적 복지는 최대의 소비를 통하여 도달될 수 있어야 한다. 이러한 것들도 최소한 불안정적이다. 노동을 통한 만족은 고려되지 않고 노동은 잘못된 방식으로, 단지 노동고통으로만 생각된다. 욕구들은 스스로 종종 생산보다 더 빨리 발전한다. 소비에로 제공되는 시간은 한정적이며, 그의 희소성에 있어서 신분의 상징을 나타내는 재화도 있다. 나아가 증가하는 소비로 장애가 되는 재화도 있다.

결국 최대의 소비를 위해서는 최대의 생산이 요구되고, 이는 다시 계속되는 노동분업을 조건으로 한다. 증가하는 노동분업으로 인간의 노동이 증가하여 이질적이 된다. 노동분업은 이로써 능률자극, 통제 및 수직적 구조의 체제를 전제로 한다.

3. 성장의 결정기반들 : 투자들과 기술적 진보

한 사회의 생산가능성들은 노동, 자본, 기술적 지식 및 자연적인 자원과 같은 현존 생산요소들의 양과 질에 의존적이다. 자연적 자원의 재고는 주어진 것으로, 그리고 인구증가는 성장의 촉진에서 제외된 것으로 하면 (결국 1인당 국민소득이 증가되어야 하기 때문에), 그들이 노동과 자본의 질을 결정하는 자본 스톡과 기술적 지식이 경제적 성장의 핵심적인 결정기반이 된다.

기술적인 지식은 기술적인 진보를 통하여 증가된다. 기술진보가 나타나는 것이 새로운 종류의 재화의 실현과 같은 생산품 혁신과 새로운 종류의 생산방식의 응용과 같은 생산과정 혁신이다. 이에서 생산품 혁신은 아주 현실적으로 물질적인 복지의 증가에 직접적으로 공헌한다. 생산과정 혁신은 노동, 자본, 토지의 생산요소들의 동일한 투입에 더 큰 재화생산을 산출하는 것을 허용하거나 동일한 재화량을 더 적은 요소투입으로 생산할 수 있게 한다.

자본 스톡은 투자들(자본축적)에 의해서 확대된다. 주어진 노동인구와 주어진 기술적 지식의 수준에서 자본 스톡의 확대는 생산가능성을 증가시킨다. 투자가 많이 이루어질수록 경제가 더 빨리 성장한다. 높은 노동생산성은 물질적 생활수준과 여가의 연장, 즉 노동시간의 단축, 휴가의 연장 및 퇴직연령 하락의 기반이다.

4. 성장정책

필요불가결한 성장의 요구들이 하부구조를 포함한 자본 스톡의 증가와 기술적 진보이다. 다음은 국가가 시장경제적 질서에서 어떻게 성장에 영향을 미칠 수 있는가 하는 것이다. 이에서 근본적으로 국가에 속하는 과제들이 민간부문에 있어서의 사람들의 성장 편안한/성장지향적인 행태를 촉진하는 것과 스스로 필요불가결한 하부구조를 구축하며 학문과 연구의 촉진을 통해 기술적 지식을 추진하는 것이다.

인플레이션과 위기를 방어하는 성공적인 국가의 안정화정책이 또한 성장을 촉진한다. 나아가 성장과정을 위하여 특별히 의미 있는 것이 또한 성공적인 경쟁정책이다. 경쟁은 기업에 혁신을 위한 동인을 제공한다. 또한 성공적인 성장정책의 현실적인 전제조건이 결국 재산성장을 동등하게 분배하는 이른바 재산정책이다.

5. 성장의 여타 전제조건들과 추진력들

성장의 전제조건들로는 다음과 같은 것들이 있다.

- 기능하는 수송체제가 법적 안전을 생각하는 사법질서와 함께 증가하는 노동분업과 시장의 지역적 통합의 기반이다.
- 발전한 신용체제는 능률에 강한/능률적인 기업들의 생성과 성장을 금융적으로 가능하게 한다.
- 적합한 노동력의 충분한 공급은 기계화한 생산과정들에 있어서 자본의 생산적인 투입을 위한 전제조건이다.
- 능률의식과 기술적 진보의 의미를 가진 계궁된 시민들은 기업가 형성을 위한 충분한 공급처이다.

추진력들로는 다음과 같은 것들이 있다.

- 종교적 및 신앙에 가까운 윤리
- 노동분업을 통한 전문화 과정에 있어서의 능력의 취득
- 인종적 · 종교적 소수의 유입
- 해외에로의 이민을 통한 과도한 인구억압의 감소
- 사회적 유동성의 증가와 민주화 및 자유화를 통한 경쟁 강화
- 경제적 응용과 기술적 지식의 확산
- 새로운 판매 및 조달시장의 확보

6. 성장의 비용

성장의 비용에서는 시행된 현재소비의 형태로서 성장의 기회비용, 환경의 기능과 환경훼손을 볼 수 있다.

1 | 시행된 현재소비의 형태로서 성장의 기회비용

성장은 민간 및 공공투자들을 요구한다. 주어진 총생산에서 더 많이 투자하려면 동일한 기간의 전체 경제적 수요의 비투자적인 요인들이 이에 상응하여 줄어들어야 한다. 즉 저축되어져야 한다. 이를테면 가능한 소비를 오늘 포기하고 저축하고 투자하면 미래를 위한 생산잠재력이 증가되고, 이로써 미래에 있어서의 높은 소비를 가능하게 한다.

2 | 환경훼손

환경의 기능에서는 우선 환경은 직접소비재이기도 하고 또한 생산요소의 기능을 가진다. 환경은 나아가 유해물질의 흡수체로서의 기능을 가진다. 경제적 발전의 진행에서 이러한 환경의 부담은 지속적으로 커져왔다. 현실적으로 환경의 훼손들은

- 공기, 물 및 토지의 질의 악화
- 풍경과 식물 및 동물세계의 악화
- 지하자원의 착취
- 건강훼손과 소음이다.

성장은 필요불가결하게 환경훼손과 연관된 것은 아니다. 고도의 성장률은 환경보호대책들을 가능하게 한다.

7. 성장의 동반현상으로서의 구조 변천

경제적 성장은 구조 변천과 연관되어 있다. 즉 성장은 생산구조의 변천과 연관되어 있다. 증가하는 소득으로 재화와 서비스에 대한 수요가 같은 정도로 증가하지는 않는다. 수요의 상이한 소득탄력도가 있다. 가격관계의 변동들 또한 수요구조의 이동에 영향을 미친다. 또한 성장에 있어서는 산업부문별 노동생산성의 상이한 발전을 보인다.

이로써 산업부문별 서로 다른 성장을 나타내며, 성장은 또한 일반적인 추세로 서비스 산업 사회에로의 경향을 보인다.

8. 장기적 발전에 대한 이론들

장기적 발전에 대한 이론들에서는 수확의 법칙과 성장의 자연적 한계를 볼 수 있다.

1 | 수확의 법칙

여타 요소들의 고정에서 한 요소의 지속 증가일 때 수확법칙에 따르면 수확의 증가는 감소(체감) 한다. 오늘날 현실적으로 고정된 인구수와 생산요소 토지의 고정된 투입에서 자본은 증가하여 투입된다. 수확법칙의 유효성에서 이는 자본의 감소하는 한계수확으로 인도되며, 결국 스스로 마지막 상태에서 투자들이 더 이상 이윤이 없게 된다.

2 | 성장의 자연적 한계

일련의 자연적 성장한계들은 우선 식량생산과 삶의 영역의 성장한계를 볼 수 있다. 또한 자연자원의 성장한계와 환경훼손의 성장한계에서 성장의 자연적 한계를 고려할 수 있다. 이러한 의미에서 지속

가능한 성장의 의미가 함축적이다.

색인

[ㄹ]

[ㅁ]

[ㅂ]

[ㅅ]

[ㅇ]

[ㅊ]

[ㅋ]

[ㅌ]

[ㅍ]

[ㅎ]

최상훈

독일 함부르크대 석사 및 박사(경제사)
전 건국대, 성공회대, 가톨릭대, 선문대,
한국외대 학부/국제지역대학원/통역대학원,
베를린 훔볼트대 강사
한양대 연구교수
국정원, KOTRA 함부르크 무역관 경제분석관
독일 기업사학회, 함부르크 언론협회,
함부르크 외신기자협회 회원
현재 경찰대 외래교수

저서로는
『독일어 문법과 동사변화』(서울 : 도서출판 아침, 2008)
『경제학사』(서울 : 한국문화사, 2007)
『경제학 기초』(서울 : 한국문화사, 2005)
『Koreanische Mischkonzerne』(독일 아헨 Shaker Verlag 1996)
『경제사회사 개론』(역서, 서울 : 한국문화사, 1996)
『독일의 50대 기업』(서울 : 한국문화사, 1994) 등이 있고
독일 기업사학회지 및 국내 대학들의 학술지에 다수의 논문들과
국내 일간지에 수많은 독일/유럽의 산업 및 기업관계 칼럼들이 있다.

경제학 원론

초판1쇄 / 2008년 10월 30일

지은이 **최상훈**
펴낸이 **여국동**
펴낸곳 **도서출판 인간사랑**
인 쇄 **백왕인쇄**
제 본 **은정제책사**

출판등록 1983. 1. 26. / 제일 3호

(411- 815) 경기도 고양시 일산구 백석동 1178-1
TEL (031)901-8144, 907-2003
FAX (031)905-5815
e-mail/igsr@yahoo.co.kr / igsr@naver.com

정가 19,000원
ISBN 978-89-7418-261-8 93320